29267

# PRÉCIS
## DU COURS
## DE LÉGISLATION.

# PRÉCIS
## DU COURS DE LÉGISLATION,

Fait à l'École centrale de l'Isère,

Par BERRIAT (SAINT-PRIX).

### TOME PREMIER,

*Contenant l'Introduction et Livre préliminaire.*

Imprimé à Grenoble, chez J. ALLIER,

AN XI.

Se distribue chez le Professeur, aux Élèves du Cours

*Exemplaire d*

*natif d*

*Département d*                            *Élève*

*d Cours d an*

# COURS DE LÉGISLATION
## A L'USAGE DE L'ÉCOLE

---

# INTRODUCTION.

## CHAPITRE I.er

*Analyse du discours d'ouverture.*

L'Ouverture du cours de législation se fait par un discours où après avoir exposé sommairement ce que c'est que la législation, considérée en général, et indiqué les diverses parties dont elle se compose (1), le professeur traité, 1.° de l'objet qu'on se propose en l'étudiant;

2°. De celui qu'on doit avoir en vue en suivant son cours, que le tems restreint à la législation privée proprement dite;

3°. De la meilleure méthode d'étudier cette dernière science;

4.° De celle qu'on suit en particulier dans son cours;

5.° Du tems qui y est consacré, et de sa distribution;

6.° Enfin des avantages qu'on retire de cette étude.

---

(1) On ne fait qu'exposer et indiquer sommairement ces choses parce qu'on en traite ci-après, liv. prél. part. 1, ch. 1.

§. I.er On se propose pour *objet* principal, en étudiant la législation, d'acquérir les connaissances nécessaires pour vivre en honnête homme (1); pour régir ses propres affaires, sans être obligé d'avoir à chaque instant recours aux gens de lois ;

Pour exercer en connaissance de cause le droit de cité, assister aux assemblées de canton, aux collèges électoraux, etc.;

Pour remplir les fonctions publiques, ou *supérieures*, telles que celles qui tiennent au gouvernement, au ministère, au pouvoir législatif ;

Ou d'un *second ordre*, telles que celles qui tiennent au régime administratif, comme les régies générales, les préfectures, sous-préfectures, mairies, etc.

Ou enfin, les places de l'ordre judiciaire et les professions accessoires, telles que celles de greffiers, avoués, notaires, etc.

Les études qu'exige l'acquisition de toutes ces connaissances, ne peuvent se faire que dans une école spéciale composée de plusieurs professeurs, et où l'on enseigne toutes les parties de la législation, telles que le droit naturel, le droit public, le droit privé ; où l'on traite même en particulier de plusieurs branches importantes de ces diverses parties, telles que le droit criminel, le droit de la police, celui du commerce, le droit maritime, le droit militaire, le droit colonial, etc.

Comme il est impossible d'embrasser un champ aussi vaste dans un cours professé par un seul homme (2), on s'y est restreint à la partie de la législation la plus utile aux élèves, à celle pour laquelle ils ont témoigné pendant six années un goût exclusif ( nous allons en parler ) ; on se borne à leur

---

(1) Nous verrons ci-après, livr. prélim. chap. 1, que la législation est une partie auxiliaire de la morale.

(2) L'académie de législation établie en l'an dix, à Paris, est composée de *dix* Professeurs. L'université en a *cinq* ou *six*.

donner une idée générale des autres, et à en rappeler quelquefois les principes dans le développement des leçons.

§. II. *L'objet* qu'on se propose, en suivant ce cours, est donc l'étude de la législation privée ou droit civil. Cette étude est nécessaire à ceux qui se destinent aux fonctions judiciaires ou emplois accessoires, et utile à ceux qui aspirent aux fonctions administratives, ou qui veulent régir leurs biens, etc.

§. III. La meilleure *méthode* à suivre pour étudier avec fruit la législation privée, consiste à faire un cours aux écoles publiques ou particulières. On peut sans doute étudier soi-même et sans autre secours que de bons ouvrages, ou bien travailler chez des gens de loi, mais ces deux dernières méthodes sont beaucoup plus longues.

§. IV. *Apperçu de la méthode* qu'on suit dans le cours de législation :

On donne aux élèves à copier, hors les heures du cours, un précis des leçons. Ce précis contient les principes généraux, et indique les lois ou autorités sur lesquelles ils sont établis (1), (voy. ci-après, liv. prélim., chap. 1, appendix, la division observée dans le cours ). Quoique très abrégé, il sert de guide dans les études et les répétitions.

A chaque séance, 1.º le Professeur explique les principes exposés dans un chapitre, titre, ou autre sous-division du précis de son cours ; il appuie son explication sur des exemples ; il y joint quelquefois des

---

(1) On a fait imprimer le commencement de ce précis, afin de donner aux élèves le tems de prendre de l'avance dans leurs copies. On le leur distribue avec des feuilles blanches, sur lesquelles ils peuvent noter les corrections et additions.

démonstrations sur un tableau, comme lorsqu'il s'agit des degrés de parenté, des partages de succession, des terrains formés par alluvion ou par le changement de lit d'un fleuve. Souvent aussi, afin de former le goût des élèves, et de mêler quelque agrément à leurs études, il lit des passages tirés des bons jurisconsultes ou orateurs, et relatifs à la matière dont il s'occupe ; il indique enfin les meilleurs traités à consulter. Les élèves sont invités à faire, pendant l'explication, des questions au Professeur toutes les fois qu'ils ne l'ont pas comprise, ou qu'il leur reste quelques doutes à éclaircir.

2.° Le Professeur demande à plusieurs élèves la répétition de la leçon expliquée dans le séance précédente. Cette répétition ne doit pas être purement littérale : les élèves sont invités à y joindre les textes des lois citées et leur traduction, et aussi souvent qu'ils le peuvent, les opinions des auteurs également cités, ou des décisions de questions incidentes, etc. Au reste, le Professeur les interrompt plusieurs fois pendant la répétition, pour leur proposer lui-même des questions incidentes, leur demander le développement des principes qu'ils exposent, s'assurer s'ils se rappelent ceux qu'ils ont étudié précédemment et s'ils connaissent la signification des termes dont ils se servent, rectifier même les fautes qu'ils commettent contre la langue, etc.

Le Professeur tient des notes appréciatives de ces réponses. Il constate ainsi les progrès des élèves, et il se met en état de rendre compte de leur travail et de leurs connoissances, aux examinateurs. Il en est de même à l'égard de leurs traductions, réponses écrites, plaidoyers, et de leur exactitude aux séances.

3.° Lorsque les élèves commencent l'étude de la législation privée, le professeur leur explique et traduit à chaque chapitre, les titres correspondans des instituts de Justinien. Ils doivent dans les séances suivantes, répéter ces traductions (1).

4.º Lorsque les élèves ont terminé leur première année d'études, ils sont invités à assister à tour de de rôle, aux audiences des tribunaux ; à en tenir un journal sommaire ; et à rendre à diverses séances du cours, un compte verbal des causes les plus intéressantes, où ils rappelent les principaux faits et moyens, ainsi que les jugemens.

5.º Les leçons sont distribuées de telle sorte qu'elles sont terminées trois ou quatre mois avant la fin de la deuxième année. Cet espace de tems est consacré à une application particulière des principes étudiés précédemment. En conséquence, le Professeur propose d'abord aux élèves de cette deuxième année, une vingtaine de questions écrites sur divers points de jurisprudence agités dans les tribunaux et entr'autres, dans le tribunal de cassation. Ils les traitent et résolvent par écrit, avec étendue, en rappelant les principes, et citant et interprétant les lois et les autorités.

En second lieu, le Professeur choisit plusieurs causes intéressantes ; il en expose tous les faits et en donne une copie aux mêmes élèves, qui composent sur ces faits des plaidoyers, après avoir tiré au sort les rôles qu'ils doivent remplir, tels que ceux de défenseurs du demandeur et du défendeur, et les fonctions du ministère public. Ils prononcent leurs plaidoyers dans la salle du cours et en public. Ceux des élèves qui n'ont point plaidé ou conclu dans une cause, donnent ensuite leur opinion avec brièveté, comme s'ils en étaient les juges.

6.º Il y a quelques matières qui exigent des dé-

---

(1) Les élèves peuvent s'aider des traductions connues, mais sans y ajouter beaucoup de confiance ; la meilleure, celle de Ferriere, est encore assez fautive pour que le Professeur ait été obligé de la refondre presque en entier.

veloppemens particuliers ; le Professeur les traite alors dans des discours étendus. Tel est le sujet du discours dont nous donnons l'analyse, la profession de défenseur ou avocat, celles d'avoué et de notaire, et la manière de composer des plaidoyers et mémoires.

7.° Les élèves sont invités à faire une table raisonnée de chaque livre du cours ; elle soulage leur mémoire et les exerce à l'analyse.

8.° Le cours est terminé par un examen public, où, indépendamment des examinateurs ordinaires de l'école, plusieurs membres du Tribunal d'appel sont invités à assister.

Les élèves doivent, à moins de motifs légitimes, subir cet examen s'ils veulent obtenir des certificats d'étude. Ils sont libres, il est vrai, de continuer leur cours pendant la seconde année ; mais, d'après les réglemens de l'école, ils ne peuvent avoir de certificat que pour l'année à la fin de laquelle ils se sont fait examiner.

§. V. Du *tems* consacré à l'étude de la législation privée.

Le cours de législation dure deux années. Les leçons se font trois fois par semaine. Les élèves doivent tous y assister.

On aurait pu, comme dans d'autres cours, faire six leçons par semaine, en en consacrant trois aux élèves de la première année et autant à ceux de la seconde, mais on a trouvé plusieurs avantages dans leur réunion. La leçon des commençans sert de répétition aux anciens, et celle des anciens n'est pas inutile aux premiers, parce que le Professeur s'efforce, lorsque cela est possible, de la mettre à leur portée. Il faut aussi remarquer que la dictée des cahiers qui employait autrefois la moitié des séances, étant supprimée à l'aide des copies prêtées aux élèves, on peut donner des leçons beaucoup plus longues ; enfin, cette copie même et les études et autres travaux des élèves, exigent un certain intervalle entre les séances.

§. VI. Les *avantages* qu'on retire de l'étude de la législation privée consistent en ce qu'on a acquis les connaissances nécessaires ou utiles aux fonctions dont on a parlé aux §§. I.er et II.e Ces connaissances peuvent aussi conduire aux emplois les plus éminens et à la carrière la plus brillante ; on le prouve en citant rapidement plusieurs hommes célèbres qui s'étaient livrés avec ardeur à cette étude. — Voyez le discours suivant, §. IX.

## CHAPITRE II.

*Analyse d'un Discours* (1), *sur la profession d'Avocat ou Homme de loi* (2).

On traite dans ce discours, de l'objet de la profession d'avocat, des qualités et connaissances qu'il faut avoir et des études qu'il faut faire pour l'exercer ; du tems qu'il faut consacrer à ces études ; de la méthode que l'élève et l'avocat doivent observer dans leurs travaux et études ; de celle que doit suivre le dernier dans la composition de ses ouvrages, tels que plaidoyers, mémoires, consultations ; enfin, des devoirs, des droits et des avantages de cette profession.

§. I.er Défendre les citoyens en plaidant et en rédigeant des mémoires ; les guider par des conseils, soit oraux, soit écrits ; tels sont les principaux *objets* que se propose un avocat.

§. II. Moralité, expérience du monde, urbanité, jugement, mémoire, connaissance du droit et de plusieurs sciences accessoires, comme la logique, la grammaire, l'art oratoire, la déclamation, la littérature et l'histoire ; telles sont les principales *qualités* que doit avoir, et les principaux *talens* que doit posséder un avocat.

Une bonne éducation, la fréquentation des assemblées de personnes honnêtes, instruites et polies, du théâtre, des sociétés littéraires, servent

---

(1) Ce discours est prononcé dans la seconde séance du cours.

(2) On croit pouvoir se servir indifféremment des mots *avocat* ou *homme de loi*.

à acquérir en partie plusieurs de ces qualités ; l'étude achève l'ouvrage, et elle est d'ailleurs nécessaire pour acquérir les connaissances indiquées.

§. III. *Études*. — On apprend le *droit privé* et la *procédure* en faisant un cours de législation, suivant la méthode indiquée dans le premier discours; en travaillant ensuite ou en même tems chez des avoués et avocats ; en suivant les audiences ; en lisant les lois et les auteurs indiqués dans le *précis*. voyez page 3.

Quelques parties des autres branches de la législation sont aussi enseignées dans notre cours. ( Voyez ci-après l'appendix du chapitre II ). Mais c'est dans les écoles spéciales qu'on pourra en acquérir une connaissance complette. Comme elles ne sont point encore établies, on indique aux élèves les ouvrages qu'ils peuvent lire pour suppléer ces écoles.

Pour le *droit naturel*, on leur indique une partie du catéchisme de Volney, le manuel d'Epictète, les droits et devoirs de l'homme, de Cicéron, Puffendorf et Barbeyrac; Mably; Watel; le catéchisme de St-Lambert; etc.

Pour le *droit public* : le droit de la guerre et de la paix de Grotius et Barbeyrac; le contrat social; une partie de l'esprit des lois; le droit public de Mably; les constitutions de Lacroix; la constitution française et les sénatus-consultes organiques ; etc.

Pour *l'économie politique* : le discours sur la population d'Herrenschwand; les élémens de Garnier; le discours sur le commerce de Melon ; l'essai de Cantillon; celui de Graslin ; les observations de Coubron ; Stewart; Smith; etc.

Pour le *droit criminel, correctionnel et de police* : les codes des délits et des peines, pénal, civil et militaire ; les lois correctionnelles, rurales et municipales; les discours de Duport et Tronchet ; la première instruction sur les jurés ; le mémoire de

Bourguignon ; l'ordonnance de 1737 sur le faux, avec le commentaire de Jousse; le traité de la police de Lamarre ; les dictionnaires de Desessarts et Peuchet, etc. — On les invite aussi à assister aux audiences criminelles et correctionnelles.

Pour le *droit de commerce* : l'ordonnance de 1673 et Jousse; le parfait négociant de Savary; les dictionnaires du même auteur et de Beaudeau, etc. — Ceux qui habitent les départemens maritimes sont invités à lire l'ordonnance de 1681 et Valin.

Pour le *droit canonique* : l'institut de Fleury ; le commentaire de Dupuy; l'explication de Boutaric; le traité de Fevret ; les lois de d'Héricourt.

*Sciences accessoires.* — Les cours de grammaire, belles-lettres et histoire de l'école centrale suffisent pour acquérir les sciences accessoires. On peut y joindre la lecture des bons grammairiens, métaphysiciens, écrivains et historiens, tels que Condillac, Locke, Rousseau, Voltaire, Buffon, Racine, Boileau; Molière et Corneille ( avec leurs commentateurs ); Bossuet, Anquétil, Rollin, Gibbons, Hénaut, Velly, les siècles de Louis XIV et Louis XV.

Mais on ne peut se dispenser de lire avec soin les orateurs célèbres, tels que Démosthène, Cicéron (sans oublier son *orateur*), Mirabeau, les harangues tirées de Tite-live, Salluste, etc.; les plaidoyers de Cochin ; les discours de Rousseau; les époques de Buffon, etc. Il faut aussi assister aux plaidoiries des bons avocats, aux sermons des bons prédicateurs.

*Jugement, mémoire, style.* On donne quelques conseils sur les méthodes à suivre pour former son jugement, pour fortifier sa mémoire, pour épurer son style.

§. IV. *Méthode des travaux et études.* — On invite à s'assujettir chaque jour à autant d'heures d'études et de lectures que la santé le permet; à consacrer plusieurs heures à l'étude du droit; d'autres aux études accessoires ; d'autres à des lectures d'agrément.

En supposant qu'un élève puisse travailler douze heures par jour, on lui propose de distribuer ainsi son tems. *Pendant le cours* ou pendant les deux premières années ; étude du droit, six heures ; études accessoires, quatre ; lectures agréables, deux. — *Après le cours*, troisième et quatrième années ; étude du droit, pratique, travail, etc., sept heures ; études accessoires, trois heures ; lectures, deux. — Cinquième année, droit, etc., neuf heures ; études accessoires, deux ; lectures, une. — Sixième année ; droit, etc., dix heures ; études, une ; lectures, une.

On peut aussi mettre à profit les heures de délassement ; converser et discuter sur des objets utiles pendant les promenades ou assemblées ; suivre au théâtre les bonnes pièces ; assister aux sociétés littéraires, aux examens publics, etc.

§. V. *Tems des études.* — Première et seconde année, cours de législation ; troisième année, études chez un avoué, et cours de grammaire générale ; quatrième année, études chez un avocat, et cours de belles-lettres.

Pendant les vacances de chacune de ces années, il faut étudier une des parties du droit qui n'ont pas été traitées dans le cours, telles que le droit criminel et de commerce, la police, etc.

On peut commencer à plaider la cinquième année, mais il est bon de continuer à travailler pendant cette année et la suivante chez un homme de loi. Au reste, les dispositions, les talens, les connaissances de l'élève doivent servir de règle à cet égard.

§. VI. *Méthode à suivre dans la composition des mémoires, plaidoyers et consultations.* On ne fera point ici l'analyse de cette partie du discours, parce qu'on y revient à la fin du cours, lorsqu'on donne aux élèves des questions à traiter et des plaidoyers à composer.

§. VII. *Devoirs principaux d'un avocat.* Il doit, 1.° se charger des causes seulement qu'il croit bonnes ; 2.° s'efforcer ensuite de concilier les parties, sinon ; 3.° se dévouer en entier et jusques au jugement, à la défense de celle qui l'a choisi ; 4.° lui garder un secret inviolable ( on suppose qu'il a pu légitimement le promettre ) ; 5.° conserver avec soin ses papiers ; 6.° ne plaider et écrire qu'après les préparations nécessaires ; 7.° accueillir et défendre les pauvres et les opprimés ; 8.° se proposer une indemnité honnête et non un gain sordide....

§. VIII. *Droits d'un avocat.* Lorsqu'il plaide il jouit de la plus grande liberté ; il ne doit pas être interrompu à moins qu'il ne s'agisse d'un fait à rectifier ; il ne peut être recherché pour un fait avancé, on n'a alors d'action que contre sa partie ; il remplace temporairement les juges absens ou récusés, etc.

§. IX. *Avantages qu'offre la profession d'avocat.* On en a déjà parlé au §. VI du premier discours. On y insiste de nouveau. On dit qu'elle assure une existence honnête, honorable, etc. ; qu'en l'exerçant avec distinction, on peut ensuite aspirer aux postes les plus éminens. On le prouve en citant plusieurs jurisconsultes célèbres, tels que chez les *romains*, les Labeo, Capito, Julien, Papinien, Paul, Ulpien, Tribonien (1) : chez les *francais avant la révolution*, les Brisson, l'Hôpital, Pasquier, Cujas, Expilly, Talon, Fleury, d'Aguesseau, etc. Depuis la *révolution*, ils ont repris l'influence qu'ils avaient chez les romains ;

---

(1) Voyez ci-après, liv. prél. part. 2, ch. 1, tit. 2, §. 2.

on connaît le rôle brillant qu'on joué et que jouent encore les avocats éclairés.

Il faut aussi remarquer que les grandes places de l'ordre judiciaire, pour lesquelles on exigeait jadis de la naissance ou de la fortune, leur sont aujourd'hui à-peu-près dévolues; telles sont celles des tribunaux d'appel, de cassation, etc.

# CHAPITRE III.

*Extrait de l'analyse de deux Discours sur les professions d'Avoué et de Notaire.*

CES deux discours sont prononcés vers la fin de la seconde année du cours, lorsque le Professeur traite des avoués et notaires, au chapitre de l'organisation judiciaire. Mais comme ils contiennent des conseils relatifs aux études des élèves qui se destinent à ces professions, conseils qui peuvent leur être utiles pendant leurs cours de législation, on les leur donne avant de commencer ce cours. On va en retracer ici les principaux.

## *Distribution du tems d'études, sur douze heures de travail.*

§. I.er *Pour les Aspirans à des places de Notaires.*

Années.

1.re — Six pour le droit ( cours de législation ); quatre pour la grammaire générale ( cours à l'école centrale ); deux de lectures agréables.

2.e — Six pour le droit ( cours de législation ); quatre pour la littérature; deux de lectures.

3.e — Droit et pratique ( chez un avoué ), sept; arithmétique, géométrie, trigonométrie et lavis ( cours de mathématiques à l'école; études de lavis chez un maître ), quatre; lectures, une.

4.e — Droit et pratique ( chez un notaire ), dix; répétition des études accessoires, une; lectures, une.

*Vacances.* Étudier les lois d'enregistrement, de commerce et de police; lire les traités sur les rapports d'experts, sur les usages ruraux, etc., tels que le traité du cheptel de Pothier; sur la vente et le louage (même auteur); copier les principaux actes d'un *style* de notaires; lire quelques bons écrivains; s'exercer à faire des actes et consulter souvent les synonimes de Roubaud, Girard, Beauzée, etc. Il est inutile de parler des ouvrages sur le notariat, tels que le parfait notaire de Ferrière, le nouveau style des notaires, le guide des notaires de Thévenin et Sagnier, etc., dont les élèves auront dû se pourvoir en commençant leurs études.

*Nota*. Les élèves sont en état de se présenter au concours du notariat à la fin de la troisième année, mais il faut alors qu'ils aient travaillé chez un notaire pendant cette même année.

§. II. *Pour les Aspirans à des places d'Avoués.*

Années.
1.re et 2.e — Droit (cours), six; pratique, quatre; lectures, deux.

3.e — Droit et pratique (chez un avoué), six; grammaire (cours), quatre; lectures, deux.

4.e — Droit et pratique (*id.*), six; belles-lettres (cours), quatre; lectures, deux.

5.e — Droit et pratique (*id.*), dix; lectures, deux.

*Vacances*. Les lois de commerce, criminelles et de police; les traités des matières les plus importantes et les plus communes, telles que les saisies, tutelles, prescriptions, preuves, hypothèques, faux, etc.; des plaidoyers et journaux de causes célèbres; quelques ouvrages de littérature et d'histoire. On suppose aussi qu'ils se seront procuré en commençant leurs études, l'ordonnance de 1667 avec les commentaires, tels que ceux de Jousse; le praticien universel de Couchot, le style de de Gauret, etc.

# CHAPITRE IV.

*TABLE alphabétique et explicative des abbréviations usitées dans le droit, et employées dans le cours de législation.*

AP. BON. dans le sexte.

AP. GRÉG. IX. dans les décrétales.

AP. JUSTIN. *apud Justinianum*, dans les instituts de Justinien.

ARG. ou AR. *argumentum* ou *argumenta*, par argument tiré de telle loi.

ARR. arrêt ou arrêté.

AUTH. *authentica*, dans l'authentique, c'est-à-dire, dans le sommaire d'une novelle inserée dans tel titre du code.

C. ou CAN. dans tel canon.

CH. ou CHAP. *chapitre*, à tel chapitre d'un ouvrage.

CAP., CAPITE ou *capitulo*, dans tel chapitre de telle novelle, ou de telle décretale, etc.

CAUS. dans une cause de la deuxième partie du décret.

C. ou COD. *codice*, code de Justinien.

C. THEOD. *codice Theodosiano*, au code de Théodose le jeune.

CENT. *centurie*, espèce de division employée dans plusieurs ouvrages.

COL. *columna*, dans la colonne 1.re ou 2.e d'une page de quelques interprètes que l'on cite.

CLEM. dans une clémentine.

COLL. *collationne*, dans telle ou telle collation des novelles.

C. ou CONT. *contrà*, contre ; c'est ordinairement pour marquer un argument contraire à quelque proposition.

D.

D. *dicto* ou *dictâ*, c'est-à-dire, au chapitre cité, ou à la loi citée auparavant.

D. *digestis*, au digeste.

DIST. distinction, espèce de division employée dans plusieurs ouvrages.

E. ou EOD. au même titre, à la même loi, au même endroit.

EX. ou EXTRA, dans les décrétales.

EXTRAVAG. JOANN. XXII., dans une constitution de Jean XXII.

F. ou FIN., *finalis*, dernier ou dernière.

FF. *Pandectis* ou *digestis*, dans le digeste ou dans les pandectes.

Suivant Calvin ( lexicon juris ) les Grecs citaient le digeste ou les pandectes par la lettre P avec un accent. Comme cette lettre avait quelque rapport avec la double ff. de notre alphabet, les copistes latins employèrent celle-ci par corruption, et l'on suit encore cet usage.

GL. *glosa*, la glose.

H. *hìc*, ici, dans le même titre, dans la même loi, ou dans le même paragraphe.

H. T. ou H. TIT., *hoc titulo*, dans ce titre.

H. V. *hoc verbo*, à ce mot, au mot de tel dictionnaire ou autre ouvrage par ordre aphabétique.

I. ou INF. *infrà*, plus bas.

J. GL. *juncta glossa*, la glose du texte cité.

IN AUTH. COLL. I. *in authenticâ, collatione* I.$^a$, dans les novelles, collation ou partie I$^{re}$, etc.

IN EXTRAVAG. COMM., dans les extravagantes communes.

IN F. *in fine*, à la fin du titre de la loi ou du paragraphe cité.

IN PR. *in principio*, au commencement ou dans l'alinéa qui précède le premier paragraphe d'une loi, ou au commencement d'un traité; etc.

IN F. PR. *in fine principii*, à la fin du commencement ou de ce premier alinéa d'une loi.

B

IN SEXTO ou IN 6., dans le sexte ( collection des constitutions de Boniface VIII )

IN SUM. *in summâ*, dans le sommaire.

L. *lege*, dans telle loi.

LI. ou *libro*, au livre 1, 2, etc.

LOC. CIT. *loco citato*, à l'endroit, au chapitre, ou passage déjà cité.

NOV. *novellâ*, dans la novelle 1, 2, etc.

N. ou *numb.*, nombre, n.° qui se met à côté d'un passage d'un auteur.

P. ou page, à telle page.

PAR. *Paragrapho*, au paragraphe, c'est-à-dire, article ou membre d'une loi ou d'un titre des instituts.

PEN. PENULT. *penultimâ*, avant dernière loi d'un titre ou avant dernier paragraphe d'une loi.

PR. ou PRINC. *principium*, commencement d'un titre ou d'une loi ou d'un traité.

PAND. ou avec le P. grec, *pandectis*, dans les pandectes.

Q. QU. ou QUŒST., *question*, dans cette question.

¶. verset d'un paragraphe.

R. J. *regulis juris*, le titre des règles du droit, au digeste.

R. ou RUB. *rubricâ*, dans telle rubrique ou tel titre. On avait donné aux titres le nom de rubrique, parce qu'ils étaient autrefois écrits en lettres rouges.

SC. ou SCIL. *scilicet*, savoir.

SEC. *section*, division d'un traité.

SOL. SOLUT. ou *solutio*, réponse à une objection.

SOM. *sommaire*, espèce de division employée dans plusieurs ouvrages.

SUM. *summa*, le sommaire d'une loi.

SUP. *suprà*, ci-devant, dans un chapitre, article, etc. précédent.

§. *Paragrapho*, paragraphe.

T. ou TO., ou TOM., *tome*, à tel volume.

T. ou TIT. *titulus*, *titulo*, titre.

Tot. tit. *toto titulo*, tout le titre désigné.

V. ou ℣. *versiculo*, au verset. Le verset est une partie d'un paragraphe.

V. S. *verborum significatione*, le titre de la signification des termes, au digeste.

V. *vide*, voyez tel mot, tel article, tel chapitre.

Ult. *ultimo*, *ultimâ*, dernier titre, ou paragraphe, ou derniere loi.

---

Il y a quelques remarques à faire sur les citations.

1. Lorsqu'un auteur n'a fait qu'un ouvrage, on cite souvent le nom de cet auteur, sans indiquer l'intitulé de l'ouvrage.

2. Quelquefois après avoir cité un auteur très-connu, on ne rapporte plus son nom qu'en abbréviation. Au lieu de *Bartole*, par exemple, on mettra seulement *Bart.*

3. L'intitulé d'un ouvrage cité, s'indique le plus souvent par abbréviation. On indique alors les premières lettres des premiers mots.

4. Lorsqu'on n'indique point l'intitulé d'un ouvrage dont l'auteur a publié plusieurs autres ouvrages, il est sous-entendu qu'on cite celui de ses ouvrages qui a rapport à la matière dont on s'occupe.

# PRÉCIS
## DU COURS DE LÉGISLATION.

# LIVRE PRÉLIMINAIRE.

## PREMIERE PARTIE.

*De la législation et du droit considérés en général.*

## CHAPITRE PREMIER.

*Notions préliminaires et divisions.*

On entend, en général, par *législation* ou par *droit* ( ces deux termes sont synonimes dans l'usage ) un système, un ensemble, une réunion de règles d'après lesquelles les hommes doivent se conduire. Lorsqu'on emploie ce mot isolément, il désigne le système, l'ensemble des règles d'après lesquelles tous les hommes doivent se conduire ; lorsqu'on y joint le nom d'un peuple ou l'adjectif qui en tient lieu, il désigne le système, l'ensemble des règles d'après lesquelles ce peuple et les individus qui le composent doivent se conduire. Ainsi l'on dit dans ce dernier sens, la *législation française ou des français*, le *droit français ou des français*.

Une règle est, en général, un précepte, une maxime, un ordre, qui désigne comment tel ou tel fait, telle ou telle action doit avoir lieu. Elle est écrite ou non écrite, consacrée par l'autorité publique ou reçue par l'assentiment tacite d'un certain nombre d'individus.

Les règles écrites et consacrées par l'autorité publique se nomment *lois* (1); les règles non écrites et reçues par consentement tacite se nomment *coutumes* (2). Elles suppléent aux lois; quelquefois même elles y dérogent.

Une loi est proprement un précepte de morale rendu obligatoire par le souverain ou ses délégués, et destiné à assurer le bonheur de l'homme en lui traçant sa conduite.

Quelquefois cependant on donne le nom de *lois* à des règles qui ne sont pas prescrites par l'autorité publique, mais qui dérivent tellement de la nature des choses, qu'elles semblent avoir été établies par l'ordonnateur de l'univers; ainsi l'on dit les *lois naturelles*, pour désigner les règles du droit naturel.

Nous avons dit que le mot *droit* était synonime de celui de législation (3). On l'emploie aussi dans une acception différente (4). On dit, par exemple, qu'un citoyen *a droit* à telle chose, *a le droit* de

---

(1) Le mot loi, *lex*, vient de *lectio*, choix = Ant. Augustin *de legib.* c. 1.

(2) C'est improprement qu'on appelle encore *coutumes*, les règles qu'on suit dans la France septentrionale. Elles ont été écrites et consacrées par l'autorité publique ; ce sont donc des *lois*.

(3) Comme le mot *législation* signifie proprement *collection des lois*, *science des lois*, et que le droit embrasse des règles qui ne sont pas *lois*, la législation devrait être considérée comme l'espèce, et le droit comme le genre. Mais dans l'usage on confond assez ordinairement ces deux termes.

(4) Justinien définit le droit ( d'après Celsus et Ulpien, liv. 1, ff. Just. et jur. ), *l'art du bon et du juste*. Cette définition est trop vague. Elle n'embrasse qu'une des acceptions du mot droit.

Il définit *la jurisprudence*, la connaissance des choses divines et humaines, la science du juste et de l'injuste. Inst. de Just. et jur. § 1. Cette définition est encore vague et incomplette.

On peut dire que la jurisprudence est tout-à-la-fois l'art d'appliquer les règles du droit, et la connaissance de la manière dont on applique ces règles à divers cas, dans certains pays.

Il définit la *justice* une volonté ferme et constante, de rendre à chacun ce qui lui est dû ; eod. in pr. Cependant la justice ne consiste pas seulement dans la volonté, mais encore dans l'action de rendre à chacun ce qui lui appartient. Et comme les tribunaux *font* cette action au nom de la société, on dit avec raison *qu'ils rendent la justice*.

faire telle action. Dans ce sens le mot *droit* est à peu près synonime de *faculté*. D'après cela l'on pourrait dire que la science du droit nous apprend quelles sont les diverses facultés de l'homme, et comme il reçoit ces facultés soit de la nature, soit de la société humaine, on pourrait diviser cette science en *droit naturel* et en *droit social*, et le droit social en *droit public* et en *droit privé*.

Le droit *naturel*, nous l'avons dit, est l'ensemble des lois naturelles ou des règles qui dérivent de la nature même des choses. Il doit diriger dans leur conduite, tous les hommes, abstraction faite de leur réunion en états ou nations, et considérés seulement comme membres de la grande famille du genre humain. On le nomme aussi morale universelle, législation universelle.

Le droit *public* est l'ensemble des règles qu'observent les hommes réunis en états, et considérés dans leurs aggrégations, comme des corps politiques. On le nomme aussi droit des *gens* ( *jus gentium* ) et législation publique.

Les actes des corps politiques sont relatifs à leurs affaires extérieures ou intérieures; le droit public est donc *extérieur* ou *intérieur*. Les règles relatives à la guerre, à la paix, aux traités, aux trèves, etc. sont du ressort du premier. — Celles relatives à la souveraineté, à ses droits, à son exercice, aux individus qui y participent, etc., sont du ressort du second (1).

Le droit *privé* est l'ensemble des règles que doivent observer les hommes dans leurs relations particulières et réciproques, abstraction faite de leur participation à la souveraineté.

---

(1) L'économie politique qui détermine les règles à observer dans l'administration proprement dite des états, peut être regardée comme une branche du droit public intérieur.

Il en est de même des lois *constitutionnelles*, c'est-à-dire, des lois qui fixent les bases du gouvernement d'un état.

Mais comme ces règles varient suivant les individus qu'elles intéressent, le droit détermine les caractères qui peuvent distinguer ces individus ; ceux, par exemple, auxquels on reconnait l'état privé ou civil, la pupillarité, la minorité, la majorité, etc, ainsi que les prérogatives qui leur sont propres. Par conséquent la première partie du droit privé est relative aux *personnes*.

Le droit établit ensuite les règles que les hommes doivent observer dans l'usage, la disposition ou l'affermissement de leurs propriétés. Déterminer la nature de ces mêmes propriétés, la manière dont on doit en disposer soit à titre onéreux, par vente, par exemple, soit à titre gratuit, par testament, par exemple ; celle à l'aide de laquelle on les affermit, l'hypothèque, par exemple, etc.; voilà les objets principaux de la deuxième partie du droit privé. Elle concerne donc les actions des hommes qui sont relatives à la *propriété*.

La troisième partie du droit privé est relative aux actions qui portent une atteinte grave à la sûreté des personnes ou des propriétés. C'est ce qu'on nomme ordinairement le droit *criminel*.

La quatrième partie concerne les actions qui ne portent qu'une atteinte légère à la sûreté des personnes et des propriétés ; c'est ce qu'on nomme la *police*.

La cinquième partie embrasse les règles qu'on doit observer lorsqu'il s'agit de faire prononcer sur un différend né de quelqu'une des actions indiquées aux trois parties précédentes, ou des caractères plus ou moins douteux de l'état d'une personne ; c'est ce que l'on nomme la *procédure*, qu'on divise en procédure civile et en procédure criminelle.

Cette division du droit ou de la législation nous paraît simple et analytique. Il est bon toutefois d'avoir une idée de quelques-unes de celles qu'ont adopté les principaux auteurs. Nous allons en rappeler une qui a été assez accréditée.

On divise d'abord les lois en lois divines, lois naturelles et lois humaines. Les lois *divines* sont celles que la révélation a transmises ; les lois *naturelles*, celles qui sont gravées au fond du cœur de tous les hommes, et les lois *humaines*, celles que les hommes ont faites.

Les lois divines ou révélées, et les lois naturelles, sont encore appelées *immuables*, parce qu'elles ne peuvent changer en aucun point ; les lois humaines sont appelées *positives* ou *arbitraires*, parce qu'elles dépendent de la volonté des hommes, et qu'elles peuvent changer comme cette volonté.

La nécessité de régler les difficultés qui naissent de l'application des lois immuables, et l'invention de certains usages utiles à la société, ont donné lieu aux lois arbitraires ; on en distingue deux sortes ; 1.º celles qui ont rapport aux lois divines ; 2.º celles qui ont rapport aux lois humaines.

On nomme lois *canoniques* ou *ecclésiastiques* les lois positives ou arbitraires de la première espèce : elles sont composées des actes des conciles, des décrétales, des décrets, des bulles ou brefs du Pape, enregistrés et approuvés en France... Ces lois ne sont mises au nombre des lois arbitraires que lorsqu'elles statuent sur la discipline de l'église ; car les actes des conciles qui sont déclaratifs de certains points du dogme, sont censés infaillibles et immuables.

La seconde espèce de lois positives ou arbitraires comprend, 1.º le droit des gens qui règle les relations extérieures des nations ou états ; 2.º le droit public qui a rapport à l'ordre public du gouvernement ; 3.º le droit privé, qui a rapport aux affaires des particuliers.

Cette division manque d'exactitude, 1.º en ce qu'on y sépare le droit des gens du droit public, dont il n'est évidemment qu'une branche ; 2.º en ce qu'on y confond le droit privé avec le droit civil.

Cette dernière inexactitude est sur-tout remarquable, parce qu'elle introduit souvent de la confusion dans l'étude du droit. Nous avons démontré dans un autre ouvrage (1), d'après les principes de la jurisprudence romaine et de la saine raison, que le droit civil est le droit propre d'une cité ou d'un peuple, dont il embrasse tout-à-la-fois, et le droit public, et le droit privé, et le droit criminel, et le droit sacré, etc., et que le droit privé ne statue que sur les différends particuliers des individus qui composent cette cité ou ce peuple, et qu'il est tiré des autres espèces de droit. *Collectum est enim ex naturalibus præceptis, aut gentium, aut civilibus.* C'est donc mal à propos qu'on donne encore dans l'usage, le titre de droit civil au droit privé.

On observe souvent dans le corps de droit romain, la confusion dont nous nous plaignons, parce qu'on n'en a pas divisé assez analytiquement les matières. — V. ci-après l'hist. du dr. rom., tit. 3, art. 8.

---

(1) Mémoire adressé à la commission des lois, le 4 frimaire an 5.

## Appendix au Chapitre I.ᵉʳ

### *Division du cours de législation.*

Nous avons dit que ce cours avait pour objet le droit privé ( v. p. 1 et 3 ) proprement dit, tel que l'on le conçoit dans l'usage. Nous en traitons dans six livres.

Dans le livre actuel que nous nommons *préliminaire*, parce qu'il sert d'introduction aux cinq autres, après les notions précédentes, nous exposons quelques règles sur l'effet, l'exécution, l'application et l'interprétation des lois.

Dans la 2.ᵉ partie de ce livre, nous donnons l'histoire du droit romain et celle du droit français, ancien et nouveau.

Dans la 3.ᵉ partie, nous donnons un précis analytique des instituts de Justinien.

Le LIVRE 1.ᵉʳ est relatif aux *personnes*.

*Objets principaux dont il traite.* Division des personnes ; état civil ; capacité et changement d'état ; domicile ; absence ; mariage, dots ; gains nuptiaux ; biens paraphernaux (1) ; secondes noces ; séparations ; divorce ; paternité et filiation, légitimes, naturelles et civiles ( ou adoption ) ; tutelle et curatelle ; majorité et interdiction.

Le LIVRE 2.ᵉ est relatif aux *choses* ou *biens* et à leur *usage*.

*Objets principaux dont il traite.* Divisions diverses des choses ou biens ; propriété, son origine, son

---

(1) Les dots, gains nuptiaux, etc. sont placés dans le livre 1.ᵉʳ comme des accessoires du traité du mariage.

étendue, son usage; servitudes réelles, rustiques et urbaines; servitudes mixtes, usufruit, usage, habitation.

Le LIVRE 3.ᵉ est relatif aux *moyens d'acquérir la propriété* des choses ou biens.

*Objets principaux dont il traite.* Occupation; accession; tradition; prescription; donation entrevifs ou à cause de mort; testament; legs; substitution; codicile; succession *ab intestat*.

Le LIVRE 4.ᵉ est relatif aux *obligations* qui sont tout-à-la-fois des moyens d'acquérir, d'user et d'affermir la propriété des choses, et même de se procurer les services des personnes (1).

*Objets principaux dont il traite.*

1.ʳᵉ PARTIE. *Obligations qui se forment par conventions.* Vente; échange; louage; société; prêt; dépôt; mandat; vices des conventions.

2.ᵉ PARTIE. *Obligations qui se forment sans conventions.* Biens communs; voisinage; fraude des débiteurs envers les créanciers; gestion des affaires.

3.ᵉ PARTIE. *Suites qui ajoutent aux obligations ou qui les affermissent.* Privilèges, hypothèques et expropriations; gage; solidarité; caution; dommages; preuves, littérale et vocale, confession, présomptions et serment.

4.ᵉ PARTIE. *Suites qui anéantissent ou modifient les obligations.* Payement; compensation; novation; délégation; remise de la dette; confusion; extinction de la chose dûe; bénéfices de compétence, cession et restitution.

---

(1) C'est ce qui nous a engagé à traiter des obligations dans un livre particulier.

LE LIVRE 5.e traite de la PROCÉDURE ou de actions.

*Objets principaux dont il traite.*

1.re PARTIE. *Organisation judiciaire.*
1.° Tribunaux communs à toute la République; tribunal de cassation; conseil des prises.
2.° Tribunaux propres aux départemens : *Partie civile :* arbitres; juges de paix; tribunaux de première instance, d'appel et de commerce. *Partie criminelle :* police municipale et correctionnelle; tribunaux criminels.
3.° Tribunaux propres aux militaires : armée de terre; marine.
4.° Tribunaux extraordinaires : tribunaux spéciaux.
5.° Officiers ministériels : greffiers; avoués; notaires; huissiers.
*Appendix pour l'organisation administrative.* Préfets; conseils généraux, d'arrondissemens et de préfectures; sous-préfets; maires et conseils municipaux.

2.e PARTIE. *Des actions proprement dites.* Divisions diverses; actions personnelles, réelles et mixtes; autres espèces d'actions; tribunaux où elles s'exercent.

3.e PARTIE. *De la procédure proprement dite.*
Section 1.re Procédure avant le jugement.
Section 2.e — Du jugement, de ses accessoires et des moyens d'exécution.
Section 3.e — Remèdes contre les jugemens.
Section 4.e — Procédure extrajudiciaire.
Section 5.e — Procédure propre aux justices de paix.
Section 6.e — —          aux arbitrages.
Section 7.e — — aux tribunaux de commerce.
Section 8.e — — au tribunal de cassation.

*Nota.* Ces cinq LIVRES sont suivis chacun, de récapitulations des matières dont on y a traité.

# CHAPITRE II.

## *Des effets et de l'exécution des lois.*

Nous avons dit qu'une loi était en général un précepte de morale rendu obligatoire par le souverain ou ses délégués, et destiné à assurer le bonheur de l'homme en le dirigeant dans sa conduite.

On peut tirer plusieurs conséquences de ce principe.

1.º La loi ne statue point sur des faits individuels, des cas rares ou singuliers, mais bien sur des faits communs, sur ce qui se passe dans le cours ordinaire des choses. — *LL.* 1, 3, 8, 10, 12, 27, *ff. de legib.*

On peut en donner plusieurs raisons, et entr'autres que si le législateur statuait sur tous les cas particuliers, il faudrait publier des lois en si grand nombre, qu'il serait imposible de les connaître, et que par conséquent elles ne pourraient plus diriger l'homme dans sa conduite.

2.º Les lois sont censées *perpétuelles*, tandis que les réglemens et les coutumes sont variables. Elles doivent être exécutées jusques à ce qu'elles soient abrogées (1).

L'abrogation des lois est expresse ou tacite. Elle est *expresse* lorsqu'elle est prononcée par des lois postérieures; elle est *tacite* lorsqu'elle résulte d'un long usage. — *L.* 32, *in f.*, *ff. de legib.* — *Inst. de jure nat.*, §. 11 (2).

---

(1) C'est d'après cette maxime qu'en décrétant l'abolition de la royauté, la convention nationale a ordonné que toutes les lois anciennes seraient exécutées jusques à ce qu'elles fussent abrogées. — L. 21 sept. 1792.

(2) Les rédacteurs du projet de code civil définissent l'abrogation *tacite*, celle qui résulte des dispositions des lois postérieures, qui se trouvent inconciliables avec les précédentes. Cette définition est plus conforme aux vrais principes.

3.º La loi dispose pour l'avenir ; elle n'a point d'effet rétroactif. — *L. 7, C. de legib.* — DROIT ACTUEL. — Même décision ; *C-C., titre prél.,* art. 2.

Néanmoins, une loi qui explique une loi précédente, dont les dispositions étaient douteuses, statue même sur les faits passés, lorsque rien n'a été consommé, c'est-à-dire, lorsqu'il n'y a pas eu de décision définitive, ou autre acte équivalent, tel qu'une décision en premier ressort ou une transaction arbitrale passées en force de choses jugées. — *D. L. 7.* — Ce principe est mis en usage dans les *LL. 7, in pr. C. natural. lib.; 21, in pr. et in f., et 23, in f., C. de sacros. eccles.* (3).

---

*Suite de la note 2 de la page* 30. - Cependant, la définition de l'abrogation tacite des lois n'a pas été reproduite lors de la discussion du code civil au conseil d'état ( v. le procès-verbal, séance du 4 thermidor an 9 ); d'où il résulte que le principe ancien, c'est-à-dire, l'abrogation tacite par le *long usage*, est maintenu. D'ailleurs c'était par des motifs de prudence et non parce qu'on en méconnaissait l'utilité qu'on avait jugé convenable de ne pas insérer ce dernier principe dans le code civil. — V. disc. prélim. du 1.er proj. de code, page xvj, édit de Baudoin.

Il reste maintenant une difficulté sérieuse à résoudre, difficulté qui avait peut-être détourné les rédacteurs de l'insertion dont nous venons de parler. Quels sont les caractères du *long usage* auquel on attribue la force d'abroger une loi ?... Nous trouvons dans deux jugemens du tribunal de cassation, des 12 vendémiaire an 9 et 25 brumaire an 11, ce dernier rendu sur les conclusions du savant Merlin, deux règles propres à lever toute incertitude sur ce point. 1.º L'usage doit être exprimé par des jugemens de cour supérieure ; il ne résulte pas d'une simple habitude des gens de loi, d'une simple coutume d'après laquelle ils suivent dans les procès une marche opposée à celle de la loi ( v. l. 34, ff. legib.; 90, ff. reg. jur. ). 2.º Il ne suffit pas d'un seul jugement unique d'un seul tribunal, pour exprimer l'usage ; il faut une jurisprudence générale de tous les tribunaux français, à moins que l'usage ne résulte d'un arrêt de règlement, parce qu'un tel arrêt est censé avoir l'approbation du législateur. — ( L'autorité des arrêts de règlement dont nous parlons, tom. 1, pages 36 et 157, est très-bien établie par le cit. Merlin, recueil alphabétique, h. v., tome 1, p. 396, et le tribunal de cassation a confirmé sa décision, le 24 ventôse an 10).

(3) *Observation sur le droit actuel.* — On avait inséré une décision à-peu-près semblable dans le projet de code civil, livre préliminaire, tit. 4, art. 3, et dans le premier projet de loi du code, soumis au conseil d'état, titre préliminaire, art. 2, 2.e alinéa ; mais on l'a supprimée, 1.º parce qu'il était difficile de bien caractériser une loi purement explicative ; 2.º parce que cette décision était inutile, et qu'il suffisait de s'en rapporter sur ce point au droit commun: — V. le procès-verbal, séance du 4 thermidor an 9. — Ainsi la règle exposée ci-dessus, est maintenue par le fait; d'ailleurs on l'a bientôt mis en usage dans la loi du 14 floréal an 11, qui interprète celle du 12 brumaire an 2.

( 31 *bis.* )

On peut établir le principe de la non-rétroactivité sur le motif que la loi étant destinée à diriger l'homme dans sa conduite, ne peut le diriger pour des actions passées.

4.° La loi n'est susceptible d'exécution qu'à dater du jour où elle est suffisamment connue. Or, elle n'est censée connue suffisamment que lorsqu'on en a fait la publication. — C'est une conséquence des principes précédens. — V. L. 9, C. de legib.; et Domat, livre prélim., tit. 1, sect. 1, n.° 9. — DROIT ACTUEL, même décision; — *C-C., tit. prél. art.* 1. — Voyez l'appendix suivant.

5.° Les lois françaises relatives à la police et à la sureté (4) obligent tous ceux qui habitent le territoire (5).

Les lois relatives aux immeubles régissent tous les immeubles français, même ceux qui sont possédés par des étrangers.

Les lois relatives à l'état et à la capacité des personnes régissent tous les français, même ceux qui résident en pays étranger. — *C-C., ibid. art.* 3 (6).

---

(4) Ces mots *lois de sureté* embrassent les lois criminelles. — Conseil d'état, séance du 6 thermidor an 9.

(5) *Droit ancien.* — Cette règle a été admise dans tous les tems, par tous les publicistes. ( rapport de Grenier, séance du tribunat, du 9 ventôse an 11) et elle résulte aussi de la constitution de 1791, titre 6.

(6) Les jurisconsultes ont été très-partagés sur la distinction précise des statuts réels, ou lois qui régissent les immeubles, et des statuts personnels, ou lois qui régissent les personnes. On peut consulter à ce sujet les traités et mémoires de Vœt, Froland et Boullenois sur les statuts; les observations du président Bouhier, sur la coutume de Bourgogne; Coquille, questions et réponses, n.° 27; Furgole, traité des testamens, ch. 6, sect. 2, n.° 81; Daguesseau, 57.e plaidoyer, cause de madame de Ventadour.

Le Tribunal d'appel de Grenoble a rendu, le 7 ventôse an 11, un jugement qui établit sur ce point important du droit ancien, des principes conformes à l'esprit du code civil. Il a décidé « que le caractère des » statuts réels est de disposer des immeubles en faveur des héritiers du » sang ou d'autres personnes; que lorsque la loi n'a pas disposé elle-» même des immeubles, et qu'ils restent à la libre disposition des pro-» priétaires, cette loi ne peut être considérée que comme un statut

6.º On ne peut déroger par des conventions particulières, aux lois qui intéressent l'ordre public et les bonnes mœurs. — *LL.* 38, *ff. de pactis;* 45, §. 1, *ff. reg. jur.;* 26, 27, 61 et 123, *ff. de verb. obligat.* — 5, *C. legib.;* ult. *C. de pact.* — *Instit.* §. 23, *de inutil. stipulat.* (7). DROIT ACTUEL, idem; C.-C., *ibid.*, art. 6.

---

APPENDIX AU CHAPITRE II.

*De la publication des Lois françaises.*

POUR connaître le jour auquel les lois anciennes ou nouvelles ont été publiées, et celui par conséquent à dater duquel elles ont dû être exécutées, il faut distinguer six époques.

1.$^{re}$ *Époque.* — Les lois de l'ancien Gouvernement, connues sous les noms d'édits, ordonnances, déclarations, et lettres-patentes, rendues avant le 14 juillet 1789, étaient exécutoires au jour où elles étaient enregistrées et publiées dans les parlemens ou autres cours supérieures auxquelles elles étaient

---

» personnel ». En conséquence de ces principes, le Tribunal a maintenu une donation faite à Marguerite Genève, des Echelles en Savoie, avant la réunion de cette province à la France; donation où l'on avait compris *les biens à venir*, contre le texte de l'ordonnance de 1731 (art. 15), et où l'on n'avait point observé les formes du statut Delphinal de 1456, mais qui était bonne suivant les lois Sardes. — Ce jugement a été rendu après quatre audiences solennelles, sur les conclusions du cit. *Royer-Deloche*, commissaire du Gouvernement, plaidans les cit. *Michal* pour Marguerite Genève, et *Bernard*, pour ses sœurs. — Les défenseurs et le commissaire ont discuté cette question importante avec une sagacité et tout-à-la-fois, une profondeur, qui leur méritent les plus grands éloges. — Le citoyen Achard-de-Germane avait consulté pour Marguerite Genève. — Un élève de notre cours, le cit. Garriel, a publié une analyse raisonnée de cette affaire, dans le journal des causes célèbres de Lebrun, an 11, n.º 11.

(7) Il n'en est pas de même des lois qui ont eu en vue l'avantage particulier de ceux qui y renoncent. — LL. 29, C. pactis; 46, ff. eod.

( 82 bis )

adressées (8). Ainsi l'exécution d'un édit devait avoir lieu dans toute l'étendue de la province de Dauphiné, par exemple, du moment où il était publié et enregistré au parlement de Grenoble.

2.ᵉ *Époque.* — Les décrets rendus par l'Assemblée constituante depuis la révolution jusques à la loi du 5 novembre 1790 (décret du 2), sanctionnés par le roi et revêtus des titres précédens, sont censés publiés au jour où ils ont été simplement transcrits sur les registres des administrations, ou sur ceux des tribunaux établis dans un district. — LL. 6 novembre 1789 (décret des 8 et 10 octobre), art. 6 et 7; 5 novembre 1790, in pr.; et 11 messidor an 4.

3.ᵉ *Époque.* — Les décrets rendus depuis le 2 novembre 1790, par les Assemblées constituante et législative, sanctionnés jusqu'au 10 août 1792 et portant le titre de *loi*, ainsi que ceux de la même Assemblée législative et successivement de la Convention nationale, rendus depuis le 10 août 1792 jusqu'au 16 prairial an 2, sont exécutoires dans un district au jour où ils ont été enregistrés et publiés par une des administrations, soit de département, soit de district qui siégeaient dans son arrondissement, si ce sont des lois administratives, ou par le tribunal qui y était établi, si ce sont des lois ju-

---

(8) Plusieurs auteurs prétendaient que ces lois n'étaient publiées que du jour de leur enregistrement dans les baillages et sénéchaussées. - V. Bardet, tome 1, liv. 3, ch. 16; Louet et Brodeau, lett. C. somm. 21; et Jousse, sur l'art. 5, tit. 1, ordonnance 1667. — L'opinion de ces auteurs ne nous paraît pas fondée; il suffit de comparer les articles 4 et 5 du tit. 1.er de l'ordonnance de 1667, pour en être convaincu. L'art. 4 veut que les lois soient exécutées du jour de la publication faite en présence du roi ou de son commissaire; l'art. 5 décide qu'à l'égard des lois simplement envoyées, les cours seront tenues de faire leurs représentations dans six semaines au plus, passé quoi ces lois seront tenues pour publiées, et en *conséquence seront gardées, observées et envoyées aux baillages*, etc.... Donc les lois étaient toujours publiées et exécutoires avant que les baillages les enregistrassent. Au reste, l'arrêt cité par Bardet et Brodeau ne pouvait pas servir de préjugé après l'ordonnance de 1667, 1° parce qu'il lui était antérieur (il est du 5 décembre 1628); 2.° parce que les juges s'étaient fondés sur les dispositions de deux lois romaines (L. 29, C. testament.; Nov. 66), qui renvoient à deux mois l'exécution des lois, dans les provinces, ce qui est inconciliable avec l'ordonnance de 1667.

diciaires. — L. du 5 novembre 1790; jugemens du tribunal de cassation des 2 ventôse an 9, 14 frimaire et 28 floréal an 10 (9).

4.<sup>e</sup> *Époque*. — Les lois rendues depuis le 16 prairial an 2 (10), sont obligatoires dans une commune, à dater du jour de leur promulgation dans cette commune, promulgation qu'on a dû faire vingt-quatre heures après la réception du bulletin qui les contenait. — L. du 14 frimaire an 2, art. 8, 9 et 10, section 1.<sup>re</sup>

5.<sup>e</sup> *Époque*. — A dater de la publication de la loi du 12 vendémiaire an 4, les lois et actes du Corps législatif ou du Sénat, et les arrêtés du Gouvernement, sont obligatoires dans l'étendue de chaque département, à dater du jour auquel le bulletin où ils sont contenus est parvenu à l'Administration centrale, et ensuite à la Préfecture, jour qui est constaté par un registre (11). — L. du 12 vendémiaire an 4 et arrêté du 16 prairial an 8 (12).

DROIT ACTUEL, *ou* 6.<sup>e</sup> *Époque*. — Les lois sont exécutoires dans tout le territoire français en vertu

---

(9) Les Tribunaux ont longtems interprété les dispositions de cette loi, d'une manière différente. Le Tribunal de cassation, après en avoir rapnelé et combiné ensemble les dispositions avec celles des lois des 6 novembre 1789, 15 mars et 13 juin 1791, et 14 frimaire an 2, a donné les décisions que nous avons indiquées ci-dessus.

(10) Il y a des lois postérieures au 16 prairial an 2, qui n'ont pas été insérées au bulletin. Ce ne sont en général que des lois relatives à des objets particuliers. Il paraît qu'il faut, pour leur exécution, s'en rapporter au mode prescrit par les lois précédentes; c'est-à-dire, exiger leur enregistrement et publication par les autorités compétentes.

(11) Pour faciliter l'exécution de cette disposition, le commissaire central était chargé d'adresser, le premier jour de chaque décade, aux administrations cantonales de son ressort, un tableau des numéros du bulletin des lois, reçus dans la décade précédente, avec la désignation des jours d'arrivée. — Arrêté du 12 prairial an 4. — Les Préfets ont dû ensuite faire le même envoi, chaque semaine, aux sous-préfets et aux maires.

(12) Les lois antérieures à celle du 12 vendémiaire an 4, qui n'ont pas été publiées suivant les formes prescrites, sont obligatoires du jour de l'arrivée de cette loi, au département. — L. 24 brumaire an 7; jugement de cassation, du 9 messidor an 7, n.° 176.

( 33 *bis* )

de la promulgation (13) du premier Consul. Elles sont exécutées dans chaque partie du même territoire, du moment où cette promulgation y est censée connue, c'est-à-dire, dans le département où le Gouvernement siége, un jour après celui de la promulgation, et dans les autres, autant de jours après ce premier délai, qu'il y a de fois dix myriamètres entre leur chef-lieu et la ville où s'est faite la promulgation (14). — *Code civil, art.* 1 *du titre prélimin.*, qui a été promulgué le 24 ventôse an 11.

---

(13) Le mot *promulgation* dérive de *provulgatio* ou divulgation, parce qu'à Rome on donnait ce nom à l'affiche par laquelle on divulguait, on publiait un projet de loi qui devait être soumis aux suffrages du peuple. - V. le traité des verbor. Significatione de Verrius-Flaccus, abrégé par Pomponius-Festus. -Dans la suite, on a confondu la promulgation avec la publication. - Aujourd'hui la promulgation est une formalité qui constate l'existence et la *constitutionnalité*, si l'on peut s'exprimer ainsi, de l'acte qui constitue la loi. --- V. le rapport de Grenier, séance du 9 ventôse an 11. -- On voit que la promulgation indiquée par le code civil diffère de la publication proprement dite. Dans le mode adopté par ce code, il n'y a point de publication matérielle, mais une publication de droit.

Au reste, la promulgation se fait le dixième jour après l'émission de la loi. -- Constitution, art. 25; 37. -- Elle consiste dans le mandement d'exécution que le premier Consul y ajoute.

(14) Voici les intervalles après lesquels une loi promulguée est exécutée dans chacun des départemens qui composent le ressort du tribunal d'appel de Grenoble : Hautes-Alpes, sept jours; Drôme, Isère et Mont-Blanc, six jours. -- V. le tableau des distances de Paris aux chefs-lieux de département, arrêté du gouvernement, du 26 thermidor an 11.

*Observation.* Suivant les termes du code, la loi, au lieu où siége le Gouvernement, est exécutoire *un jour après celui de la promulgation*. Une loi promulguée à Paris le 1.er d'un mois, n'est donc exécutoire dans le département de la Seine que le 3 du même mois, puisque ce n'est qu'alors qu'il s'est écoulé *un jour après celui de la promulgation* ( Bousquet, explic. du code, p. 9); et par conséquent la même loi sera exécutoire dans les Hautes-Alpes, le 9 du mois, parce qu'il se sera alors écoulé, depuis le jour de la promulgation, 1.° un jour pour le délai précédent; 2.° six jours pour six fois dix myriamètres de distance ( il y en a 66) entre Gap et Paris. Elle sera exécutoire un jour plutôt, ou le huit, dans les départemens de la Drôme, de l'Isère et du Mont-Blanc, dont les chefs-lieux sont à 56 myriamètres de Paris.

Le même auteur, p. 10, compte un jour de plus par fraction de dixaine de myriamètres, ce qui, dans l'exemple précédent, reculerait l'exécution de la loi, d'un jour dans chacun des 4 départemens cités, puisqu'ils sont éloignés de Paris de 6 myriamètres, ou d'une fraction de dixaine, au-delà des dixaines complettes. Il est au moins douteux que cette décision soit admissible. La loi dit : *autant de jours qu'il Y AURA DE FOIS dix myriamètres* . . . , Elle ne paraît donc pas compter un jour lorsqu'il n'y a pas tout-à-fait dix myriamètres de distance. -- Au reste, le Gouvernement résoudra sans doute toutes ces difficultés par un règlement organique.

## CHAPITRE III.

*De l'application et interprétation des Lois.*

Lorsqu'il s'agit d'appliquer une loi pour décider un différend survenu entre des citoyens, il faut faire attention à son objet précis et à sa date.

*Objet de la loi.* L'application d'une loi doit se faire à l'ordre des choses sur lesquelles cette loi statue. Les objets qui sont d'un ordre différent ne peuvent être décidés par les mêmes lois; et l'on ne doit raisonner d'un cas à un autre, que lorsqu'il y a même motif de décider. — *L.* 1, *in f. ff. reg. jur.; l.* 3, *in f.*, *et* 12 *C. de legib.;* 27, *in f. ff. eod.* — Domat, liv. prél., tit. 1, sect. 1, n.os 5 et 6.

*Date de la loi.* Lorsqu'on s'est assuré que la loi consultée statue réellement sur l'objet dont on s'occupe, il faut examiner si cette loi est celle qui a été rendue le plus récemment avant l'époque du différend. — *L. ult. ff. const. princip.*

Si l'on se servait d'une loi postérieure, on lui donnerait un effet rétroactif, ce qui serait contraire aux principes déjà exposés. — *L.* 7, *C. de legib.*

Si la loi la plus récente ne statue pas sur le différend dont il est question, il faut avoir recours à celle qui l'a immédiatement précédée, et successivement; à moins que la loi la plus récente ne se réfère d'une manière expresse à une loi qu'elle désigne, parce que cette dernière loi est alors censée faire partie des dispositions de la première, et est ainsi considérée comme postérieure aux lois publiées dans l'intervalle de tems qui les sépare, quoique celles-ci soient, dans le fait, moins anciennes. — LL. 26, 27 *in pr.*, et 28, *ff. eod.*

Si la loi la plus récente offre quelques doutes, il faut tâcher d'en découvrir le vrai sens par la voie de l'interprétation. — *L.* 17, *ff. eod.*

*Interprétation des lois.* La première méthode à suivre pour interpréter ou découvrir le véritable sens d'une loi, consiste à en examiner avec soin toutes les dispositions, et même le préambule ou les considérans, où les motifs du législateur sont exposés. L'ensemble des dispositions sert alors à reconnaître le but de la disposition particulière douteuse, et l'on ne doit pas lui en prêter un qui soit contraire à celui de toutes les autres. Bien plus, on ne peut jamais se servir de la décision d'une partie d'une loi, et rejeter celle des autres parties. — *Incivile est nisi totâ lege perspectâ, unâ aliquâ particulâ ejus propositâ, judicare vel respondere.* — *L.* 24, *eod.*

En second lieu, il faut avoir recours aux lois antérieures rendues sur le même sujet. Quoique les plus récentes y aient apporté des modifications, il est possible qu'elles n'aient rien changé relativement à l'objet dont on s'occupe. D'ailleurs, c'est dans les lois elles-mêmes qu'il faut par préférence chercher l'intention du législateur. — *Posteriores leges ad priores pertinent nisi contrariæ sint.* — *LL.* 26, 28 *et* 17, *eod.*

En troisième lieu, la loi douteuse s'explique naturellement par l'usage du pays pour lequel elle a été rendue. — *Optima est legum interpres, consuetudo.* — *LL.* 37, 38 *et* 23, *eod*; *et* 1, *C. quæ sit longa cons.*

En quatrième lieu, on peut faire l'interprétation par l'usage des pays voisins. — *Id custodiri oportet quod consuetudine inductum est, et si quâ in re deficeret tunc quod proximum et consequens ei est.* — *L.* 32, *in pr., ff. de legib.*

En cinquième lieu, dans l'interprétation, il faut suivre le sens le plus naturel, et non celui d'après lequel la loi manquerait son but et n'aurait point d'effet. — *In ambiguâ voce legis, eâ potius accipienda est significatio quæ vitio caret.* — LL. 19, 17, 12, 13 et 27, eod.

Lorsque la rédaction d'une loi est bien claire, il ne faut point chercher à l'interpréter, quoiqu'elle paraisse sans motifs, ou injuste. — *Non omnium quæ à majoribus constituta sunt ratio reddi potest.* — LL. 20, 21 et 23, eod; et 1, §. 20, ff. de exercit. act.

Les lois pénales et celles qui mettent des limites à la liberté naturelle, doivent être restreintes aux cas précis sur lesquels elles statuent; elles ne peuvent être étendues à d'autres. — *In odiosis et correctoriis juris non fit extensio de casu ad casum* (1).

Lorsqu'une loi autorise un acte quelconque, on présume qu'elle en autorise un moins considérable, ou moins dangereux, pourvu qu'il soit du même genre. — *Non debet cui plus licet, quod minus est non licere.* — L. 21, ff. reg. jur.

On tire la conséquence inverse lorsque la loi défend une chose. — V. L. 4, ff. de senatoribus. — Et lorsque sa défense porte sur ce qui est passé, elle est présumée s'étendre à ce qui aura lieu à l'avenir. — *Cum lex in præteritum quid indulget, in futurum vetat.* — L. 22, ff. de legib. — V. aussi LL. 63, 110, 165, ff. reg. jur.; 7, §. ult. in pr. ff. de interdict. et releg.

Telles sont les règles principales qu'il faut suivre pour l'interprétation des lois, interprétation dont on distingue deux espèces, l'interprétation législative et l'interprétation de doctrine. — *Procès-verbal du conseil d'état, séance du 14 thermidor an 9.*

La première espèce d'interprétation est réservée

---

(1) Cette maxime de droit paraît avoir été tirée par interprétation, des lois 8, C. de judiciis; 18, 56, 155, § ult., 168 et 192, § 1, ff. reg. jur. 10 § 1, ff de reb. dub., et 42, ff de pœn. — V. aussi Domat, sup. sect. 2, n.os 5-8.

au législateur ; « les juges ne peuvent prononcer par
» voie de disposition générale et réglementaire, sur
» les causes qui leur sont soumises ». — *C-C. tit.
prél. art.* 5 (2).

Mais la seconde espèce d'interprétation, ou l'interprétation par voie de doctrine, doit, en l'aidant des règles de l'équité, suffire au juge pour éclairer sa conscience (3) ; c'est pour cela que, « s'il refu-
» sait de juger sous prétexte de l'obscurité ou de
» l'insuffisance de la loi, il pourrait être poursuivi
» comme coupable de déni de justice » (4). — *Id.
art.* 4.

---

(2) *Droit ancien.* — Les cours supérieures rendaient des arrêts de règlement, où elles prononçaient tout-à-la-fois comme juges, puisqu'elles y décidaient souvent une question particulière qui leur était soumise, et comme législateurs, puisqu'elles déclaraient qu'on devait toujours prononcer de telle manière, dans tels cas, et que dans cette dernière décision elles dérogeaient souvent à une loi. — V. le tome 1.er, page 157. — C'est ce dernier abus qu'on a voulu proscrire. — V. LL. 1, 9 et ult., C. legib. ; l'art. 644 du C. des dél. et des p. ; et L. 24 août 1790, tit. 2, art. 10.

(3) Conseil d'état, même séance. — Motifs exposés par Portalis, au corps législatif, et rapport de Faure, séances des 4 et 14 ventôse an 11.
Il importe de remarquer que les mêmes principes ne doivent pas être suivis lorsqu'il s'agit de prononcer sur une cause criminelle. Le juge doit renvoyer l'accusé absous, si la loi se tait sur son délit. — Mêmes autorités. — V. aussi code des délits et des peines, art. 2 et 3.
Au reste, l'équité dont doit s'aider le juge est définie « Un retour à
» la loi naturelle, dans le silence, l'obscurité ou l'insuffisance des lois positives ». — Exposé de Portalis. — V. LL. 2, § 5, in f. ff. de aqua et aquæ ; 7, in pr. ff de bon. damnat. ; 13, § 7, ff. de excusat. tutor.

(4) L'ordonnance de 1667, tit. 25, indique les cas, le mode et l'effet de la poursuite en déni de justice. Lorsqu'un juge refuse de prononcer sur une cause en état d'être décidée, on doit lui faire de trois jours en trois jours, si c'est un juge subalterne, et de huitaine en huitaine si c'est un juge de second ordre, deux sommations de juger, qu'on signifie à son domicile ou au greffe de sa juridiction. On peut ensuite appeler comme de déni de justice, et on *intime* le rapporteur de la cause, et à son défaut du président du tribunal, pour le faire condamner aux dépens et dommages que son refus a occasionnés. Dès cet instant, il perd le droit de prononcer sur la cause (du moins si l'intimation est juste), excepté que les parties n'y consentent, ou que celle qui n'a pas intimé ne veuille attendre le jugement de l'intimation.
Mais les juges de première instance étaient seuls soumis à cette action (v. Jousse, sur l'art. 4, n.° 2), tandis que la disposition du code civil paraît n'excepter aucune classe de juges.

# PRÉCIS
## DU COURS DE LÉGISLATION.

## LIVRE PRÉLIMINAIRE.

### SECONDE PARTIE.

*Histoire abrégée du droit* (1) *privé, ou droit civil* (2).

ON peut distinguer dans l'histoire de notre droit privé trois époques principales : la première embrasse l'histoire du droit romain; la seconde, celle du droit français ancien, ou droit qui était en vigueur avant la révolution; la troisième, le droit français nouveau ou droit qui résulte des lois et usages qui ont été publiés ou qui se sont introduits depuis la révolution.

---

(1) Nous avons considéré avec les meilleurs auteurs, l'histoire du droit comme une introduction nécessaire à son étude. Si Cujas, remarque son historien, fit d'aussi grands progrès dans la science des lois, c'est qu'il avait approfondi leur histoire. Le professeur Antonio Delcamp donnait chaque jour deux leçons, l'une sur les élémens du droit, l'autre sur l'histoire romaine. Il soutenait que les instituts et l'histoire étaient les deux *portes* de l'ancienne jurisprudence.
Obligés de nous renfermer dans les bornes étroites que nous nous sommes prescrites, nous ne donnerons pas à cette histoire tous les développemens nécessaires, mais nous aurons soin d'indiquer avec exactitude, les sources les meilleures où l'on peut les puiser.

(2) Ces deux désignations sont synonimes dans l'usage. — V. ch. 1, page 26.

C 3

# CHAPITRE PREMIER.

*Histoire du droit Romain* (1).

### TITRE PREMIER.

*Des diverses parties ou sources du droit Romain.*

ON compte quatre principales sources du droit romain : 1. les lois, 2. les actions, 3. les édits des préteurs, 4. les réponses des jurisconsultes.

### ARTICLE PREMIER.

*Des Lois.*

On distingue plusieurs sortes de lois romaines : les lois proprement dites, les sénatus-consultes et les constitutions des empereurs.

§. I.er

*Des Lois proprement dites.*

On compte quatre espèces de lois proprement dites ; 1.° les lois royales, ou droit civil papyrien ;

---

(1) Les ouvrages principaux qu'on a consultés pour la rédaction de cette histoire abrégée, sont : 1.° *Manuale juris*, de Jac. Godefroi, ( où se trouvent l'hist. et la bibliothèque du droit ) ; 2.° *Origines juris seu de ortu et progressu juris civilis*, de Gravina ; 3.° *De usu et autoritate juris civilis*, d'Arthur Duck ; 4.° le Précis historique et chronologique, de Schombert ; 5.° *Pandectæ justinianeæ, in prolegomenis*, t. 1, de Pothier ; 6.° *De antiquo jure romanorum et de judiciis*, de Sigonius ; 7.° *De legibus et senatus-consultis*, d'Ant. Augustin. A la suite de ce dernier traité se trouvent les notes de Fulvius Ursinus sur le texte des lois et sénatus-consultes qu'on a retrouvés dans les anciens

2.º les lois des douze tables ; 3.º les lois faites par le peuple en corps (1) ; 4.º les plébiscites. Nous exposerons ce qui concerne chacune de ces espèces de lois, en jetant un coup d'œil rapide sur l'histoire politique de Rome.

1. *Lois royales.* Autant qu'on peut le conjecturer à travers les romans ridicules dont l'amour du merveilleux a couvert l'obscurité de leur origine (2), les romains étaient des peuples *pasteurs* (3). Or, l'on a observé que le gouvernement des peuples de cette espèce, était, pour l'ordinaire, *démocratique-patriarchal*; c'est-à-dire, que la souveraineté appartenait à tous les hommes qui avaient atteint un certain âge (4), et que les anciens ou chefs de familles formaient un conseil dont les décisions avaient beaucoup d'influence sur la multitude. Si une guerre s'élevait, on choisissait un général dont l'autorité prenait fin à la paix; mais comme les guerres étaient très-fréquentes entre ces sortes de peuples, les généraux les plus distingués, qui conservaient sans doute beaucoup de crédit pendant les courts intervalles de paix, pouvaient peu-à-peu se perpétuer dans leurs

---

monumens. --- Les élèves qui désireront approfondir cette partie de leurs études, pourront consulter ces ouvrages qu'on trouve dans la la plupart des bibliothèques de droit.

Ils peuvent aussi avoir recours à deux ouvrages que Ferrière et Terrasson ont publiés sur la même matière, et d'après les premiers auteurs qu'on vient d'indiquer ; mais comme on n'y trouve pas toujours une critique assez éclairée, il est plus prudent d'avoir recours aux précédens.

(1) Pothier, sup., c. 2, §. 1, les nomme *populiscites.*

(2) L'état de Rome s'est formé long-tems avant l'époque où l'histoire a des monumens authentiques..... Les anciens peuples et les anciens historiens embellissaient leurs vieilles traditions ; et l'histoire profane de ces vieux tems, ainsi que l'origine de tous les peuples, est remplie d'incertitudes. --- Tit. liv. l. 1. --- Fergusson, hist. des progr. et de la chute de Rome, l. 1, c. 1.

(3) Rome fut entourée d'un parapet et d'un fossé ; elle servait d'asile aux troupeaux de ses habitans, et ils s'y retiraient eux-mêmes au besoin. --- Denys d'Halicarn., l. 1. --- Fergusson, *ibid.*

(4) Ordinairement l'âge du port d'armes.

fonctions; de chefs militaires, ils devenaient chefs civils, d'abord des conseils des anciens, et ensuite de tout le peuple.

D'après ces observations fondées sur les principes de l'économie politique, sur la nature des choses et l'expérience (1), on peut trouver très-naturelle et très-probable la première distribution de pouvoirs qui eut lieu à Rome, qu'elle soit dûe ou non à Romulus. Le peuple fut divisé (2) en trente sections ( on les nomma Curies), pour pouvoir plus commodément exercer son culte et sur-tout son droit législatif. On créa un sénat composé des principaux citoyens; ce sénat partagea le pouvoir exécutif avec le monarque ou chef, qui seul était chargé de la direction des opérations militaires.

On conçoit que ce chef pût avoir la proposition des résolutions dans ces assemblées trop nombreuses et trop ignorantes pour s'occuper de la préparation des lois : que son influence s'étendant par un usage insensible jusques dans les courts intervalles des guerres, il pût quelquefois donner des ordres et faire des réglemens. Mais, comme le remarque fort bien Fergusson (*ibid.*), il est probable qu'il ne songeait pas plus à délibérer qu'à combattre seul. Aussi, le plus grand des jurisconsultes (3), en expliquant les termes dont se sert Pomponius ( d. l. ), pour nous apprendre que, dans l'origine de Rome, il n'y avait aucun droit certain, et que les rois dirigeaient tout : *Omnia MANU Gubernabantur*, nous dit qu'ils signifient que l'administration des rois *était établie par le fait et la force plus que par le droit et la loi* 4)

---

(1) On trouve encore un régime à-peu-près semblable chez les Tartares, les Arabes, les Maures du Zara, etc. --- V. Duhalde, Volney, Hoescht, Mungo-Parck, etc.

(2) V. Sigonius, de antiq. jure civ., c. 3, in f. --- Ant. Augustin, de legib., c. 8.

(3) Cujas, ad leg. 2, §. 1, ff. orig. jur.

(4) L'éthymologie que Pomponius, dans le §. suivant, donne du

Quoiqu'il en soit, les lois furent portées par les rois au peuple assemblé en *curies*, pour être soumises à ses suffrages, et cette initiative leur fit donner dans la suite le nom de *lois royales*. Sextus Papyrius les rassembla sous Tarquin (1), et elles furent appelées de son nom, *droit civil Papyrien* (2).

Les lois royales, autrement dites lois rendues en curies, *leges curiatæ*, furent abolies à l'établissement de la république, ou tombèrent bientôt en désuétude. Le peuple fut dirigé par un droit incertain et par des coutumes, plutôt que par des lois précises ( pendant soixante ans, suivant Jac. Godefroi, hist. jur., c. 2 ).

2. *Lois des 12 tables*. — A cette époque, les consuls héritèrent de toutes les prérogatives des rois, au nombre desquelles se trouvait le pouvoir judiciaire (3), et il paraît qu'ils exercèrent ce pouvoir, ou par eux-mêmes ou par leurs délégués (4), confor-

---

mot *curie*, vient à l'appui de cette observation. Il dit qu'on nomma *Curies* les trente sections du peuple, parce que le monarque vaquait au soin ( *curam* ) des affaires de République, avec l'avis de ces mêmes sections..... D'ailleurs, les opérations du gouvernement civil dans un pareil état ne devaient-elles pas se réduire à bien peu de chose en tems de paix ?.... ( V. Coras, in ff. vet. h. lege ). Cette tourbe de brigands pouvait-elle être tenue de quelques obligations envers son chef, comme l'avance ridiculement Terrasson? ( Hist. de la jurispr. rom., part. 1, §. 1 ).... Et ce chef pouvait-il être autre chose que *primus inter pares*, ou le premier exposé à leurs mouvemens de rage féroce, ainsi que le fut, dit-on, Romulus?

(1) Quelques auteurs prétendent qu'il s'agit de Tarquin l'ancien, d'autres de Tarquin-le Superbe. — V. pour le premier avis, Pothier, *pand. just. ad leg.* 2, *ff. orig. jur. et proleg.*, part. 1, c. 1, §. 1. — Et pour le second, Terrasson, part. 1, §. 4. — V. aussi Budée, *annot. ad pand. h. t.*

(2) Il ne nous reste du droit civil Papyrien, que quelques fragmens qui portent l'empreinte de la barbarie de ces tems, et qu'Ant. Augustin (Sup.), Baudoin, Lecomte, etc., et sur-tout Fulvius Ursinus, ont recueilli. Aidé des recherches de ces auteurs, Terrasson a publié avec des commentaires, le texte ou le sens de 36 lois. — V. son hist., part. 1, §. 4. — La plupart de ces lois ont été rendues sous Romulus, Numa et Servius tullius. — V. Gravina, sup. l. 1, c. 31. — Et Fulvius Ursinus *in princ*.

(3) Sigonius *de judiciis*, lib. 1, c. 7.

(4) On sait qu'il y avait des magistrats subalternes, car la 16.e loi du droit Papyrien ( v. Terrasson ) fait mention de duumvirs chargés du jugement des meurtres.

mément aux vues du corps puissant (1), dont ils étaient tirés, et qui croyait avoir intérêt à opprimer le reste du peuple.

Les lois ou les usages qui en tenaient lieu, se ressentaient de la barbarie des premiers tems de Rome (2); l'arbitraire qui régna dans leur application (3), mit le comble aux malheurs des Plébéïens. Il fut une des principales causes des longues dissentions (4) qui s'élevèrent entr'eux et les Patriciens ; dissentions au commencement desquelles *les Plébéïens* se retirèrent sur le Mont-Sacré, et obtinrent la création de plusieurs magistrats appelés Tribuns et char gés de prendre leur défense.

Il était naturel que les Tribuns portassent d'abord leurs regards sur cet exercice du pouvoir judiciaire, dont les grands usaient si mal et auquel ils attachaient tant d'importance. Dès l'an de Rome 293, et de l'expulsion des rois 47, Terentillus Arsa fit arrêter la nomination d'une commission qui devait travailler à restreindre le pouvoir des Consuls ; mais les Consuls eurent l'adresse d'éluder cette nomination en occupant les citoyens à une guerre étrangère.

Le tribun Virginius reprit ce projet dès l'année suivante. Il fit arrêter la création de dix magistrats (les fameux décemvirs) à qui l'on devait confier la composition d'un corps de lois civiles, par lesquelles on préviendrait l'arbitraire des décisions des Consuls.

Il s'écoula plusieurs années avant qu'on pût procéder à la nomination des Décemvirs tant les rusés Patriciens surent faire naître d'obstacles à l'exécution d'une loi qui leur semblait contraire à l'autorité dont ils jouissaient ! On envoya enfin des députés en Grece pour y recueillir les lois de Solon, celles de la plupart des villes de ce pays et leurs mœurs et usages,

---
(1) V. Gravina, l. 1, c. 31.
(2) V. les fragmens du droit Papyrien, dans Terrasson.
(3) Pothier, sup.
(4) Godefroi, hist. jur. c. 2.

et y prendre ce qui conviendrait aux institutions des Romains; au retour de ces députés, l'an de Rome 301, on élut les Décemvirs et on leur donna une autorité sans bornes (1).

A la fin de l'année, pendant laquelle ils étaient en exercice, les Décemvirs présentèrent chacun au peuple une série de lois qui furent approuvées après un mur examen, et consacrées par un sénatus-consulte, ratifié par le peuple. Mais comme il parut que ces dix séries ne renfermaient pas tous les cas sur lesquels il était nécessaire de statuer, de nouveaux Décemvirs (2), en présentèrent l'année suivante deux autres qui furent également approuvées (3), et dont chacune sert de supplément à cinq des précédentes.

Ces douze séries connues sous le nom de lois des 12 tables (4), et appelées dans l'ouvrage de Tribonien, lois anciennes, droit ancien, droit décemviral, droit civil, ont été la première et la principale source des lois romaines (5) et celle que les jurisconsultes anciens

---

(1) On ne voulut pas même nommer aucune autre espèce de magistrats pendant le temps où ils devaient être en fonctions.

(2) A l'exception d'Appius Claudius qui eut le talent de se faire réélire.

(3) Elles furent gravées sur des colonnes d'airain placées dans le *forum*. Détruites lors de l'incendie de Rome par les Gaulois, elles furent bientôt rétablies, et elles existaient encore au tems de Justinien. — Schomberg, note A. — Godefroi, sup. c. 2.

(4) Parce que les décemvirs les avaient d'abord fait graver sur des tables de bois.

(5) Les règles de la procédure civile sont contenues dans la première et deuxième table, et cette dernière renferme de plus les lois relatives aux vols. La troisième traite du dépôt, de l'usure, et de l'autorité de la chose jugée. La quatrième concerne la puissance paternelle, l'émancipation, et le tems nécessaire à la gestation. La cinquième, les testamens, successions ab intestat, partages d'hérédité et tutelles. La sixième, les ventes, prescriptions, possessions, répudiations et solives placés dans le mur sous le fonds d'autrui. La septième, les dommages commis dans les champs, les crimes de faux témoignage, homicide, poison, parricide, sortilèges et les fraudes des patrons et tuteurs envers leurs cliens et pupilles. La huitième, les droits des héritages urbains et rustiques, les limitations, ventes et corporations. La neuvième, le droit public. Elle défendait les privilèges, les assemblées nocturnes et les séditions: admettait les rebelles à résipiscence, soumettait à la peine de mort les juges corrompus, et à l'assemblée des centuries les jugemens capitaux des citoyens. La dixième, le droit sacré, les

se sont plû davantage à combler de leurs éloges partiaux, ou tout au moins exagérés (1). Pour peu qu'on fasse attention à l'ignorance du temps, à la précipitation, à l'esprit de faction et de partialité qui présidèrent à leur rédaction, il est difficile de se persuader qu'elles aient pu mériter la vénération des magistrats éclairés du dernier siècle de Rome : aussi voyons-nous que quoiqu'ils leur rendissent les plus pompeux honneurs, quoiqu'il les accablassent d'éloges, ils les avaient rélégué parmi les monumens de pure curiosité.

Au reste, leur origine grecque, ainsi que le voyage qui semblait l'établir, ont été de nos jours l'objet des discussions sérieuses et des doutes fondés de plusieurs savans (2). Sans entrer dans l'examen inutile d'un tel problême, on peut tenir pour certain que les douze tables ne furent pas seulement composées de lois grecques, mais que les Décemvirs adoptèrent et firent revivre sous différentes formes dans cette nouvelle compilation, un grand nombre d'institutions et d'usages qui avaient existé à Rome et qui étaient tombés en désuétude depuis la destruction de la royauté (3).

---

funérailles, les cérémonies et le serment. La onzième, les mariage des Patriciens, les successions des vestales et l'autorité des dernières lois. La douzième, le gage, les dommages des esclaves, la possession de mauvaise foi, et la consécration des biens litigieux. V. ci-après, note 3.

(1) Schomberg l'observe avec raison, et il très-remarquable qu'au tems de Cicéron dont le suffrage a beaucoup contribué à la réputation des douze tables, leur style était tellement obscur, et un grand nombre de passages avaient tellement vieilli, que les plus savans antiquaires étaient hors d'état d'en découvrir le vrai sens. — V. Schomberg, sup. — Cicero de legib. l. 3, c. 23. — Aulugelle, nuits attiques, l. 10, ch. 16.

(2) V. Pour ce sentiment, J. B. Vico et Ganassoni, auteurs italiens, et sur-tout les trois dissertations de Bonamy, insérées au tom. 12 de l'acad. des inscript.; et contre, l'abbé Stramigioly, Schomberg, loc. sup. cit. et Terrasson, ibid.

(3) Gravina, sup. c. 31 ; — Schomberg, sup. ; — Jac. Godefroi, hist. sup. c. 1. — Les érudits ont exercé leur patience à rechercher, rassembler et expliquer les fragmens des douze tables ; le plus célèbre dans ce travail a été Jac. Godefroi (fontes quatuor jur. civ.)... Gravina. (or jur.) Pothier (pand. justin.) et Terrasson (hist. jur. rom.), ont fait quelques additions et donné quelques développemens à son ouvrage.

3. *Les lois faites par le peuple* sont la troisième espèce de lois proprement dites. . . . On les distingue elles-mêmes en deux clases ; savoir : celles faites par le peuple en entier, et celles auxquelles les seuls Plébéiens concouraient.

Pour rendre les premières, les citoyens étaient rassemblés par *centuries* (1), c'est-à-dire, par classes graduées à raison de la fortune ; et ils votaient sur les projets que présentait un magistrat sénatorial (2), en vertu d'un sénatus-consulte.

Pour rendre les deuxièmes ils étaient convoqués par tribus (3), c'est-à-dire, par quartier, sans distinction de rang ou de fortune, et les seuls Tribuns pouvaient y proposer des lois. Les Patriciens quoique non convoqués, avaient le droit d'y donner leurs suffrages ; mais comme les Plébéiens les composaient principalement, les arrêtés reçurent le nom de *plébiscites*, et eurent sur les mêmes Plébéiens force de loi, en vertu de la loi Horatia (an de Rome 304), et sur tout le peuple, ensuite de la loi Hortentia (4), (an de Rome 468).

Les comices (5) par curies institués par Romulus, ne furent plus tenus sous la république que par fiction et par respect pour les rits religieux auxquels ils avaient été principalement consacrés. Trente licteurs y représentaient les trente tribus et confirmaient ce qui avait été décidé dans les autres comices.

Les lois avaient lieu dans une des deux premières espèces d'assemblées suivant que chaque faction par-

---

(1) V. Sigonius de antiq. jure civ. c. 4.
(2) A l'égard de ceux qui avaient le droit de proposer les lois, v. Ant. Augustin, sup. c. 7.
(3) V. Sigonius, sup. c. 3, et Augustin c. 8.
(4) Portée par le dictateur Hortensius, lorsque les Plébéiens s'étaient retirés sur le Janicule. — Godefroi, sup. c. 2. — Arthur-duck, sup. lib. 1, c. 8, n°. 4.
(5) Toutes les assemblées générales s'appelaient *comices*, et les assemblées partielles *consilia*. V. Gravina, sup. c. 28. — Sur la différence qui existait entre les comices par curies, par centuries et par tribus, v. Ant. Augustin, sup. c. 8.

venait, soit par la force, soit par l'adresse ou le crédit, à obtenir la tenue des comices qui lui étaient le plus favorables. Les Patriciens demandaient les comices par *centuries* (1); et les Plébéiens, les comices par tribus (2).

On a fait mention dans le corps de droit d'un assez grand nombre de lois proprement dites; les plus remarquables sont les lois *Cornelia de Falsis*, *Pompeïa de Parricidiis*, *Falcidia*, *Aquilia*, *Junia-Norbana*, *Julia et Papia* (3), etc. ⇌ Ant. Augustin, sup., a donné l'explication des dispositions de toutes celles dont les auteurs ou monumens anciens font mention, an nombre de 185, rangées par ordre alphabétique. Dans un traité préliminaire il expose avec beaucoup de clarté et sur-tout d'érudition quelles étaient 1.° les diverses parties d'une loi (cap. 6,; 2.° ceux qui avaient le droit de les proposer; 3.° le tems, le lieu et le mode de la proposition (c. 7) et de la tenue des diverses espèces de comices (c. 8 et 9); 4.° le mode de la promulgation et des débats d'une loi (c. 10 et 11); 5.° les obstacles qu'on y apportait et les auspices, etc. (c. 12 et 13); la dation des suffrages

---

(2) Les voix s'y comptaient, non par tête, mais par centuries; or la première classe composée des plus riches citoyens contenait à elle seule plus de centuries que les cinq autres. (Elle en avait 98 et les cinq dernières 93 seulement). Lorsqu'en recueillant les suffrages, une proposition avait acquis la majorité, on négligeait d'appeler le reste des centuries, qu'il était en effet inutile de consulter. D'après ce mode, la dernière classe qui était la plus nombreuse, mais qui ne contenait qu'une centurie, n'eût presque jamais de suffrages à donner. V. Sigonius, sup. c. 4.

(3) Les voix étant comptées par têtes dans les tribus, les Plébéiens avaient naturellement de la prépondérance. Mais les Patriciens balançaient souvent cette prépondérance par le grand nombre de leurs débiteurs et de leurs clients, le crédit de leur naissance et l'autorité de leurs charges. Il est à présumer que sans l'espèce d'équilibre que cela établit entre ces deux classes, les Plébéiens n'auraient pas moins mésusé que les Patriciens, de leurs avantages.

(4) Divers auteurs ont donné des traités particuliers sur plusieurs de ces lois, entr'autres Godefroi sur la loi Julia et Papia, dans le *fontes quatuor*; Ant. Augustin, sur la loi Julia majestatis; Leconte, sur la loi Julia de adulteriis; Brisson et Baudoin, sur les lois Voconia, Falcidia, Julia, Papia, Papiria, Rodia et Aquilia.

et du serment ( c. 14 et 15 ); 7.º la confirmation, l'abrogation et la dérogation des lois ( c. 16 et 19 ); 8.º ceux qui étaient affranchis de leur exécution. ( c. 18 ).

## §. II.

### Des Sénatus-consultes.

La première division des Romains que l'on connaisse est celle des Patriciens et des Plébéiens. On mit dans la première classe tous les hommes libres les plus considérables par leur âge ou leur fortune, et on les appella *Patriciens*, parce qu'ils pouvaient nommer leur père (1). Le sénat ou conseil chargé de la puissance exécutive avec le monarque, fut pris parmi les plus anciens des Patriciens (2). Son autorité fut si grande dans le principe, comme cela était naturel chez un peuple qui sortait à peine de la barbarie ( v. le § 1.er ), que les lois passées dans les comices étaient soumises à sa ratification (3). L'ordre inverse prévalut dans la suite, et les sénatus-consultes eurent au contraire besoin de l'approbation du peuple.

Les premiers empereurs n'osant usurper tout-à-coup le pouvoir législatif, le firent transférer au sénat (4); *ut potestas imperii quasi per gradus ab universitate, primùm ad pauciores et ab his tandem ad principem solum, tota transferretur.*

Depuis cette époque, les empereurs qui voulaient faire des lois, en soumirent les projets au sénat dans des discours ( *oratio principis* ) où ils en exposaient

---

(1) *Quòd patrem ciere sive demonstrare possent.* — Gravina, sup. c. 1. — Tel était le principal titre de ces hommes si fiers de leur origine, mais qui méritent vraiment leur célébrité par les talens et les vertus extraordinaires qu'ils montrèrent si souvent.
(1) Le terme de *senatores* dérivé de *seniores*, l'indique assez.
(3) Gravina, sup. c. 14.
(4) Pothier, sup. part. 1, c. 2, §. 1. Cette loi fut passé sous Tibère.

les motifs. Les projets approuvés par le sénat ou les sénatus-consultés, parurent tout-à-la-fois émaner de son autorité ou de celle des monarques, parce que ceux-ci ne les mettaient à exécution qu'en y joignant des édits ou constitutions pour les promulguer. . . . Ils cessèrent bientôt de se couvrir du nom du sénat ou de demander son approbation, et ils publièrent leurs constitutions sans les revêtir de cette forme, lorsque le peuple accoutumé à leur pouvoir, eut perdu toute idée de cette liberté dont il avait été si longtems et si scrupuleusement jaloux (1).

Les sénatus-consultes les plus célèbres qui eurent lieu dans cet intervalle, sont les sénatus-consultes Trébellien, Macédonien, Pegasien et Velleïen (2).

## §. III.

### Des Constitutions impériales.

Il y a eu quatre collections ou codes (3) de constitutions impériales. Elles portent le nom de leurs éditeurs, Gregorius, Hermogenianus, Théodose et Justinien.

Les codes Grégorien (fait en l'an 272, Gravina, sup. n.º 131) et Hermogénien sont dus à deux juris-

---

(1) Cette innovation eut lieu sous Adrien (C'est le premier empereur dont les édits aient été insérés dans le code; encore n'en trouve-t-on qu'un de lui, savoir, la loi 1. c. de testament. -- Godefroi, hist. jur. c. 4.); mais pour mieux cacher leur usurpation du pouvoir législatif, les empereurs proposèrent encore quelques sénatus-consultes jusques sous le règne de Caracalla. Godefroi (c. 3.) prétend même ce né fut que jusques au règne de Marc-Aurèle, mais Pothier (sup. §. 2) rapporte deux sénatus-consultes publiés sous Sévère et sous Caracalla.

(2) Pothier, sup. --- Ant. Augustin, sup., a donné l'explication de tous les sénatus-consultes de ce tems, au nombre de 29.

(3) On a établi dans le mémoire cité pag. 26 note 1, que *code* vient du mot latin *codex*, cahier, et celui-ci du mot *caudex*, arbre, parce qu'on tirait de la tige des arbres les tablettes sur lesquelles les anciens écrivaient. Les constitutions impériales étaient ordinairement gravées sur des tablettes, tandis que les décisions des jurisconsultes étaient écrites sur des membranes (du parchemin).

consultes

consultes qui entreprirent de rassembler méthodiquement toutes les constitutions des empereurs, depuis Adrien jusqu'à Constantin (1). Théodose le jeune y joignit celles qui avaient été publiées depuis ce dernier (2), et Justinien composa son code de ses propres constitutions, et d'une partie de celles de ses prédécesseurs. ( V. ci-après tit. 3. )

Au reste, toutes les décisions de l'empereur mises en forme de lettres, rescrits, édits, pragmatiques, décrets, décisions, etc. qui d'abord n'avaient pas une autorité universelle, furent rangées sous les derniers de ces monarques, au nombre de leurs constitutions ou lois générales, lorsqu'elles statuaient sur un objet général. — Just. de jure nat. §. 6. — Jac. Godefroi, hist. jur. civ. c. 3, in f.

---

(2) Le code d'Hermogénien paraît n'avoir été qu'un supplément à celui de Grégorius. — Il nous reste très-peu de fragmens de ces deux compilations.

(3) V. l'ouvrage savant que Jac. Godefroi a publié sur le code Théodosien. — Et ci-après tit. 2, art. 1.

# Appendix a l'article I.er

## §. I.er

### *Du titre des lois.*

On appelait communément les lois (1) et les sénatus-consultes du nom des magistrats qui les avait composés ou proposés, telle était la loi *Hortensia* (v. p. 45) proposée par le dictateur Q. Hortensius. On ajoutait souvent à ce nom le sujet de la loi, ainsi l'on nommait *lex Julia de fundo dotali*, la loi portée par Auguste, dont le nom adoptif était Jules (2), sur l'aliénation du fonds dotal; et *lex Cornelia judiciaria* la loi par laquelle Svlla (son nom de famille était Cornelius) avait rendu aux sénateurs l'exercice du pouvoir judiciaire, transféré par Caïus Grachus aux chevaliers.

Lorsque plusieurs lois avaient statué sur le même objet, on les désignait sous un nom générique relatif à cet objet. Tels étaient les lois sur le partage des terres conquises, *leges agrariæ*; les lois portées contre le luxe, *leges sumptuariæ*.

Quelquefois, mais rarement, on donnait dans l'usage, à la loi ou au sénatus-consulte le nom de la personne qu'on avait eu en vue en les proposant. Ainsi l'on nomma *senatus-consultum Macedonianum*, un sénatus-consulte proposé par Vespasien à cause

---

(1) Parmi nous on désigne les lois romaines par leur numéro dans le titre du corps de droit où elles sont placées, ou par leur premier mot, ou même tout-à-la-fois par le numéro et le premier mot. Il est sur-tout d'usage de citer les lois *magistrales* ou importantes par le premier mot. Tel est la loi *æde*, C. locat., qui permet au propriétaire de résoudre le louage de sa maison, lorsqu'il vient l'habiter.

(2) V. ci-après le §. 2.

de l'usurier *Macedo* qui prêtait à gros intérêts aux fils de famille (1).

## §. II.

### Noms des Romains.

Les Romains libres portaient ordinairement plusieurs noms, tandis qu'on ne désignait les esclaves que par un seul (2); ces noms étaient de quatre sortes: Prænomen, Nomen, Cognomen et Agnomen.

*Prænomen* était le nom propre de l'individu (3), qu'il portait avant son nom de famille ou *Nomen*. *Cognomen* désignait la branche de la famille à laquelle appartenait l'individu; *Agnomen* enfin était une qualification particulière à lui donnée, à cause de quelque circonstance remarquable. — Prateius, verbo *nomen* (4), et sur-tout Gravina, sup. lib. 2, c. 25.

Prenons pour exemple, Publius Cornelius Scipio Africanus Æmilianus. Publius était le *prénom*, *Cornelius*, le nom de la famille, *Scipio*, le nom de la branche ou *Cognomen*; (la maison Cornelia avait d'autres branches, telles que les Sylla, les Lentulus, Dolabella, etc.); *Africanus* était le surnom (*Agnomen*) donné à Scipion, à cause de son expédition contre Carthage : Æmilianus enfin rappelait son ancienne famille Æmilia, qu'il avait quittée pour entrer adopti-

---

(1) Dans notre usage on désigne souvent les sénatus-consultes par leur nom, en omettant le mot *sénatus-consulte*. Ainsi l'on dit le *Macédonien*, le *Velléien*, etc.

(2) Lorsque les esclaves étaient affranchis, ils ajoutaient à leur nom, celui ou même deux de ceux de leurs patrons. Ainsi un affranchi de Cicéron s'appelait *Marcus Tullius Tiro*. — Loon de manum. serv. lib. 4, cap. 1, n°. 1.

(3) *Prænomen* correspond à notre nom de baptême et *Agnomen* à notre surnom. On n'en écrivait ordinairement que la première ou les premières lettres : C. signifiait Caïus ; Q. Quintus, etc.

(4) Cependant Ant. Augustin (emendat. lib. 3, c. 8) n'admet point le nom *Agnomen* qu'il déclare n'avoir point trouvé dans les livres des jurisconsultes romains et qui paraît avoir été imaginé par des grammairiens modernes. Il reconnaît deux espèces de *Cognomen*, dont l'une répond au *Cognomen* ci-dessus, et l'autre à l'*Agnomen*.

vement dans la maison de Scipion; car on ne portait plus alors son ancien nom que comme une espèce d'adjectif (1).

Les femmes portaient simplement le nom de la famille. Ainsi la fille de Crassus s'appelait *Licinia*, celle de Cæsar *Julie*, etc.

## Article II.

### *Des actions.*

Dans leurs temples et dans leurs maisons, au milieu des fêtes ou des réunions de famille, dans les actes les plus solemnels et dans les actions les plus communes de la vie domestique, les romains s'étaient assujettis à des cérémonies religieuses, dont le nombre n'était pas moins étonnant, que l'exactitude avec laquelle ils les observaient. Les Patriciens profitèrent habilement de ces institutions que Numa avait, dit-on, imaginé (2) dans l'objet d'adoucir la férocité d'un peuple, dont le brigandage et la dévastation étaient les premières jouissances. Ils supposèrent qu'il était nécessaire de suivre en justice une manière solemnelle de procéder, et comme la loi des douze tables n'en avait point prescrit, ils inventèrent et établirent une multitude étonnante de formules et de signes qu'on devait rigoureusement employer pour les divers cas de réclamations auxquels elles étaient destinées (3); si malheureusement, soit par ignorance,

---

(1) Ce changement de nom avait sur-tout lieu dans les adoptions estamentaires. --- Ant. Augustin, sup. ad l. Jul. de adult.

(2) V. Plutarque, vie de Numa.

(3) Voici quelques-uns des signes employés. Dans les *nôces* on donnait un anneau de fer; et à la réception de l'épouse dans la maison du mari, on lui livrait les clefs; à sa sortie en cas de répudiation, on les lui ôtoit. --- Le *gage* se contractait en fermant le poing; --- on dénonçait *nouvel œuvre* en lançant une pierre contre le mur indûment élevé, --- on formait le contrat de *mandat* en donnant la main, *manu data*, --- pour *adir* une hérédité, l'héritier faisait claquer ses doigts,

soit autrement, on se servait des termes ou rits affectés à d'autres actions, on était pour toujours déchu de son droit.

Quelques superstitieux que fussent les Romains, ils ne tolérèrent un systême aussi absurde et aussi oppressif, que parce que les Patriciens qui en tiraient un grand parti, le soutinrent de tout leur pouvoir (1). Comme les fonctions de jurisconsultes, ainsi que celles de pontifes leur appartenaient exclusivement (2), on était obligé d'avoir recours à eux pour obtenir les formules et signes nécessaires, et ils avaient soin de les envelopper du plus profond mystère.

Leur secret fut néanmoins éventé. L'an 449 (U. C.) Cnæus Flavius, secrétaire d'Appius Claudius Centumanus Cœcus, lui déroba un recueil où il avait consigné toutes ces formules, et le rendit public. Cette action fut si agréable au peuple, qu'il éleva Flavius à l'édilité, quoiqu'il fût fils d'un simple affranchi (3).

Tel fut aussi le sort des nouvelles actions ou formules qu'inventèrent ensuite les Patriciens dans les mêmes vues. Sextus Ælius-Petus-Catus, les divulgua

---

*digitis crepabat*; — on interrompait la *prescription* en cassant une petite branche d'arbre... Plin. hist. lib. 33, c. 1. — Festus, in verbo Clavim. — Cicero, philip. 2. — Isidor, étymologic, c. 34. — L. 20, §. 1. ff. quod vi aut clam. — Cujas, obs. 7. — Cicero, lib. 3, de oratore, n°. 18. = Dans le siècle dernier la *tradition* se faisait encore en donnant une plume; v. Chorier, hist. de Dauphiné, t. 2. — Au 13 siècle l'*émancipation* se fesait en prenant par la main l'émancipé; acte de 1291, cité dans Valbonnais, t. 2, p. 84. — Pour prendre quelqu'un à *témoin* on lui disait *licet antestari*; s'il répondait *licet*, on lui répliquait *memento*, en lui touchant le bout de l'oreille. — Plin. lib. 11, cap. 45; Brisson. cap. 2, p. 846, in-f.°

(1) *Hâc populi superstitione utendum duxerunt jurisconsulti, omnes ex patriciis, ut plebem sibi obnoxiam facerent . . . . . in formulâ impunè non errabatur; scilicet absque Periculo perdendæ litis, et ab omni jure suo prorsus excidendi. Quid faceret misera plebs? a jurisconsultis petendum oraculum.* — Pothier, sup. part. 1, c. 1, §. 3.

(2) Pothier, ibid., d'après Tite-live. — Sigonius soutient toutefois d'après un passage de Cicéron, qu'une partie des pontifes pouvait être choisie parmi les plébéiens. — De antiq. jure civ. lib. 1, c. 19.

(3) Son ouvrage est appelé *Droit flavien*.

environ un siècle après (1) ; ce qui n'empêcha pas les jurisconsultes d'en établir d'autres qu'ils écrivirent avec des signes ou abréviations, afin que personne n'en pût donner la signification.

Cette observation minutieuse des formes ou rits, tomba peu-à-peu sous les premiers empereurs, et Théodose le jeune l'abrogea ensuite tout-à-fait (2).

On appelle en général *action*, un mouvement quelconque, par lequel nos organes agissent sur les objets extérieurs. Le terme *d'action des lois* paraît tirer son origine de cette notion, parce que c'était par leur moyen qu'on pouvait agir en jugement en vertu de la loi. Depuis leur abrogation on a continué d'appeler *action* un droit quelconque, d'agir en jugement (3).

Au reste, les Patriciens avoient étendu leurs formules jusqu'aux actes extrajudiciaires, tels que les aditions d'hérédité, autorisations de tuteurs, stipulations, etc. (4).

## Art. III.

### Des Edits des Préteurs (5).

Le nom de *préteur*, qu'on donnait dans les pre-

---

(1) L'an de Rome 553. — Sa collection fut appelée de son nom *Droit ælien*. — Godefroi, hist. jur., c. 2.

(2) Par la loi 1, cod. de formul. que Tribonien attribue mal-à-propos à Constantin. — V. Jac. Godefroi, ad l. 1, cod. Theod. de omiss. act. impetr.

(3) Celui, par exemple, à qui il est dû une somme, a, lors de son échéance, une action pour son payement. — V. au reste le livre 5.e, *in princ.*

(4) *Nil proindè absque jurisconsultis.* — Pothier, sup.

(5) Les autres magistrats chargés de quelque jurisdiction, publiaient aussi des édits ; tels étaient les édiles-curules qui connaissaient des contestations relatives aux marchés, aux grandes routes, etc. ; mais le préteur connaissait aussi de toutes ces matières par concurrence avec eux ou à leur défaut. — Cujas, observ. 8. — Sigonius, de judic. lib. 1, c. 7.

miers tems de Rome, au monarque (1), et à tous les magistrats supérieurs, sur-tout aux consuls, fut réservé dans la suite à un magistrat judiciaire, dont les Patriciens obtinrent la création ( l'an 387), sous prétexte de soulager les consuls, trop occupés à la guerre pour se livrer à l'administration de la justice, et dans la réalité, afin de balancer l'avantage que les Plébeïens avaient obtenu en faisant décider que l'un des consuls serait pris dans leur caste (2).

Les préteurs étaient chargés de prononcer sur les différends des particuliers (3), non-seulement d'après le texte rigoureux de la loi, mais encore d'après les modifications qu'ils jugeaient convenable d'y apporter, lorsque l'exécution trop stricte de cette loi aurait été contraire à l'équité (4), ou suivant les dispositions qu'ils adoptaient pour suppléer à son insuffisance; ils publiaient, en conséquence, lors de leur entrée en fonctions, un édit qui indiquait la manière dont ils jugeraient pendant le tems de leur exercice (5). Il leur arrivait souvent néanmoins, soit par de justes motifs, soit par intérêt ou faveur, de changer leurs édits avant la fin de leur ministère. Mais le tribun C. Cornelius les força (6) par une loi, de se tenir à ceux qu'ils avaient d'abord proposés. Quelques-uns de ces édits, que leur grande sagesse fit consacrer dans l'usage et sans loi expresse, furent appelés *edicta tralatitia* (7).

---

(1) *Prætor dictus qui præiret jure et exercitu.* — Varro de ling. lat. lib. 4, c. 14 et 16.

(2) Gravina, or. jur., c. 35.

(3) Le préteur pouvait déléguer sa jurisdiction. — Sigonius de judic. sup., et il s'associait ordinairement vingt autres juges. — Sigonius, ibid., c. 7 et 8.

(4) Pothier, in proleg. part. 1, c. 3.

(5) A l'égard du lieu et des jours où le préteur rendait la justice, de la pompe extérieure de son tribunal, etc. — V. Sigonius, sup. c. 7.

(6) L'an 686 de Rome. — Godefroi, hist. jur., c. 2.

(7) Comme si l'on avait dit: **édits** dont l'autorité dure toujours: *de ætate in ætatem translata.*

L'empereur Adrien, pour remédier à l'extrême confusion que les édits avaient mis dans la jurisprudence, par leur nombre et leur variation continuelle (1), fit extraire de leurs dispositions principales, une espèce de corps de droit (2) qu'on nomma *édit perpétuel* (3), et dont les préteurs furent tenus d'observer les décisions dans leurs jugemens.

Vers le même tems, on publia un autre corps de droit à-peu-près semblable, tiré des édits des préteurs provinciaux, et appelé *édit provincial*.

Voici un exemple de l'un des cas où nous avons dit que le préteur jugeait convenable de tempérer la rigueur de la loi.

Elle appelait à recueillir la succession *ab intestat* du père, les héritiers siens, *suos hæredes*, c'est-à-dire, les enfans qui obtenaient le premier degré (4) dans sa famille, et elle en écartait les enfans émancipés, parce qu'ils étaient sortis de la famille par l'émancipation : mais comme de droit naturel, rien ne peut ôter au fils une partie des biens de son père, le préteur feignait que l'émancipation était annullée ; et d'après cette fiction, ou sous ce prétexte, il admettait les émancipés à la succession de leur père (5).

---

(1) Chaque préteur (et leur nombre fut porté jusqu'à 16), donnait chaque année, un édit différent de celui de son prédécesseur.

(2) Le J. C. Julien qui le composa, corrigea et retrancha beaucoup de dispositions des édits des préteurs ; il y inséra même un grand nombre de ses décisions. — Pothier, sup. — Godefroi, hist. jur., c. 3. — V. ci-après, tit. 2, art. 1, pag. 63.

(3) Guillaume Ranchin a rassemblé un grand nombre de fragmens de l'édit perpétuel, rapportés dans le digeste et dans divers auteurs. On les a insérés, d'après lui, dans plusieurs éditions du corps de droit et dans le *Pandectæ* de Pothier (tome 1)... Jac. Godefroi (*V. Fontes quatuor*) a publié l'ordre et la série des titres du même édit. — Id. Godefroi, biblioth. jur., c. 1, n.º 6.

(4) Les petits enfants n'étaient héritiers siens que par représentation. — Inst. lib. 3, tit. 1, §. 6.

(5) Il faut observer que pour ne pas violer ouvertement la loi, il ne les appelait point, en propres termes, à la succession, mais il les ad-

## Art. IV.

### *Réponses des Jurisconsultes.*

L'interprétation, c'est-à-dire l'explication du vrai sens des lois, appartint d'abord aux décemvirs, ensuite au collège des pontifes (1), enfin elle fut abandonnée aux particuliers, dont les talens et les connaissances en jurisprudence avaient mérité la confiance publique (2). On les appelait *prudentes et jurisconsulti* (3).

Le crédit dont jouissaient les jurisconsultes à Rome devait être bien étendu, puisque Auguste jugea qu'il serait très-nuisible à ses vues d'usurpation s'il ne les mettait pas dans sa dépendance. En prenant au contraire ce dernier parti, il comptait tirer d'eux un grand secours. Il se proposait sur-tout de leur faire interpréter les lois anciennes, de la manière qui serait la plus favorable à ses entreprises (4). Il ordonna, en conséquence, qu'aucun homme de loi ne pourrait répondre sur le droit, sans en avoir obtenu la permission du prince (5).

---

mettait à la possession des biens, concurremment avec ceux qui étaient héritiers siens. Ce n'était qu'un subterfuge ; la possession des biens leur donnait autant d'avantage que la succession.

(1) Pendant environ 100 ans. — L. 2, ff. orig. jur., §. 6.

(2) Les citoyens les plus distingués par leur naissance, leur mérite, leurs services et leurs emplois, faisaient gloire de la profession de jurisconsulte. — Arthur Duck, sup. lib. 1, c. 3, n.° 9. ( Il en était autrement chez les Grecs. — Ibid.) — Au reste, il nous reste très-peu de chose des écrits de ces premiers jurisconsultes. — Id, n.° 44.

(3) Ils ne commencèrent à exercer publiquement leur profession que vers l'an 500 de Rome. — Godefroi, hist. jur., c. 2, in f.

(4) *Quidquid ex antiquo jure pro lubitu antiquare palàm non auderet.* — Pothier, part. 1, c. 4. — V. aussi D. L. or. jur. §. 47. — Au reste, quelques jurisconsultes eurent le courage de résister à la puissance d'Auguste. — V. ci-après tit. 2, art. 2, §. 2.

(5) Il prenait alors le titre de *Prince*, comme Prince du sénat ; c'est-à-dire, comme le premier inscrit sur la liste du sénat par les censeurs : telle est l'origine de cette dénomination actuellement si relevée.

Cette méthode fut suivie par ses successeurs jusques à Adrien, qui rendit aux jurisconsultes leur ancienne liberté d'interprétation. Mais Constantin ou ses fils la leur enlevèrent de nouveau.

Théodose le jeune ordonna que les tribunaux seraient obligés de se conformer aux décisions des jurisconsultes que le prince autorisait à répondre sur le droit. Il donna force de loi aux écrits de Papinien, Paul, Caïus, Ulpien, Modestin, Scœvola, Sabinus, Julien et Marcellus, en statuant que lorsqu'ils différeraient d'opinion, on suivrait celle du plus grand nombre d'entr'eux, et à égalité de nombre, l'avis de Papinien (1).

Justinien enfin, ayant composé la partie de son corps de lois appelée *digeste*, de divers fragmens des ouvrages de la plupart des jurisconsultes, ordonna que ces ouvrages fussent livrés à un oubli éternel (2).

Les écrits ou décisions des jurisconsultes non autorisés, n'obtinrent force de loi que lorsque, par le consentement des particuliers, ils furent reçus dans l'usage, et observés comme droit non écrit.

Il en fut de même des décisions qui résultaient

---

(1) L. 1, Cod. Théod. de resp. prud.

(2) Quelques-uns disent même que, par jalousie, il les fit tous brûler; et il est certain que les traités innombrables des jurisconsultes romains ont disparu, à l'exception de quelques fragmens d'Ulpien, Paul et Caïus (v. tit. 3, art. 6); encore devons-nous ces fragmens à Anien, chancelier d'Alaric, qui même les a mutilés.

Plusieurs interprètes ont tâché de les rétablir dans leur pureté primitive. Bouchard, entr'autres (en 1570), a publié ceux de Caïus; Tilius, ceux d'Ulpien, avec les notes de Cujas; Avaricus (en 1599), ceux de Paul, avec les notes du même auteur... Godefroi, biblioth. jur., c. 2, indique aussi des fragmens, mais moins étendus d'autres jurisconsultes, fragmens qu'on a également publiés.

D'autres interprètes, tels que Jason et Alciat, se plaignent d'autant plus de la perte des ouvrages des jurisconsultes romains, que s'ils existaient, les gloses d'Accurse et de ses imitateurs seraient devenues inutiles, et que l'on trouverait la jurisprudence bien plus pure dans sa source que dans les *observations embrouillées* des commentateurs. — Arth. Duck, sup. lib. 1, c. 4, n.° 7.

des conférences ou de la dispute du barreau (3), lorsqu'elles étaient confirmées par l'usage dans les tribunaux.

---

(1) Les jurisconsultes se rassemblaient fréquemment près du temple d'Apollon, pour y traiter les plus importantes & les plus difficiles questions de droit, & sur-tout celles sur lesquelles ils différaient. On appelait *receptæ sententiæ*, les décisions qu'ils y adoptaient en commun.

## Appendix au Titre I.er

### Du droit sacré.

Le droit sacré (1) peut être considéré comme une cinquième source du droit romain. L'exercice en était confié à un collège de pontifes (2), présidé par un grand pontife (*pontifex maximus*), dont la dignité et les fonctions étaient si importantes que les empereurs s'empressèrent de s'en faire décorer (3)....
Le collège des pontifes avait dans sa jurisdiction, les adoptions, les mariages, les funérailles, les testamens, les sermens, les vœux, les consécrations, la rédaction des annales, l'arrangement du calendrier, l'indication des jours *fasti et nefasti*, et la fixation des règles et formes des procédures judiciaires (4). Il prononçait non-seulement sur les causes de ces divers genres qui tenaient au droit sacré, mais il faisait encore et il interprétait les lois dépendantes du même droit (5).

---

(1) On l'appelle dans le corps de droit, *jus pontificium*, *jus sacrum*, *jus religionis*, etc.

(2) Numa qui le créa, le composa de quatre prêtres; ce nombre fut augmenté dans la suite. Sylla y ajouta sept prêtres, nommés *pontifices minores*. --- V. les détails de sa composition dans Sigonius, de antiq. jure civ., lib. 1, c. 19.

(3) Elle leur donnait la suprématie dans les affaires religieuses. Constantin lui-même et plusieurs de ses successeurs, quoique chrétiens, conservèrent cette dignité. --- V. Gibbon, ch. 21, in f. --- Arth. Duck, sup. lib. 1., c. 3, n.° 7.

(4) Schombert, précis sur le dr. rom.

(5) Sigonius, sup. --- Arth. Duck, sup.

# TITRE II.

## Des Empereurs et Jurisconsultes romains.

### ARTICLE PREMIER.

#### Des Empereurs.

Le titre d'empereur, aujourd'hui le plus éminent que l'on connaisse (1), était donné par les soldats, comme une marque d'honneur, à leur général, lorsqu'il avait obtenu un avantage signalé sur les ennemis (2). On le plaçait avant les prénoms, noms et surnoms multipliés des monarques qui en étaient revêtus; c'est ce qui fait que leurs successeurs l'ont conservé, et que, dans l'usage, on s'en est servi exclusivement pour les distinguer (3).

Au reste, en vertu de quel droit l'empereur exerçait-il le pouvoir souverain ? c'est ce qu'aucune loi ne nous apprend (4). L'existence de la loi *regia*, par laquelle Justinien prétend (5) que le peuple avait transmis au prince toute son autorité, est révoquée en doute par plusieurs savans interprêtes, et paraît

---

(1) Il vient d'*imperator*, qui signifie à la lettre *commandant*, qualification qui se donne également parmi nous, à titre d'honneur, à tout chef de corps, quelque mince que soit son grade.

(2) De nouveaux avantages faisaient souvent réitérer cette qualification : c'est pourquoi on appelait les généraux ainsi décorés, *imperator bis* ou *ter*, etc.

(3) Il paraît même, et Gibbon est de cet avis, que le titre d'*empereur* était d'abord moins affectionné par les chefs de l'Empire que celui de *prince*, parce que celui-ci était unique. Il n'y avait en effet qu'un *premier* au sénat, *princeps senatus*, tandis que de simples généraux pouvaient être décorés du titre d'*empereur*.

(4) Gravina, de ortu et progr. sup., c. 114.

(5) Inst. lib. 1, tit. 2. — L. 1, ff. constit. princip.

en effet contradictoire avec les faits historiques les plus certains. Le titre d'empereur ne donnait absolument aucune autorité ; il en était de même de celui de prince ; le monarque n'exerçait les diverses parties de la souveraineté que comme revêtu des diverses magistratures populaires auxquelles elles étaient attachées ; aussi avait-il soin de se faire nommer souverain pontife, censeur, consul, proconsul, etc. Il y faisait ajouter les privilèges de tribun et de sénateur, le droit de référer au sénat, qui n'appartenait précédemment qu'aux grands magistrats, les titres d'Auguste, de père de la patrie, etc. (1). — V. ci-devant tit. 1, art. 1, §. 2.

Parmi le grand nombre d'empereurs compris dans le tableau que nous donnons à la suite de ce chapitre, il n'y a guères qu'Adrien, Théodose le jeune et Justinien qui méritent une notice séparée dans l'histoire du droit romain, parce qu'ils ne nous ont pas laissé seulement quelques lois détachées comme les autres empereurs, mais encore des collections importantes qui embrassent à-peu-près toute la législation antérieure à leur règne (2).

---

(1) V. sur tous ces objets, Gravina, sup. c. 17, 18, 105 et seq. — Et sur la question relative à l'existence de la loi regia, idem Gravina, c. 114. — Noodt. obs. lib. 1, c. 3. — Skookius de quadrupl. lege reg. — Connan ; — Vulteïus ; — Pothier, ad L. 1, ff. constit. princip. not. B. — Terrasson, hist. de la jur. rom., part. 3, §. 1. Ce dernier soutient seul que le peuple fit réellement sous Auguste, cette loi. Il se fonde sur un fragment de décret trouvé au capitole et relatif à Vespasien. ( V. ce fragment dans Ant. Augustin, sup. ad h. l. ). — Les autres auteurs soutiennent que ce fragment rappelle seulement les privilèges accordés aux premiers empereurs, et qu'il exclut sur-tout l'idée de l'aliénation perpétuelle du pouvoir législatif. On remarque en effet qu'à chaque article où l'on expose un privilège accordé à Vespasien, on ajoute dans ce décret, *uti licuit divo Augusto, Tiberio Julio Cæsari Augusto, Tiberio Claudio Cæsari Augusto Germanico*. Si l'aliénation du pouvoir législatif eût été perpétuelle, il eut été très-inutile d'attribuer de nouveau à Vespasien, les privilèges qu'on avait accordés à Auguste, à Tibère et à Claude, puisque il les aurait acquis de droit par sa seule élévation à l'empire.

(2) L'édit perpétuel, quoique censé borné au droit honoraire, peut être regardé comme un corps universel de droit ; puisqu'il servait de règle à tous les jugemens.

Le premier des trois, Adrien (1), outre un nombre prodigieux de lois particulières, rapportées ou citées dans le code, le digeste et les anciens auteurs (2), fit composer, vers l'an 132, le corps de droit connu sous le nom d'*édit perpétuel*. Cet ouvrage considérable (il avait plus de 200 titres) tint lieu pendant quelque tems de toutes les lois précédentes, et il obtint un si grand crédit par la sagesse qui avait présidé à sa rédaction, que les jurisconsultes les plus célèbres, Pomponius, Paul, Caïus, Ulpien, Callistrate, Furius Anthinianus, etc., s'empressèrent d'y faire des commentaires (3), et qu'on inséra depuis, plus de la moitié de ses dispositions dans le digeste. — Godefroi, hist. jur. c. 3.

*L'édit provincial* fut composé à l'imitation de l'édit perpétuel, auquel il est entièrement semblable à quelques légères différences près, que nécessitèrent vraisemblablement les privilèges particuliers des provinces de l'empire pour lesquelles il était destiné. On ignore l'époque précise de sa publication, mais on présume que son auteur, resté inconnu jusqu'à nous, le mit au jour sous Adrien ou sous l'un de ses deux successeurs, Antonin et Marc-Aurèle.

Il n'est pas de notre sujet de tracer ici le portrait d'Adrien, nous laissons ce soin ou peut-être cet embarras à l'histoire, car peu d'hommes ont offert un plus étonnant assemblage des vertus et des talens les plus sublimes avec les vices les plus honteux (4).

---

(1) Il succéda, l'an 117, à Trajan, dont il était cousin, petit neveu par alliance, et fils adoptif.

(2) Entr'autres, les lois relatives aux trésors trouvés par hasard, aux enfans des condamnés, aux punitions des esclaves, aux sépultures faites dans les villes, au stellionat, etc. — V. Hadrianus legislator, par Bottereau. — Ses sentences et ses lettres (ou brefs rescrits) ont été aussi publiées par Goldastus, à Genève.

(3) V. ci-devant le tit. 1, art. 3, et les notes, pag. 54. — 56.

(4) V. le portrait que Gibbon fait d'Adrien, décad. de l'emp. Rom., ch. 3.

Pendant les trois siècles qui s'écoulèrent entre les règnes d'Adrien et de Théodose le jeune, les jurisconsultes firent un grand nombre de commentaires, soit sur l'édit perpétuel, soit sur diverses parties séparées du droit, et les empereurs publièrent beaucoup de constitutions. Cette multitude embarrassante d'ouvrages occasionna un dégoût qui pouvait porter un coup mortel à cette science. Pour y remédier, Théodose, ou plutôt sa sœur Pulchérie qu'il avait créée Auguste, et qui régnait sous son nom (1), fit travailler à une collection choisie des constitutions précédemment rendues. Huit jurisconsultes qu'on disait du premier rang, mais qui ne sont pas connus par des ouvrages, en furent chargés, et leur travail fut mis au jour avec force de loi, l'an 438, sous le titre de *code Théodosien*; il était divisé en seize livres qui comprenaient tout ce qui avait rapport au droit public, privé, criminel et canonique (2).

Quoique les copies du code Théodosien eussent été répandues dans tout l'empire, afin qu'on pût observer ses dispositions, (elles ont été en vigueur sous plusieurs des règnes suivans) quoiqu'Anien, jurisconsulte d'Alaric, roi des Visigoths, en eut ensuite publié un abrégé à l'usage des états de ce monarque, néanmoins ce code n'est point parvenu jusqu'à nous. On peut juger de son étendue par les fragmens qu'en a réuni Jacques Godefroi, et qui, joints à ses savans commentaires, occupent six volumes *in-folio*. Cette lacune est presque irréparable pour le droit romain, car plusieurs jurisconsultes de grand mérite mettent le code Théodosien au-dessus même de celui de Justinien, et

---

(2) V. dans le même Gibbon, ch. 31, les portraits de Pulchérie et Théodose.

(3) Plusieurs auteurs anciens nomment les lois contenues dans ce code, *novæ leges legitimorum principum*, parce qu'il est composé principalement des constitutions des empereurs chrétiens. — Godefroi, hist. jur., c. 5.

*accusent*

accusent ce dernier empereur, non sans quelque vraisemblance, d'avoir fait supprimer l'ouvrage de Théodose, de crainte qu'il ne nuisit à la réputation du sien (1).

A travers les opinions extrêmes et opposées des historiens ou des jurisconsultes, il est difficile d'asseoir un jugement sain sur l'empereur Justinien. Il tient incontestablement le premier rang dans les fastes de la législation, et il en mérite un des plus distingués dans ceux de la guerre; mais on lui objecte de n'avoir gagné des batailles qu'avec l'épée de ses généraux et fait des lois qu'avec la plume de ses ministres. Alors au moins ses critiques rigoureux devraient-ils lui accorder le mérite grand et rare chez un monarque, d'avoir su bien choisir ses ministres et ses généraux, et se contenter de flétrir sa mémoire au tribunal juste et vengeur de la postérité, de l'ingratitude noire doit il se rendit coupable envers l'un d'eux, et de la basse jalousie qui paraît lui avoir fait anéantir le corps de lois de Théodose.

En se décidant d'après les faits les moins contestés, et en laissant de côté les injures et les éloges également outrés qui lui ont été prodigués sans mesure, nous croyons pouvoir dire que Justinien était un prince médiocre, d'un caractère faible, injuste, enclin à l'avarice et à la cruauté, mais doué d'un discernement qu'on ne peut lui refuser sans une blamable partialité (2). Bélisaire, Narsès, Tribonien, vous avez créé sans doute la gloire de votre monarque, mais compte-t-on beaucoup de monarques qui aient été grands par eux-mêmes et n'aient pas dû leur réputation à leurs subordonnés ?

---

(1) Le code Théodosien sert à l'explication des passages douteux de celui de Justinien. — L. 1, C. de Just. cod. confirm.; Gravina, sup. c. 131.

(2) V. dans le même Gibbon, ch. 40, le portrait de Justinien. — Gravina, sup. c. 130, en fait aussi un qui est très-piquant.

Ce que l'on reproche encore avec plus de justice, à Justinien, c'est, d'abord, d'avoir épousé une comédienne, et sur-tout d'avoir violé la loi qui lui défendait cet acte de folie (1); d'avoir ensuite toléré et peut-être partagé le trafic infâme que Tribonien faisait des lois (2).

Au reste, soit que, comme cet empereur l'annonce, les édits des successeurs de Théodose (3) eussent introduit une confusion extraordinaire dans la jurisprudence, soit qu'il ne fût excité réellement que par l'envie de se faire un nom, il conçut dès la deuxième année de son règne, le projet de rédiger un nouveau code; et successivement les autres ouvrages qui composent le corps du droit, et dont nous parlerons dans le titre suivant.

## ART. II.

### *Jurisconsultes.*

### §. I$^{er}$.

*Notice sur la vie de quelques-uns des principaux Jurisconsultes.*

ENTRE tous les jurisconsultes, compris au deuxième

---

(1) Il rapporta d'abord, il est vrai, la loi Papia-Poppæa, qui prohibait ces sortes de mariages; mais n'est-ce pas violer les lois que les faire et défaire ainsi pour assouvir ses passions!
Il poussa la faiblesse pour Théodora, jusques à parler d'elle, avec éloges, dans divers édits; à rendre plusieurs lois à sa demande, en faveur des femmes; à faire graver son nom avec le sien sur les monumens publics; à la citer dans les rescrits, comme son conseil dans le gouvernement. (V. nov. 8, c. 1), etc. — Gibbon, ch. 40, donne un détail curieux de l'inconduite de Théodora.

(2) Les exactions que commit Tribonien dans sa charge de questeur, furent si excessives, qu'elles occasionèrent une grande sédition à Constantinople; sédition que Justinien, qui s'était enfui, ne put appaiser, qu'en destituant Tribonien; mais à la fin des troubles, il le rétablit dans tous ses emplois.

(3) Ces édits ou novelles ont été publiés par Pierre Pithou.

tableau, il y en a au moins huit qui mériteraient une notice particulière, savoir : Papinien, Ulpien, Paul, Caïus, Julien, Pomponius, Scœvola et Modestin, si les bornes de cet ouvrage nous permettaient d'entrer dans de grands détails. Nous nous contenterons de parler légèrement des trois premiers. ( V. le tableau à la suite du chapitre actuel ).

Papinien est le plus célèbre des jurisconsultes de Rome, et il le serait peut être aussi de tous les peuples anciens et modernes, si la France n'avait produit l'immortel Cujas (1), et Papinien ne vécut que 36 ans ! (2) Si quelque chose pouvait ajouter à l'horreur due au monstre qui trancha le cours d'une si belle vie, ce serait le regret d'avoir été privé des ouvrages savans que Papinien devait encore produire et qui, sans doute, n'auraient pas été inférieurs à ceux dont nous avons à faire l'éloge.

Dès l'âge de dix-huit ans, il succéda à Sévère, son compagnon d'études, dans la charge importante d'avocat du fisc. Ce dernier, devenu empereur, le nomma *magister libellorum*, place qui répondait à peu près à celle de secrétaire d'état parmi nous (3).

Enfin, Papinien avait à peine 28 ans qu'il fut créé préfet du prétoire, dignité la plus éminente de l'empire, et il s'y fit donner pour assesseurs ses disciples Paul et Ulpien... L'empereur en mourant, lui recommanda ses enfans dont les cruelles dissentions fai-

---

(1) Pothier, proleg. part. 1, c. 2, n°. 76, et Cujas ( ad libr. Papiniani, in princ. ) ont rassemblé quelques-uns des éloges dont les jurisconsultes anciens et modernes ont comblé Papinien. --- *Si*, dit Cujas, *si jus piumque christianis esset, illius aram opima imbueret hostia.*

(2) On lui donne cet âge d'après une inscription ancienne. --- Pothier, sup. n.° 75, pense toutefois qu'il devait être plus âgé, puisque son fils était déjà questeur.

(3) Le *magister libellorum* et le *magister memoriæ* avaient pour fonctions communes d'expédier les provisions des offices, mais le premier était plus proprement secrétaire du tribunal du préfet du prétoire, et le second, secrétaire particulier du prince. --- V. Prateïus, h. v. --- V. sur-tout Pothier, sup., n.° 78, note 1.

saient craindre pour eux des évènemens funestes. Papinien employa, mais envain, tous ses efforts pour les réconcilier ; Geta fut poignardé en présence et par les ordres de Caracalla, entre les bras de leur mère Julie. Le monstre voulut contraindre Papinien de justifier ce meurtre, mais ce grand homme, bien supérieur au lâche Sénèque (1), lui fit ces deux réponses immortelles : *Il est plus facile de commettre un parricide que de l'excuser.... C'est un second parricide que de diffamer un innocent assassiné.* Caracalla irrité le condamna à perdre la tête ... En marchant au supplice, Papinien s'écria que son successeur serait un insensé s'il acceptait la préfecture sans le venger. L'évènement justifia ce pronostic terrible ; Macrin fit tuer Caracalla et s'empara de l'empire.

Papinien a laissé sur le droit soixante-deux livres, dont trente-sept de questions, dix-neuf de réponses, deux de définitions, trois sur l'adultère et un sur les édits des Ediles ; il ne nous en reste que des fragmens dispersés dans le corps du droit ; Cujas les a rassemblés en un seul ouvrage et y a joint d'excellens commentaires. C'est sur-tout dans les livres de *questions* que le génie de Papinien s'est déployé. Il résout avec une étonnante sagacité les problèmes les plus subtils et les plus difficiles du droit (2). Les professeurs expliquaient les livres des *réponses* pendant la troisième année du cours de droit, et on appelait les élèves de cette année *Papinianistes*. Ils célébraient au commencement de cette même année, une fête en l'honneur de Papinien.

Ulpien, natif de Tyr en Syrie, fut disciple et ensuite assesseur de Papinien. Exilé pour sa probité (3) par l'efféminé Héliogabale, il fut rétabli dans ses emplois, ( *magister libellorum*. — V. la note 3. de la

---

(1) V. Gibbon, sup. ch. 6 ; et la note de son traducteur Cantwel.
(2) Pothier, sup. n°. 75.
(3) *Illum removit ut virum bonum.* Spartien, vie de Caracalla.

pag. 67 ), et nommé ensuite préfet du prétoire par Alexandre Sévêre qui en fit son conseil, et pour ainsi dire son tuteur, malgré l'opposition de sa mère. C'est pour avoir toujours dirigé sa conduite d'après les avis d'un guide aussi éclairé que ce jeune empereur mérita d'être placé au rang des meilleurs monarques de Rome (1). Malheureusement il n'eut ni assez de pouvoir, ni assez d'énergie pour le sauver de la rage des prétoriens auxquels Ulpien avoit enlevé plusieurs privilèges excessifs accordés par Heliogabale, et il eut la douleur de le voir massacrer sous ses yeux.

Paul fut aussi disciple et assesseur de Papinien, avocat du fisc, *magister memoriæ* ( v. la note 3 de la pag. 67 ), Préfet du prétoire et l'un des conseillers principaux d'Alexandre Sévère, qui le rappela de l'exil où l'avait également envoyé Héliogabale.

Ces deux jurisconsultes et sur-tout Paul (2) sont ceux qui ont laissé le plus grand nombre d'ouvrages (3), et qui sont le plus souvent cités dans le corps du droit (4); mais les ouvrages d'Ulpien sont plus estimés que ceux de Paul (5).

---

(1) Lampride, vie d'Alexandre Sévère. — Gibbon, sup. ch. 6.

(2) On voit que les jurisconsultes ne furent pas appelés, sous les empereurs, à des postes moins éminens, que sous la république ( v. ci-devant pag. 57 ). Outre Papinien, Paul et Ulpien, on en cite beaucoup qui ont rempli les emplois les plus brillans, et entr'autres Capito et Trebatius sous Auguste, Cassius sous Vespasien, Neratius sous Trajan, Julien sous Adrien, Scœvola sous Antonin, Julius, Alphenus, Africanus, Celse et Modestin sous Alexandre Sévère. — Arth. Duck, sup., lib. 1, c. 3, n°. 14. — Ces hommes célèbres étaient très-habiles en toutes sortes de sciences. — id. c. 4. n°. 6.

(3) On a inséré dans le digeste près de deux mille lois extraites des ouvrages de Paul. — Pothier, sup. n°. 78.

(4) Voyez la liste de leurs ouvrages dans l'index du corps de droit, et dans Ferrière et Terrasson.

(4) Ulpien est encore plus souvent cité que Paul. — Pothier, sup. n°. 79.

(5) Le style de Paul est embrouillé et obscur, suivant Duaren et plusieurs autres interprètes. On lui reproche aussi d'attaquer trop souvent l'avis des autres jurisconsultes et sur-tout de Papinien et d'Ulpien. On loue, au contraire, la condescendance de celui-ci, et la gravité et la clarté de son style. — Pothier, sup. n°. 78 et 79.

## §. II.

### Sectes des Jurisconsultes.

Il se forma sous Auguste, parmi les jurisconsultes, deux sectes très-opposées, qui se perpétuèrent jusques à Adrien, et dont les opinions passèrent même aux âges suivans ; mais sans esprit exclusif. Elles tirèrent leur origine des divisions de deux hommes de loi célèbres, qui étaient à la tête du barreau romain, Antistius Labeo et Atteïus Capito.

Labeo avait reçu l'éducation distinguée qu'on donnait dans toutes les familles illustres de Rome. Versé dans les arts et les lettres, instruit des principes de la grammaire et de la dialectique, initié dans tous les mystères de la philosophie, la haute idée qu'il avait de ses connaissances et de sa capacité l'enhardit à mépriser les ouvrages des anciens, à ne faire aucun cas de leur autorité, lorsqu'elle ne lui paraissait pas conforme aux règles et aux principes du droit. Par un contraste assez bisarre, il ne tenait aucun compte des décisions nouvelles dictées au peuple ou au sénat par Auguste, qu'il regardait comme un usurpateur. Fils d'un des conjurés contre César (1), il avait sucé avec le lait un amour passionné pour la liberté, qui ne l'abandonna jamais et lui fit renoncer, au contraire, à la place éminente de consul, par laquelle l'empereur espérait le gagner (2). Cette opposition peu prudente ne l'empê-

---

(1) Le père de Labeo se fit tuer sur le corps de Brutus, après la perte de la bataille de Philippes. — Appien, de bell. civ. lib. 4. — *Cum audisset suum ipsius nomen inter morientis Bruti suspiria sonuisse, turpe sibi putavit vindicibus libertatis, et amicorum fato superesse.* — Gravina, ort. et progr c. 73.

(2) L. 2, ff. orig. jur. § 47. — Capito dans une lettre rapportée par Gellius, lib. 13, cap. 12, s'exprime ainsi sur le compte de Labeo : *agitabat hominem libertas nimia atque vecors ; usque eò ut, D. Augusto jam principe, ratum tamen pensumque nihil haberet, nisi quod justum sanctumque esse in romanis antiquitatibus legisset.* — Pothier, in h. §, pense que c'est cet amour pour la constitution ancienne qui engageait Labeo à innover dans le droit.

cha pas de jouir jusques à une extrême viellesse du premier rang parmi les jurisconsultes, de surpasser même Capito son émule, quoique celui-ci fût appuyé de la faveur du prince.

Capito offre dans sa conduite et ses principes un contraste aussi piquant. Servilement attaché aux lois et à la jurisprudence ancienne, dont il observait les préceptes avec un minutieux rigorisme, il n'en était pas moins le bas complaisant d'Auguste et de son successeur Tibère, et l'on cite des traits d'adulation qui font peu d'honneur à son caractère. — Vid. Gravina, sup. c. 73 et 74.

On voit que ce fut à la division des deux chefs que l'on dut cette diversité d'opinions, et que peut-être on eût plus souvent égard aux principes de son parti qu'à ceux qu'aurait prescrit la saine raison.

Il ne faut pas cependant croire, avec quelques auteurs, que ces deux sectes fussent toujours séparées et tinssent rigoureusement aux bases ci-dessus exposées; elles variaient, au contraire, assez souvent, et leurs principes étaient sujets à beaucoup de modifications.

Pothier (pand. Just. prol. part. 2, c. 2, § 2,) a fort bien exposé les caractères des deux sectes. Il cite un grand nombre de cas où elles différaient d'opinions, et où elles se relachaient de leurs principes. Nous en rapporterons un du premier genre.

On demandait si l'on pouvait faire une *vente* sans stipuler de prix, et en donnant une chose pour une autre. Sabinus et Cassius prononcent l'affirmative, parce que la chose donnée pour prix, peut être estimée en espèces. Nerva et Proculus, plus attachés aux principes rigoureux du droit, décident que, dans ce cas, il n'y a point vente, mais *échange*, parce que la monnaie a été inventée pour être le prix de toute chose, qu'une chose ne peut être le prix d'une autre, et que par conséquent le contrat indiqué n'a pas tous les caractères substantiels de la vente. — V. l. 1, § 1, ff. contrah. empt.

## TABLEAU des deux sectes (1).

| Sabiniens ou Cassiens. | Proculéiens ou Pégasiens. |
|---|---|
| **Sous Auguste.** | |
| Atteïus Capito, disciple d'Offilius. | Antistius Labeo, disciple de Trebatius. |
| **Sous Tibère.** | |
| Massurius Sabinus. | Nerva, père. |
| **Sous Caligula, Claude et Néron.** | |
| C. Cassius Longinus (c'est de lui que vint le nom de *Cassiens*). | Proculus ( d'où vint le nom de *Proculéiens* ). |
| **Sous Vespasien et ses deux successeurs.** | |
| Cælius Sabinus ( c'est de lui que vint le nom de *Sabiniens* (2). | Nerva, fils. Pegasus ( d'où les Pégasiens ). |
| **Sous Trajan, Adrien et Antonin.** | |
| Priscus Javolenus. Aburnus Valens. Tuscianus ou Tuscius-Fuscianus. Salvius Julianus. | Juventius Celsus, père. Celsus, fils. Priscus Neratius. |

---

(1) D'après Godefroi, hist. jur. c. 7.

(2) Pancirole et Pothier, sup., font dériver ce nom de Massurius Sabinus. — Pomponius, l. 2, ff. or. jur. § ult, ne s'explique point à ce sujet. — Gravina, c. 45 et 84, d'après Gellius, est de l'avis de Godefroi.

L'édit perpétuel et ensuite les constitutions nombreuses des empereurs, ayant fixé la jurisprudence sur la plupart des points contestés entre ces deux sectes, elles s'éteignirent peu à peu vers les règnes d'Adrien ou d'Antonin. — Godefroi, sup. (1).

Un des plus grands embarras qu'on éprouve lorsqu'on se livre à l'étude du droit romain, naît de cette diversité d'opinion des Proculéiens et Sabiniens; diversité que Tribonien n'a point assez précisée, quoiqu'il eût fait annoncer dans sa préface qu'il concilierait tous les avis (2).

## §. I I I.

### Esprit de la jurisprudence romaine.

L'ESPRIT de la jurisprudence romaine est différent suivant les divers *âges* ou époques auxquels elle s'est formée. Le premier âge ou celui de la jurisprudence *ancienne*, commence après la publication des douze tables et finit au temps de Cicéron. Il embrasse environ 350 ans. Pendant ce tems, suivant Gravina, la jurisprudence est ténébreuse, dure, et fondée uniquement sur une subtilité rigoureuse de termes. — Le deuxieme âge qui comprend 79 ans, est celui de la jurisprudence *moyenne*, beaucoup plus douce que la précédente, et s'attachant davantage à interpréter le sens austère de la loi du côté le plus favorable à l'équité. Le troisième âge se compte depuis le règne d'Auguste ( an de Rome 723 ) jusques à Justinien, c'est celui de la jurisprudence *nouvelle* ; enfin

---

(1) Les jurisconsultes des règnes suivans ne s'attachèrent plus sans doute avec tenacité aux opinions de l'une ou de l'autre des deux sectes, mais on en compte quelques uns qui avaient plus de penchant pour les opinions des Proculéiens, que pour celles des Sabiniens, et réciproquement. Papinien & Paul, par exemple, montrent de la prédilection pour le Sabinianisme. — Pothier, sup. c. 1, n.os 75 et 78.

(2) Gravina, sup. n°. 45 et 137.

le dernier âge ou celui de la jurisprudence *très-nouvelle*, commence à la publication du corps de droit de Justinien jusques à l'année 751 de l'ère vulgaire, époque à laquelle elle fut anéantie par les invasions dévorantes des barbares.

Les décisions des jurisconsultes romains, des deuxième et troisième âge, sont en général fondées sur les principes d'équité établis dans la philosophie des grecs qu'ils étudiaient tous avec affection. On y remarque aussi la métaphysique subtile et la méthode d'argumentation des diverses écoles (1) où l'on enseignait cette philosophie, et sur-tout celles de l'école du portique (2) qui jouissait alors à Rome de la plus haute réputation à cause de ses maximes républicaines; maximes que les romains préconisaient encore deux siècles après César (3). On cite souvent dans le corps du droit les préceptes des Stoïciens, et l'on s'en autorise pour la résolution de beaucoup de questions; les Proculéiens entr'autres, en font un fréquent usage. Ainsi la définition du mot *loi*, la fixation de l'âge de l'enfance et de celui de la puberté, les décisions données sur la question de savoir si l'homme peut être mis au nombre des fruits et si le fœtus ne fait pas partie du corps de sa mère, etc. sont tirées des écrits des Stoïciens. —

---

(1) Cette affection pour les écoles de philosophie qu'ils avaient suivies, influe souvent sur les décisions des jurisconsultes romains. *Aliter sentiunt qui à Stoïcis sunt; aliter qui à Peripateticis, aliter qui à Epicureis.* — Gravina, sup. c. 44.

(2) Les Stoïciens étaient connus sous le nom de *sages*. *Doctores sapientiæ secutus est; qui sola bona quæ honesta, mala tantùm quæ turpia, potentiam, nobilitatem, cæteraque extra animum, neque bonis, neque malis adnumerant.* — Tacite, hist. lib. 4, c. 3.

(3) » Les sujets de l'empire avaient puisé dans la philosophie des
» grecs, les notions les plus justes et les plus sublimes sur la dignité
» de la nature humaine, et sur l'origine de la société civile. L'his-
» toire de leur pays leur inspirait une vénération profonde pour cette
» république, dont la liberté, les vertus et les triomphes avaient été
» si célèbres. — Gibbon, ch. 3. — Marc-Aurèle vante le caractère
» de Brutus comme un modèle parfait de la vertu républicaine. —
» *Id*, note 27.

Voy. d'autres exemples dans Gravina, sup. c. 44, et dans Pothier, sup. part. 2, c. 2, § 3.

Considérés comme écrivains, les jurisconsultes de Rome sont recommandables par la gravité et la briéveté de leurs sentences et par l'urbanité et la modestie qui règnent dans leurs opinions. Il faut néanmoins convenir qu'à force de précision, leur style est souvent obscur (1).

---

(1) Pothier, sup.

# TITRE III.

## *Du corps du droit Romain.*

### ARTICLE PREMIER.

#### *De la confection du corps du droit.*

JUSTINIEN conçut ( v. le tit. précédent ) dès la deuxième année de son règne ( l'an 528 de l'ère vulgaire) le projet de faire un nouveau corps de lois. Il en confia l'exécution à Tribonien questeur du palais, ensuite consul, jurisconsulte d'une rare capacité, mais malheureusement très-sujet à céder à l'attrait des richesses et à l'ascendant de la puissance (1). Il le chargea d'abord de la rédaction d'un code ou collection des constitutions impériales, et il lui associa pour cet effet neuf autres jurisconsultes nommés Jean, Leontius, Phocas, Basilides, Thomas, Constantin le trésorier, Théophile, Dioscore et Præsentinus. Cet ouvrage commencé au mois de février 528, fut achevé au mois d'avril de l'année suivante.

Au mois de décembre 530, Justinien chargea Tribonien de la composition d'un digeste ou extrait méthodique (2) des meilleures décisions des anciens auteurs de droit, avec pouvoir de s'adjoindre pour ce travail immense, tels professeurs ou jurisconsultes qu'il jugerait convenable. Ceux qu'il choisit étaient

---

(1) Gravina, sup. n°. 137.

(2) Le titre de *code* fut employé à l'imitation de semblables titres, dont s'étaient déjà servi Gregorius, Hermogénien et Théodose pour leurs collections. Celui de *digeste* avait aussi été adopté précédemment par Julius, Celsus, Marcellus, Scævola, etc. Celui des *instituts* était à la tête de semblables ouvrages de Caïus, Ulpien, etc.

en partie les mêmes qui l'avaient déjà aidé pour le code et se nommaient Constantin, Théophile, Dorothée, Anatolius, Cratinus, Etienne, Mena, Prosdocius, Entolmius, Thimothée, Léonides, Léontius, Platon, Jacques et Jean. Ils s'occupèrent de l'objet de leur commission avec tant d'ardeur qu'en moins de trois ans (1) le digeste fut en état d'être publié, ( au mois de décembre 533 ).

Pendant cet intervalle, Justinien réfléchit que le code ou le digeste étaient beaucoup trop étendus pour être mis d'abord entre les mains des étudians, et il résolut de faire composer des élémens qui pussent leur servir d'introduction à cette étude. Tribonien chargé également de diriger cette opération s'adjoignit Théophile et Dorothée deux des professeurs ou légistes ci-devant rappelés, et ces élémens ou *instituts* furent en état d'être publiés un mois avant le digeste (2).

Dès l'an 530, Justinien avait donné cinquante décisions sur les points du droit ancien les plus contestés, et avait publié plusieurs nouvelles constitutions. Ces changemens dans la législation, joints à beaucoup d'imperfections qu'on avait apperçues dans le code, firent désirer d'en donner une nouvelle édition où l'on corrigeât les défectuosités, et où l'on suppléât les additions. Tribonien, Dorothée, Mena, Constantin et Jean auxquels on en confia le soin, la firent paraître au mois de novembre 534, sous le titre de *codex repetitæ prælectionis*, et le premier code fut abrogé.

Depuis cette époque jusques en 566, année du

---

(1) Le digeste ne fut réellement publié qu'au bout de trois ans, mais il était achevé depuis quelque temps. — V. constit. de confirm. inst. § 2. — Justinien avait cependant donné dix ans pour faire cet ouvrage, mais Tribonien pressé de se faire un nom, précipita son travail : *Potius ex celeritate gloriam quàm posteris utilitatem.* — Gravina, sup. c. 132. — V. aussi Arth. Duck, sup. lib. 1, c. 4, n°. 8.

(2) Les instituts, quoique publiés avant le digeste, n'ont été composés qu'après. — V. ead. const.

décès de Justinien, cet empereur publia un grand nombre de nouvelles constitutions, appelées dans l'usage, *novelles* ( *novellæ* ), et contenant des dispositions additionnelles ou dérogatoires au code. On croit que Tribonien fut l'auteur de la plupart de ces ordonnances.

Le tableau suivant, rédigé par Godefroi (1) et adopté par Gravina ( c. 134) donnera une idée de la célérité que l'on mit dans la confection du corps du droit.

| *Années de l'ère vulg.* | *Consuls.* | *Ouvrages ordonnés ou publiés.* |
|---|---|---|
| 527 | Agorius Usilius, seul. | ( Justinien monte sur le trône ). |
| 528 | Justinien, 2.°, seul. | Il ordonne au mois de février, que le code soit rédigé. |
| 529 | Decius, seul. | Le code est publié le 7 des ides d'avril. |
| 530 | Lampadius et Oreste. | Justinien publie, au commencement de l'année, 50 décisions nouvelles. Le 15 décembre ( 18 des kal. de janv. 531 ), il ordonne de composer le digeste. |
| 531 | Première année après le consulat des précédens. | |
| 532 | Deuxième, *id.* | |
| 533 | Justinien, 3°. seul. | Le digeste étant achevé, il ordonne à la fin de |

_____

(1) Nous avons rectifié dans ce tableau une erreur sur la date des deux premières ordonnances relatives au code, et nous y avons ajouté les dates des mois. — V. constit. de novo C. fac; de Justin. c. confirm.; de emendat. cod. ; de confirm. instit. ; de concept. ff; et de confirm. ff.

| | |
|---|---|
| | cette année, de composer les instituts. |
| | Les instituts sont publiés le 22 novembre, ( le 11 des kal. de décembre ) |
| | Le digeste est publié le 16 décembre ( 17 des kal. de janv. 534 ) et on lui donne force de loi ainsi qu'aux instituts, le même jour. |
| 534 Justinien, 4°., et Paulin. | Il ordonne une nouvelle édition du code. |
| | Cette nouvelle édition est publiée le 17 novembre ( le 16 des kal. de décembre ) |

*Éditions du corps du droit.* On a fait un nombre prodigieux d'éditions du corps du droit. Parmi les éditions anciennes, on distingue celles d'Haloander ( 1531 ), d'Hervagius ( 1541 ), d'A-Porta ( 1552 ), des Florentines ( 1553 ), de Russard, imprimée chez Plantin ( 1567 ), de le Conte ( 1571 ), de Charondas, chez Plantin ( 1575 ), d'Hotman, de Pacius et enfin de Denis Godefroi. Celle-ci a été adoptée par tous les tribunaux et a été réimprimée plus souvent que les autres. — V. Godefroi, biblioth. jur. c. 4. — Terrasson, part. 4, § 3, donne aussi un catalogue de plusieurs bonnes éditions.

## A r t. I I.

### Du Code.

LE code est la collection des ordonnances ou des parties des ordonnances des empereurs romains;

qui étaient observées comme lois, au tems où Justinien ordonna la rédaction de cet ouvrage. Toutes celles qui n'y sont pas comprises furent par là même abrogées, soit qu'elles eussent été comprises dans les codes antérieurs, soit qu'elles eussent été mises au jour séparément, et l'on tâcha, du moins telle était une des bases du plan qu'on s'était tracé, de concilier entr'elles par des corrections ou additions, les ordonnances qu'on avait conservées.

Le code est divisé en douze livres, chaque livre en un assez grand nombre de titres (1), chaque titre en lois, et la plupart des lois en plusieurs §§, qui forment communément autant de décisions (2).

Chaque titre porte une indication à laquelle son contenu répond plus ou moins exactement. Chaque loi contient un ou plusieurs fragmens de constitutions, précédés des noms des empereurs qui les ont rendues, ainsi que des personnes ou corps auxquels ils les ont adressées, et est terminée par une note de l'époque précise de la publication de ces constitutions.

La fixation du nombre des livres du code, n'a point été déterminée ensuite d'une classification générale de matières, mais à l'imitation de la division des douze tables (3).

Au reste, le code embrasse comme le digeste, tout ce qui a rapport au droit public ou privé, sacré ou profane, et civil ou criminel, à la police, etc. de l'empire romain. Il est cependant moins considérable que le digeste. — V. ci-après le 3.e tableau.

La rédaction des lois contenues dans le code, n'est pas uniforme. Le style des constitutions des empereurs qui ont siégé à Rome, est précis et serré, sentencieux et élégant; celui des constitutions faites à Constantinople, telle que celles de Marcien,

---

(1) Depuis 44 jusques à 77.
(2) La partie de la loi qui précède les §§ est appelée *principium*.
(3) Cujas, paralit. C. de vet. jur. enucl.

Zénon,

Zénon, Anastase, Justin et Justinien, est enflé, et plus convenable à un rhéteur qu'à un monarque (1). Ces constitutions sont très-inférieures aux précédentes en éloquence, en majesté et en prudence (2).

## Art. III.
### Du Digeste.

Rassembler en un seul corps les meilleures décisions des jurisconsultes romains, les distribuer dans un ordre méthodique pour faciliter leur étude et leur application, les modifier de manière à anéantir les contradictions qui se trouvaient entr'elles, et sur-tout concilier les maximes opposées des deux sectes dont nous avons parlé, telles ont été les vues principales de Justinien, en ordonnant la composition de la collection célèbre, connue sous les noms de digeste et de *pandectes* (3).

Pour assurer à cet ouvrage un crédit durable, il défendit à tous les jurisconsultes d'y joindre des commentaires, commentaires qui auraient pu ramener la confusion dans laquelle la jurisprudence avait été plongée; et d'employer dans les copies, les notes et abbréviations usitées dans les anciens ouvrages. Il permit seulement de mettre à la tête de chaque titre, des paratitles ou sommaires, qui y serviraient d'introduction.

Il ordonna en outre, que le digeste serait divisé en sept parties et en cinquante livres, chaque livre en plusieurs titres, dont chacun de ceux-ci contiendrait une ou plusieurs lois (il y en a, en tout, 8560).

---

(1) Arth. Duck., sup. c. 3, n.° 10. — Montesquieu a fait la même remarque; esp. des l., liv. 29, ch. 16.

(2) Tribonien a fait dans la composition du code, une faute assez singulière. Il a omis plusieurs ordonnances qui étaient dans la première édition, et auxquelles il se réfère dans divers passages des instituts. — Heineccius, antiquitat. roman. in proem. n. 27.

(3) Pandectæ vient de deux mots grecs (pan décomai), qui signifient *je comprends tout*.

Les lois sont des fragmens d'ouvrages des jurisconsultes ; elles portent chacune pour inscription, la désignation du titre et du livre de l'ouvrage d'où elles sont tirées, ainsi que le nom de l'auteur, quoique souvent elles ne lui appartiennent guères en entier, à cause des corrections que Tribonien y a faites.

Nous ne connaissons pas le motif de la distribution du digeste en cinquante livres, mais Justinien a pris la peine de nous apprendre qu'il faisait diviser cet ouvrage en sept parties, à cause du pouvoir du nombre sept (1).

Au reste, le digeste est extrait de près de deux mille livres sur la jurisprudence, et il contient cent cinquante mille sentences qui ont été tirées de plus de trois cent dix mille que renfermaient ces ouvrages. Il est précédé d'un index dans lequel on a mis la nomenclature des jurisconsultes cités, et de la plus grande partie de leurs livres.

Dans beaucoup d'éditions, le digeste est divisé en trois parties, intitulées : digeste *ancien*, digeste *infortiat* et digeste *nouveau*. La première comprend les vingt-trois premiers livres et les deux premiers titres du vingt-quatrième ; la deuxième commence au troisième titre du vingt-quatrième livre et finit avec le trente-huitième livre ; la troisième enfin, contient le reste de l'ouvrage. On ne connait point les motifs de cette division qui n'est pas légale, Justinien n'y ayant eu aucune part, mais qu'on attribue à des auteurs du 12.ᵉ siècle ; il est ainsi fort inutile de s'y arrêter (2).

La rédaction des lois du digeste est bien supérieure à celle des lois du code. Suivant un critique, le style n'en est pas moins recommandable par la pu-

---

(1) L. 2, §. 1, C. de vet. jur. enucl.

(2) Louis Romain dit que cette division a été faite au hazard et sans raison. --- Arth. Duck, sup. c. 4, n.º 11.

reté que par l'élégance. L'on trouve quelquefois, il est vrai, dans les décisions, de l'obscurité ou de l'incertitude ; mais c'est la faute des compilateurs plutôt que celle des jurisconsultes — Arth. Duck, sup. lib. 1, c. 4, n.os 5 et 8. — V. Heineccius, sup. n.° 29.

## Art. IV.

### Des Instituts.

Les instituts sont des élémens du droit, que Justinien fit rédiger pour servir d'introduction à l'étude du code et du digeste. Nous disons rédiger, parce qu'ils furent extraits des ouvrages de même genre qu'avaient laissé les anciens jurisconsultes, et principalement des instituts de Caïus. Mais comme les auteurs contemporains jugèrent qu'ils étaient la meilleure des trois parties du corps du droit (1), Justinien leur donna force de loi.

Les instituts sont divisés en quatre livres (2) ; chaque livre en plusieurs titres, et chaque titre en diverses subdivisions appelées *paragraphes*, à l'exception de la première qui est nommée principe (*principium*).

Les personnes, les choses et les actions sont les trois grandes divisions qu'on a toujours eu en vue dans le droit ancien. Le premier livre des instituts traite du droit des personnes ; le second, le troisième et les cinq premiers titres du quatrième, des

---

(1) *Quibus libris vix aliquid superfuit elegantius, aut selectius, si quis contextu veterum, mixturam discusserit recentioris œtatis.* — Gravina, sup. c. 133. — Ce livre, dit Cujas, est le plus clair, le plus poli et le plus aisé de tous les livres de droit ; on n'a nul besoin d'interprète pour l'entendre. — Observat. lib. 11, c. 31. — Le style en est uni et facile ; et l'ouvrage a encore cela de particulier qu'on n'y trouve rien qui soit extrait des jurisconsultes postérieurs à Gordien et à Modestin, c'est-à-dire, des jurisconsultes les plus médiocres. — Arth. Duck, sup. lib. 1, c. 14.

(2) Accurse dit que c'est en l'honneur des quatre élémens.

choses; le sixième titre du livre quatrième et les suivans jusques au quinzième, traitent des actions; enfin, les trois derniers titres du même livre traitent des jugemens privés et publics (1). Nous indiquerons les subdivisions des instituts dans les tables analytiques de chaque livre, que nous donnerons ci-après.

## ART. V.

### Des Novelles.

La quatrième et dernière partie du corps du droit est composée des constitutions que Justinien publia (2) depuis la composition des trois précédentes, et auxquelles on donna le nom de *novelles* qu'il avait lui-même indiqué (3). D'abord éparses et publiées pour la plupart en grec, elles furent rassemblées et traduites en latin par un auteur inconnu, vers la fin de son règne, l'an 565 de l'ère vulgaire. Cette version, sur le mérite de laquelle les jurisconsultes sont partagés (4), ayant été approuvée par Justinien ou par Justin 2.e son successeur, est la seule qui soit suivie dans les tribunaux (5), et elle a reçu le nom d'*authentique* (6).

---

(1) On voit que la distribution des instituts en *quatre* livres, n'a aucun rapport à la division générale du droit.

(2) Suivant Gravina, sup. c. 135; le Conte, in præf. nov.. et Arthur Duck, lib. 1, c. 4, n.° 15, les novelles n'ont été publiées que sous Justin II. Pothier qui est d'un avis opposé, se fonde sur un passage de l'historien Paul Diacre. — V. Heineccius, sup. n.° 32.

(3) Cod. de emendat. cod. — Au reste, on avait déjà donné le même nom aux constitutions publiées par ses prédécesseurs, après le code Théodosien. — Pothier, part. 3, c. 1, — Heineccius, sup. n.° 24.

(4) Pothier, Gravina, Alciat, Dumoulin, la regardent comme barbare, tandis que Cujas en fait de grands éloges. — V. Godefroi, bibl. jur. c. 4; Arth. Duck, sup. c. 16. — Heineccius, n.° 32.

(5) Haloander, en 1531; Agyleus, en 1561; Scrimger, et plusieurs autres, en ont cependant fait de plus élégantes. — Gravina, sup. c. 135. — Godefroi, ibid. — Heineccius, ibid.

(6) Parce qu'elle a été faite *mot à mot*, d'après l'ordre de Justinien. — L. 1 et 2, C. veter. jure enucl. — Tandis que celle du professeur

Vers le 12.ᵉ siècle, Irnerius, célèbre jurisconsulte (1), fit des extraits abrégés de chacune des novelles, et les mit à la tête des passages du code qu'elles modifiaient, où auxquels elles ajoutaient ; ce qui les fit nommer les *authentiques* du code. Ces extraits ne sont pas toujours exacts ; il faut avoir recours aux novelles dont ils sont tirés pour bien s'assurer des changemens apportés aux constitutions du code. — V. Wissembach, de mutuo, in f. — Arth. Duck, sup. lib. 1, c. 4, n.° 13.

Peu de tems après, vers 1140, la collection des novelles fut divisée (également par un inconnu), en neuf *collations* ou parties, dont chacune contient plusieurs titres ou novelles. Cette distribution a été conservée dans l'usage, quoiqu'elle soit extrêmement vicieuse ; car on n'y a observé ni ordre de matières, ni ordre chronologique. Ce dernier défaut mérite sur-tout la plus grande attention, parce qu'il arrive souvent que les dispositions des dernières novelles dans une collation, sont abrogées par les novelles précédentes, comme postérieures en date, mais non en arrangement. — Pothier, sup. §. 4.

Le nombre des novelles a varié suivant les éditions ; on en compte aujourd'hui 168 dont l'étendue est à-peu-près égale au tiers de celle du code ; mais il n'y en a que 98 d'observées parmi nous (2) ; les 70 autres (ce sont celles qu'ont trouvé les érudits),

---

Julien, composée en 570, n'est qu'un abrégé. — Gravina, ibid, et c. 136. — Godefroi, hist. jur. c. 8. — Les novelles de Julien ont été publiées par Ant. Augustin et par Fr. Pithou, en 1596.

(1) Irnerius ou Warnerius, que quelques-uns croient italien, d'autres allemand (Gravina, c. 143), avait appris le droit à Constantinople, ville où dans ces tems d'ignorance, ceux des occidentaux qui voulaient acquérir quelque instruction, étaient obligés d'aller faire leurs études. Devenu ministre de Lothaire, ce fut par ses conseils que cet empereur ordonna d'enseigner et d'observer le droit romain. — Arth. Duck, sup. lib. 1, c. 5, n.°ˢ 10 et 14. — V. ci-après art. 6. — Au reste, Heineccius, sup. n.° 33, soutient qu'on attribue mal à propos, les authentiques à Irnerius.

(2) 27 ont été mises au jour d'après l'abrégé de Julien, dont nous avons parlé dans la note 6 ; 40 par Haloander ; les 3 dernières, enfin, par Cujas. — Arth. Duck, sup. n.° 15.

celles de Justin, Léon et autres empereurs, et les 13 édits de Justinien trouvés par Agyleus, qu'on a insérés à la suite des novelles dans beaucoup d'éditions du corps du droit, n'ont pas non plus force de loi. Tous ces ouvrages peuvent seulement être consultés pour l'intelligence des décisions légales. — Gravina, sup. — Arth. Duck, sup. n.° 16 et lib. 2, c. 5, n.° 36.

Les novelles sont précédées d'une préface, dans laquelle on explique le motif de la constitution, et composées de plusieurs chapitres divisés en §§., contenant les décisions ; elles sont terminées par une épilogue qui en ordonne l'observation.

## ART. VI.

### Destinée du corps de droit romain.

La compilation de Justinien n'eut point d'abord une destinée aussi brillante qu'il se l'étoit promis. A peine put-elle pénétrer dans les faibles parties de l'empire d'occident, qui de son tems avaient échappé ou qu'il parvint à arracher aux invasions des barbares. Dès l'an 753, elle fut entièrement livrée à l'oubli, lors de la prise de Ravenne, par Astolphe, roi des Lombards (1) ; les autres provinces suivaient un abrégé du code Théodosien, fait par Anien, en 506, sous Alaric, roi des Visigoths, ou des fragmens, soit des codes Grégorien et Hermogénien, soit des règles d'Ulpien, des instituts de Caïus et des sentences de

---

(1) *Majestate simul, et legibus exuta suis, Italia jugum imperii, legumque subiit barbararum, dominaque rerum humanarum sensu pristinæ libertatis, veterisque magnitudinis per longum ac vile servitium privata, pro Romani splendore atque humanitate juris, belluinas atque ferinas, immanesque Longobardorum leges accepit.* — Gravina, c. 139.

Vers le siècle de Charlemagne, le corps du droit avait presqu'entièrement disparu à Ravenne ; on n'y trouvait plus que la 5.e partie du digeste, qui traite des testamens et des successions. — Arth. Duck, sup. lib. 1, c. 5.

Paul. — Pothier, sup. part. 3, c. 1, art. 2, §. 1.
— Gravina, c. 139. — Godefroi, hist. jur., c. 9.
— Arth. Duck, lib. 2, c. 5, n.° 13.

En Orient, on fit d'abord traduire le corps du droit en grec, et paraphraser les instituts (1). Ces traductions et paraphrases furent observées de préférence au texte original. Une grande partie du corps du droit fut ensuite abrogée par les innombrables novelles que publièrent à son imitation, les successeurs de Justinien. Enfin, dans les dernières années du 8.ᵉ siècle (de 867 à 910), les empereurs, Basile, Léon et Constantin firent successivement travailler à un abrégé du corps du droit, divisé en livres et titres, mais non en lois, et nommé les *Basiliques*. Depuis cette époque, l'ouvrage de Justinien cessa entièrement d'être en usage, et les Basiliques furent le fondement du droit qu'on observa dans l'Orient (2) jusqu'à la destruction de l'empire grec, qui eut lieu en 1453, lors de la prise de Constantinople par Mahomet II (3).

Après la destruction de celui d'Occident, les diverses nations qui en avaient fait partie, se régirent d'après les lois ou coutumes grossières de leurs conquérans, excepté dans les affaires qui n'intéressaient que les vaincus, et alors on permettait à ceux-ci de

---

(1) Cette paraphrase qui fut faite 30 ans après Justinien, par Théophile est plus estimée que les instituts. — Arth. Duck, sup. lib. 1, c. 14. — Doujat en a donné, en 1681, une édition en 2 vol. in-12.

(2) On en publia plusieurs abrégés à diverses époques, entr'autres en 1077. — Godefroi et Pothier, ibid. — V. le catalogue qu'en donne Gravina, sup.; et la note des éditions publiées par les modernes dans Godefroi, bibliot. jur. C. ult. — V. aussi Arth. Duck, lib. 1, c. 5.

(3) Les successeurs de Basile et Constantin firent toutefois un grand nombre de novelles, dont les interprètes modernes ont donné plusieurs éditions, et autr'autres Bonnefoi en 1573, et sur-tout Labbe en 1606. — Godefroi, bibl. jur. c. 5.
Arthur Duck, sup. lib. 1, c. 5, n.° 6, pour donner une idée du discrédit et de l'oubli dans lesquels était tombée la compilation de Justinien, remarque que parmi les ouvrages nombreux qu'on apporta dans l'Occident après la prise de Constantinople, il ne se trouva pas un seul exemplaire de ses 4 parties, excepté des novelles.

suivre le droit romain. — V. ci-après l'hist. du dr. français, art. 1.

Malgré cette tolérance pour les lois romaines, que nous voyons avoir été maintenue par les monarques européens des siècles suivans ( v. la même hist. ), elles tombèrent peu à peu dans l'oubli, et il paraît que vers le milieu du 12.ᵉ siècle, il n'en était plus question, lorsque la découverte des pandectes florentines en ranima tout-à-coup l'étude

Ce manuscrit précieux (1), trouvé au pillage d'Amalfi, en 1136, par les troupes de l'empereur Lothaire II, fut donné aux Pisans qui l'avaient aidé dans son expédition, et passa, en 1406, au pouvoir des Florentins, lorsqu'ils se rendirent maîtres de Pise (2). Vers le même tems, on découvrit aussi une copie du code; et même suivant quelques auteurs, une seconde copie du digeste (3). — Pothier, sup. §. 2; Gravina, c. 140; Arth. Duck, lib. 1, c. 5, n.° 13.

Dès ce moment, les lois romaines se répandirent avec une incroyable rapidité. Lothaire en ordonna l'observation dans tous ses états, et elles furent bientôt enseignées dans les universités d'Occident, surtout dans les universités des provinces méridionales de France, où l'on venait à peine de cesser l'observation du code Théodosien. Du tems même de cet

---

(1) Quelques auteurs ont prétendu que les Florentines étaient le manuscrit original du digeste; mais Ant. Augustin, Alciat, Leconte et Cujas soutiennent que ce n'est qu'une copie faite après la mort de Justinien. — Arth. Duck, sup. lib. 1, c. 4, n.° 10.

(2) Ce manuscrit qu'on nomme *pandectes pisanes* ou *pandectes florentines* ( ce dernier nom est le plus usité ), paraît avoir été apporté de Constantinople à Amalfi, ville maritime où le commerce et les arts étaient très-florissans. Elle était située près de Salerne, dans le royaume de Naple, suivant Gravina, sup. c. 140.

(3) Il y avait déjà plusieurs copies des novelles. Gravina pense, avec raison, que beaucoup de manuscrits du droit civil qu'on avait négligés jusques-là, furent plutôt reconnus que trouvés — Terrasson, part. 4, §. 3, donne la notice de plusieurs autres manuscrits qu'on possède encore.

empereur, il y avait déjà, suivant Cujas, une traduction française du code, fort estimée. Dans les provinces septentrionales où les coutumes avaient depuis long-tems prévalu, l'on ordonna que toutes les contestations, sur lesquelles elles ne prononceraient rien, seraient décidées d'après les dispositions du droit civil (1). Actuellement encore, ce droit y est consulté dans les mêmes cas, comme raison écrite (2).

Les provinces de France où l'on suit le droit romain, et qu'on appelle *pays de droit écrit* (3), sont celles qui relevaient des parlemens de Toulouse, Grenoble, Bordeaux, Aix et Pau, et quelques-unes de celles qui relevaient du parlement de Paris, telles que le Lyonnais, Forez et Beaujolais, et l'Auvergne méridionale. Elles forment aujourd'hui les départemens de Haute-Garonne, Arriège, Tarn, Aude, Hérault, Gard, Ardèche, Lozère, Isère, Drôme, Hautes-Alpes, Gironde, Gers, Hautes-Pyrénées, Lot et Garonne, Dordogne, Lot, Aveiron, Bouches-du-Rhône, Var, Basses-Alpes, Rhône, Loire, Haute-Loire, Cantal et Basses-Pyrénées.

Il en est de même du Comté de Nice et de l'ancienne Savoie qui forment à présent les départemens des Alpes-Maritimes et du Mont-Blanc, et la plus grande partie de celui du Léman.

---

(1) Etablissemens de St.-Louis, liv. 2, ch. 22, année 1270.

(2) V. à ce sujet, les dissertations de Ferriere, hist. du dr. rom., ch. 27 et 28; et de Terrasson, part. 4, §. 8. — V. aussi Arth. Duck, lib. 2, c. 5, n.$^{os}$ 34 et 39.

(3) Par opposition aux provinces Septentrionales appelées *pays coutumiers*.

## Art. VII.

### Du mérite et des defauts du corps du droit Romain.

L'ouvrage qui a le plus contribué à la gloire de Justinien a été, comme son auteur, accablé d'éloges et de critiques également exagérés, à travers lesquels il est difficile de démêler la vérité.

On peut cependant remarquer, 1°. que les adversaires les plus acharnés du corps du droit reconnoissent tous qu'on y a conservé la meilleure et la plus saine partie de la jurisprudence romaine : que les lois y sont en général fondées sur les principes de l'équité et de la raison naturelle, tellement que toutes les nations modernes se sont empressées de les adopter, et qu'elles régissent encore aujourd'hui la plus grande partie de l'Europe, cette patrie des sciences, arts et belles-lettres : qu'il est infiniment probable que la plupart des livres des jurisconsultes d'où elles sont tirées, auraient été détruits comme un si grand nombre d'autres ouvrages, par la superstition, par l'ignorance, ou par les barbares du nord, si Justinien n'en eût conservé dans sa collection les fragmens principaux.

2°. Les partisans exagérés du corps du droit, conviennent de leur côté, qu'on n'y a observé aucune méthode raisonnable dans la division et sous-division des matières : que l'ordre chronologique et analytique y est perpétuellement violé : que la confusion est extrême dans la disposition des passages des divers auteurs : que les contradictions entre les décisions des deux sectes principales n'y ont pas été levées exactement : qu'il y existe aussi beaucoup d'oppositions frappantes entre le sens de plusieurs lois, etc.

Ces aveux échappés aux esprits les plus divisés peuvent nous servir à fixer notre opinion sur la compilation de Justinien. C'est un monument dont l'architecture, est très-vicieuse, soit dans l'ordonnance générale, soit dans les détails, mais dont presque tous les matériaux sont si bons qu'ils ont résisté aux injures des tems, et qu'ils servent encore à la construction d'autres monumens du même genre ; et nous voyons qu'en effet la plupart des décisions des codes modernes sont puisées dans les lois romaines (1).

---

(1) On peut voir à ce sujet, 1°. la longue et faible dissertation dans laquelle Terrasson ( jurispr. rom. part. 3 , § 11 et 12 ) essaye de justifier Tribonien de la plupart des reproches que beaucoup d'auteurs ont fait à sa compilation. 2.° L'éloge pompeux du digeste que Cujas a inseré dans ses Paratitles ( ff. mandati vel cont. ) 3°. Un autre éloge de Pothier, ( In proleg. part. 3, cap. 1, art. 3, §. 3. ) etc. Mais il faut observer que les suffrages de ces deux derniers auteurs, suffrages qui seuls sont d'un très-grands poids, sont détruits dans d'autres parties des ouvrages mêmes où ils sont rapportés, par les reproches continuels qu'ils font à la distribution des matières. *Cujas*, par exemple, observe souvent qu'il y a des titres qui n'ont été mis à la suite de leurs antécédens, que par *homonymie* ou ressemblance d'une partie de leurs intitulés et non des matières. Ainsi le titre *de recepto nautarum* ( dépôt des vaisseaux ) a été mis après le titre des juges arbitres appelés à Rome *judices recepti*, quoiqu'il n'y ait pas le moindre rapport entre ces matières. --- *Pothier* ( supra cap. 2, ) remarque 1°. que souvent les lois n'appartiennent pas aux jurisconsultes auxquels on les attribue. --- 2°. Qu'il y a des contradictions entre un certain nombre de lois qu'il cite , telles qu'entre les lois 11 et 15 , ff. reb. cred. et la loi 34 ff. mandati. --- 3°. Qu'il y a beaucoup de lois éparses dans des titres avec lesquels elles n'ont aucun rapport, etc. --- *Jacques Godefroi* ( in cod. Théod. ) dit que Tribonien a tronqué une partie des constitutions du code ; qu'il a omis beaucoup de choses nécessaires à leur intelligence , telle que par exemple , les faits qui y avaient donné lieu ; qu'il a souvent attribué des lois à des empereurs qui en avaient publié de contraires, etc. -- *Hotman* ( de l'étud. des lois, ch. 12, ) observe qu'il n'y a ordre , suite , ni disposition, en aucune matière du digeste ; que, par exemple , dans le titre de la loi Julia de adulteriis , le premier morceau , extrait des livres de Triphoninus , appartient au dixième article de la loi ; le deuxième, extrait de Jabolenus , appartient au sixième ; le troisième, tiré de Papinien, appartient au premier, etc. tellement que la loi qui est la dernière aurait dû être souvent la première ; qu'il y a d'ailleurs si peu de suite et de liaison entre ces fragmens qu'ils ressemblent à un coq-à-l'âne, etc. --- Nous avons aussi observé ( page 26 ) que les rédacteurs confondaient souvent les diverses parties du droit, et qu'ils en font dériver indifféremment les mêmes principes. Ils confondent quelquefois, par exemple , le droit des gens avec le droit naturel ( v. inst. rer. div. --- L. 5, ff. inst. et jur. --- Pothier, pand. just. h. t. in not. --- Bald. ad inst. tit. 2. § jus autem , etc. ), ou le droit privé avec le droit public, ( v. Cujas , t. h. part. 2, pag. 12 , ad. tit. ff. just. et jur. ) ; quelquefois aussi ils appliquent le droit civil à diverses branches du droit privé ( v. inst. jure nat. ; --- l. 6, ff. lib. 1, tit. 1 ; --- l. 2, ff. or. jur. ; --- Glos, ad l. 9, ff. cod. ; --- l. 8 et 11, ff. eod. ) ; etc. . . . Il faut donc

## Art. VIII.

### Des meilleurs interprètes du droit romain.

CUJAS est considéré comme le premier des interprètes du droit romain et même comme le plus grand de tous les jurisconsultes (1). Né à Toulouse de parens très-obscurs (2), il y étudia les élémens du droit sous Arnoul Ferrier, mais il dut bien moins aux leçons de ce maître peu connu, qu'à ses propres études. Elles furent couronnées d'un succès si rapide, qu'avant l'âge de 30 ans il put concourir pour une chaire de droit. Si ses concitoyens (3) fermèrent les yeux sur son mérite, le célèbre l'Hospital, plus judicieux, le fit bientôt placer à l'université de Bourges, dont Cujas accrut la célébrité par ses leçons profondes et savantes; il passa ensuite à celle de Valence et fut nommé conseiller d'honneur au parlement de Grenoble, et successivement conseiller en charge (4). Il retourna enfin à Bourges et il y termina, au milieu de ses disciples chéris, une

---

convenir que les vices de rédaction imputés au corps du droit sont réels, et qu'ils ne peuvent être couverts par des éloges vagues, par des éloges qui ne sont pas appuyés de preuves. — V. Heineccius, sup. n.° 25.

(1) *Jacobus Cujacius jurisconsultorum retrò seculis et sua ætate princeps.* — De Thou, hist. lib. 62, in f.

(2) Le père de Cujas était foulon et se nommait *Cujaus*.

(3) On préféra à Cujas pour la chaire de Toulouse, Forcadel qui lui était infiniment inférieur en connaissances. Outré de cette injustice, il jura de ne plus retourner dans sa patrie et il se refusa effectivement à toutes les sollicitations que lui firent dans la suite, les Toulousains honteux de leur sottise. *Frustrà absentem requiritis quem presentem neglexistis*, sont les seuls mots que contenait une de ses réponses.

(4) Cujas pour être reçu conseiller honoraire, éprouva de très-grandes difficultés de la part du procureur-général du parlement. La lecture des conclusions que ce magistrat prit sur les diverses requêtes du jurisconsulte, est une preuve frappante du peu de crédit du mérite auprès de la médiocrité animée de l'esprit de caste et de corporation. — V. op. prior. Cujac. l. 1, in princ. grande édition.

vie empoisonnée par les chagrins que lui causèrent les guerres civiles, ainsi que les tracasseries religieuses et politiques auxquelles il fut en butte pour n'avoir voulu se prononcer ni en faveur des protestans, ni en faveur des catholiques (1).

Cujas excellait également dans l'histoire, les lettres, la philosophie, les langues et la législation. Tous ses ouvrages et sur-tout ses *observations*, étincellent d'une critique lumineuse appuyée de la plus étonnante érudition (2). Il est, dit Gravina, (sup. c. 180) le père de la vraie jurisprudence, et il aurait pû s'il fût venu plutôt au monde, tenir lieu de tous les commentateurs ; *neque aliquid ignorare per illum, neque sine illo discere quidquam licet.*

Les jurisconsultes qu'on place après Cujas, sont :
1°. Charles Dumoulin, avocat au parlement de Paris, encore plus renommé par ses écrits sur le droit coutumier dont il est regardé comme l'oracle, que par ses excellens traités et commentaires de droit écrit : ouvrages bien surprenans par leur nombre et leur mérite, si l'on fait attention aux traverses continuelles que lui firent éprouver pendant les vingt dernières années de sa vie, ses opinions religieuses trop favorables aux protestans (3).

2°. Jacques Godefroi, professeur de droit à Genève où s'était réfugiée sa famille persécutée pour les mêmes opinions. — On le regarde comme le savant le plus universel des jurisconsultes, et Gravina ( c. 184 )

---

(1) Quand on lui parlait des opinions de Calvin, *nihil hoc ad edictum prætoris*, répondait-il. Ce mot l'a fait accuser d'irréligion.

(2) Les *paratitles* de Cujas sur le code et le digeste, méritent encore d'être citées. Le plus grand jurisconsulte que notre pays ait produit, le citoyen BARTHELLEMI-D'ORBANNE, estimait qu'on devait enjoindre l'étude à celle des instituts, si l'on voulait faire des progrès rapides dans la jurisprudence romaine. D'après les conseils d'un guide aussi éclairé, je fis une traduction abrégée des paratitles, après avoir terminé mon cours de droit.

(3) Jamais jurisconsulte n'a été plus universellement comblé d'éloges et ne s'est aussi plus admiré que Dumoulin. *Ego*, disoit-il, *qui nemini cedo et à nemine doceri possum.*

le place immédiatement après Cujas. Ceux de ses nombreux ouvrages qui attestent le plus la variété et l'étendue de ses connaissances et que les dignités éminentes que lui conférèrent les Genevois, ne l'empêchèrent pas de composer, sont le code Théodosien, les quatre sources du droit civil et le manuel du droit.

3°. Robert-Joseph Pothier, conseiller au présidial et professeur de droit à l'université d'orléans. — Son *pandectæ justinianeæ in novum ordinem digestæ*, est l'ouvrage le plus utile qui ait paru sur le droit romain. On ne sait qu'admirer le plus ou de l'immensité et de la difficulté de l'entreprise, ou de la simplicité des nouvelles divisions qu'il a adoptées, de la pureté des définitions, de la clarté des explications qui s'y rencontrent trop rarement.

4.° Pierre Pithou, avocat, ensuite procureur général au parlement de Paris. — Il a sur-tout travaillé (1) à rétablir et rassembler les textes mutilés et épars des lois anciennes. Son ouvrage le plus remarquable est la collection des lois mosaïques et romaines.

5° Antoine Augustin, de Sarragoce, successivement auditeur de rôte, évêque d'Alife, de Lerida et enfin archevêque de Tarragonne. — C'est un des plus savans hommes que l'Espagne ait produit (2). Nous avons beaucoup fait usage de son savant traité de legibus et senatus-consultis. — V. Gravina, c. 174.

6.° François Baudouin, professeur de droit aux universités de Bourges, Strasbourg, Heidelberg, Douai, Besançon, Paris, Angers, et enfin conseiller d'état d'Henri III. — Ses divers traités et commentaires de droit, et entr'autres celui des lois de Romulus,

---

(1) Il a été souvent aidé, dans ce travail, par son frère, François Pithou.

(2) Antonius Augustinus, jurisconsultus elegans et tersus, dit Cujas; observ. Lib. 1. c. 9.

sont distingués par beaucoup d'esprit et d'érudition.

7.º Jean Vincent Gravina, du diocèse de Cozence en Calabre, professeur de droit à Rome. -- Ses origines du droit civil et son esprit des lois romaines où l'on prétend que Montesquieu a beaucoup puisé, lui ont assuré une gloire immortelle.

Nous indiquons dans le 6.ᵉ tableau, la date de la naissance et du décès, et les principaux ouvrages des jurisconsultes les plus accrédités (3).

---

(3) En Portugal, les ordonnances veulent, qu'à défaut des lois de l'état et du droit romain, on ait recours à Bartole et aux gloses d'Accurse; en Espagne, les opinions de Jean-André et de Panormitanus servent de loi dans les matières canoniques, et celles de Bartole et de Balde, dans les matières civiles. = Arth. Duck, lib. 1, c. 8, n.º 6. = Nous n'avons cependant pas mis ces hommes au rang des plus grands jurisconsultes; c'est qu'en France on a su apprécier leurs ouvrages, qui sont en effet bien inférieurs à ceux des personnages célèbres indiqués ci-dessus... Un des grands défauts des glossateurs, c'est qu'ils n'approfondissent aucune matière, et qu'ils suivent presque toujours, dans leurs décisions, l'avis de ceux qui les ont précédés. On compare avec justice, dit Arthur Duck, (sup. n.º 11), nos docteurs à des *grues* et à des *étourneaux qui vont toujours à la suite des premiers oiseaux de leur troupe*. Aussi estime-t-on mieux l'avis de 5 ou 6 bons jurisconsultes qui ont traité *ex professo*, d'une matière, que celui de 50 interprètes qui ne l'ont qu'effleurée. Il faut cependant dire que Cujas (observat. 16, lib. 12), préfère Accurse à tous les autres glossateurs, et qu'il ne fait aucun cas de ceux-ci, même de Bartole, lorsqu'ils s'écartent de l'avis d'Accurse.

# Appendix a l'Histoire Abrégée du Droit Romain.

## §. I.er

*Tableau des Empereurs romains jusques à Justinien, avec l'indication de l'année (de l'ère vulgaire) de leur avènement à l'Empire, et du nombre de leurs lois qu'on a insérées dans le Code.*

| Années. | | Lois. |
|---|---|---|
| (1) | César | » |
|  | Auguste | » |
| 14 | Tibère. | » |
| 37 | Caligula | » |
| 41 | Claude | » |
| 54 | Néron | » |
| 68 | Galba | » |
| 69 | Othon | » |
| 69 | Vitellius | » |
| 69 | Vespasien | » |
| 79 | Titus | » |

(1) On regarde, en général, Jules César, comme le 1.er des empereurs, parce qu'il fut réellement maître du monde romain, après la victoire de Pharsale, l'an 48, avant l'ère vulgaire, et 706 de la fondation de Rome; mais, comme à sa mort, (années 44 et 710), la république renaquit pendant quelque tems, plusieurs chronologistes ne font commencer l'empire qu'à la fin des années 43, avant notre ère, et 711 de Rome, époque du triumvirat d'Antoine, Octave et Lepidus. On devrait même reculer cette époque jusques à la bataille de Philippe, années 42 et 712. Dès lors, Octave et Antoine furent à-peu-près les seuls maîtres du monde, jusques à la bataille d'Actium, (années 31 et 720), qui donna tout-à-fait l'empire à Octave, nommé ensuite Auguste. L'ère vulgaire correspond à la 31.e année de son règne, et à la 764.e de Rome. = V. les tablettes chronologiques de Lenglet-Dufresnoi.

| Années. | | Lois. |
|---|---|---|
| 81 | Domitien | » |
| 96 | Nerva | » |
| 98 | Trajan (1) | » |
| 117 | Adrien | 1 |
| 138 | Antonin le pieux | 9 |
| 161 | Marc-Aurèle et Lucius Verus (2) | 5 |
| 172 | Marc-Aurèle, seul | 4 |
| 176 | *Id.* et Commode | » |
| 180 | Commode, seul | » |
| 193 | Pertinax | 2 |
| 193 | Didius Julianus | » |
| 193 | Sévère (3) | » |
| 198 | *Id.* et Caracalla | 186 |
| 208 | *IId.* et Geta | » |
| 211 | Caracalla et Geta | » |
| 212 | Caracalla (4), seul | 250 |
| 217 | Macrin | » |
| 218 | Héliogabale (5) | 1 |
| 222 | Alexandre Sévère | 449 |
| 235 | Maximin (6) | 3 |
| 237 | Gordien l'ancien et Gordien le jeune | » |

(1) On ne trouve dans le corps du droit, aucune loi des 14 premiers empereurs. Cela confirme l'opinion de ceux qui prétendent qu'ils n'acquirent le droit législatif que par une usurpation insensible, et que la loi regia est supposée ; — cependant les décisions ou opinions de quelques-uns de ces empereurs sont citées plusieurs fois dans le digeste, par les jurisconsultes ; il en est de même de celles de leurs premiers successeurs. Voici le nombre de ces citations : Auguste, 15 ; Claude, 5 ; Trajan, 17 ; Antonin, 80 ; Marc-Aurèle et Verus, 40 ; Marc-Aurèle, seul, 20 ; Marc-Aurèle et Commode, 30 ; Commode, seul, 2 ; Pertinax, 1 ; Sévère, seul, 20, Sévère et Caracalla, 60 ; Néron, Vespasien et Nerva sont également cités plusieurs fois, et Adrien très-souvent.

(2) nommés dans le droit, M. Antoninus et Lucius Verus, ou bien, *divi fratres*.

(3) Je ne place point ici les compétiteurs de Sévère, Pescennius Niger et Clodius Albinus. Ils ne furent point reconnus par le sénat, et ils ne sont point cités dans le corps du droit.

(4) Nommé dans le droit, M. Aurelius Antoninus, ou seulement Antoninus.

(5) Il est nommé dans le droit, Antoninus Ælagabalus.

(6) Maximin vécut jusques en 538.

G

| Années. | | Lois. |
|---|---|---|
| 237 | Maxime (Pupienus, dit), et Balbin | » |
| 238 | Gordien III | 267 |
| 244 | Philippe | 39 |
| » | Philippe père et Philippe fils | 38 |
| 249 | Dece | 7 |
| 251 | Hostilien (1), Gallus et Volusien | 2 |
| 253 | Emilien | » |
| 253 | Valérien et Gallien | 76 |
| 260 | Gallien, seul | 4 |
| » | Gallien et Valérien II | » |
| 268 | Claude II (2) | 2 |
| 270 | Aurélien | 5 |
| 275 | Tacite | » |
| 276 | Probus | 4 |
| 282 | Carus, Carin et Numérien | 4 |
| 283 | Carin et Numérien (3) | 6 |
| 284 | Dioclétien | 10 |
| 286 | Id. et Maximien Hercule | 1073 |
| 304 | Constance Chlore et Galère (4) | 2 |
| 306 | Galère et Sevère (5) | » |
| 307 | Galère, Licinius, Maximin, Maxence et Constantin | 1 |
| 311 | Les quatre derniers | » |
| 312 | Licinius, Maximin et Constantin | » |
| 313 | Licinius et Constantin | » |
| 324 | Constantin-le-Grand | 219 |
| 337 | Contantin le jeune, Constance et Constant | 6 |
| 340 | Constance et Constant | 3 |
| 350 | Constance, seul | 26 |
| 361 | Julien (6) | 11 |

(1) Hostilien n'est pas nommé dans les lois des 2 autres empereurs.
(2) Ou Flavius Claude.
(3) Carin vécut jusqu'en 285.
(4) Ils étaient Césars depuis 291.
(5) Constantin devint, de fait, empereur en 307.
(6) Il était César depuis 355.

| Années. | | Lois. |
|---|---|---|
| 363 | Jovien | 1 |
| 364 | Valentinien et Valens | 65 |
| 367 | IId. et Gratien | 49 |
| 375 | Valens, Gratien et Valentinien II, | 16 |
| 378 | Gratien et Valentinien II | 4 |
| 379 | Les mêmes et Théodose | 109 |
| 383 | Théodose et Valentinien II | » |
| 387 | Théodose seul | 22 |
| 388 | Valentinien II, Théodose et Arcadius | 64 |
| 392 | Théodose et Arcadius | 21 |
| » | IId. et Honorius | 33 |
| 395 | Arcadius et Honorius (1) | 125 |
| 401 | IId. et Théodose le jeune | 31 |
| 408 | Honorius et Théodose le jeune | 146 |
| 423 | Théodose le jeune (2), seul | 10 |
| 425 | Théodose le jeune et Valentinien III, | 164 |
| 450 | Valentinien III, seul | » |
| 450 | Valentinien III et Marcien | 9 |
| 455 | Marcien (3), seul | 9 |
| 455 | Marcien et Avitus | » |
| 457 | Léon et Majorien | » |
| 461 | Léon (4), seul | » |
| 467 | Léon et Anthemius | 26 |
| 472 | Léon (5), seul | 44 |

(1) L'empire romain est divisé en empire d'Orient et empire d'Occident.

(2) Constance partagea, pendant 7 mois, en 423, le trône d'Occident avec Honorius, mais il ne fut pas reconnu par Théodose.

(3) Maxime qui, en Occident, succéda pendant trois mois à Valentinien, n'avait pas été reconnu par Marcien.

(4) Interrègne en Occident... Sévère que Vicimer plaça sur le trône et y maintint pendant 3 mois, ne fut pas reconnu par Léon, ni même par les généraux les plus puissans de l'Occident.... Cujas a cependant trouvé deux de ses constitutions, et 9 de Majorien.

(5) En 472, Olybrius succéda à Anthémius, et il régna une année; mais il ne fut pas reconnu publiquement par Léon.

| Années. | | Lois. |
|---|---|---|
| 474 | Léon et Julius Nepos (1) . . | » |
| 474 | Léon le jeune et Zénon . . | 4 |
| 474 | Zénon, seul . . . . | 60 |
| 491 | Anastase . . . . . | 49 |
| 518 | Justin . . . . . | 6 |
| 527 | Justin et Justinien . . | 2 |
| 527 | Justinien (2), seul . . | 374 |

## §. II.

*Tableau chronologique des Jurisconsultes Romains, avec l'indication du nombre des livres qu'ils ont publiés (3) sur le droit, et de celui des lois du digeste (4) qu'on a extraites de ces livres.*

### ARTICLE PREMIER.

*Jurisconsultes qui ont paru avant le siècle de Cicéron (5).*

| | Livres. | Lois. |
|---|---|---|
| Sextus Ælius Pœtus (6) . . | 1 | » |

---

(1) Glycerius régna en Occident, pendant l'année 473, mais il ne paraît pas qu'il ait été reconnu par Léon.

A Julius Nepos succéda, en 476, Romulus Augustule, avec qui, la même année, ou en 479, s'éteignit l'empire d'Occident.

(2) Nous avons dressé ce tableau en conférant les tablettes chronologiques de Lenglet avec les histoires exactes de Gibbon et de du Buat. La chronologie de Ferrière et de Terrasson (hist. du droit rom.), est pleine de fautes, et leurs jugemens sur les empereurs, ne méritent pas d'être consultés.

(3) Plusieurs des jurisconsultes romains ont publié vraisemblablement un nombre de livres plus grand que celui indiqué dans le tableau. Dans le doute, on a porté le nombre le plus faible, mais le plus certain. — V. l'index justinianæus dans le pand. de Pothier.

(4) Les jurisconsultes des ouvrages desquels on n'a point extrait de lois, sont néanmoins cités plusieurs fois dans le corps du droit. — Les noms imprimés en lettres *italiques* sont ceux des jurisconsultes, auteurs des lois du digeste.

(5) Avant l'an 650 de Rome, qui correspond à l'an 104 avant l'ère vulgaire.

(6) V. ci-devant, page 53.

|  | Livres. | Lois. |
|---|---|---|
| Caton (1) . . . . | plusieurs. | » |
| P. Mucius Scævola . . | 10 | » |
| Manilius . . . . | plusieurs. | » |
| Brutus . . . . . | 7 | » |
| Drusus . . . . . | plusieurs. | » |

## ART. II.

*Jurisconsultes du siècle de Cicéron* (2).

### SECTION PREMIÈRE.

*Avant Jules César* (3).

|  |  |  |
|---|---|---|
| P. Rutilius . . . . | plusieurs | » |
| Q. Ælius Tubero . . . | » | » |
| Q. Mucius Scævola, le pontife. | 19 | 4 |
| C. Aquilius Gallus . . | » | » |

### SECTION II.

*A la fin de la République et au tems de Jules César.*

|  |  |  |
|---|---|---|
| S. Sulpicius . . . . | 180 | » |
| Q. Cornelius Maximus . . | » | » |
| Labeo Antistius, pater . . | » | » |
| Gr. Flaccus . . . . | 1 | » |
| Æl. Gallus . . . . | 1 | 1 |

---

(5) Fils du censeur. Son père et son frère étaient aussi jurisconsultes.

(1) An 648 à 750 de Rome, ou le dernier siècle avant l'ère vulgaire.

(2) Pomponius, L. 2, ff. or. jur., §. 40, nomme aussi, comme florissans à cette époque, les J.-C. P. Verginius, S. Pompée, oncle du grand Pompée, C. Antipater, L. Crassus Mucianus, S. Papyrius, C. Juventius, et Lucilius Balbus ; mais ils ne sont cités dans aucun autre passage du digeste.

## SECTION III.

*Au tems de César et jusqu'à l'ère vulgaire.*

|  | Livres. | Lois. |
|---|---|---|
| A. Ofilius | plusieurs. | » |
| A. Cascellius | 1 | » |
| Trebatius Testa | plusieurs. | » |
| Q. Ælius Tubero, élève d'Ofilius.. | Id. | » |

## ART. III.

*Jurisconsultes depuis l'ère vulgaire jusqu'à Adrien.*

### SECTION PREMIÈRE.

*Au tems d'Auguste.*

|  | Livres | Lois |
|---|---|---|
| Alfenus Varus | 45 | 31 |
| Auf. Namusa | 140 | » |
| C. Ateïus Pacuvius | plusieurs | » |
| P. Gellius | » | » |
| Antistius Labeo, fils | 56 | 69 |
| Ateius Capito | plusieurs. | » |
| Blæsus | » | » |
| Vitellius (1) | plusieurs. | » |

### SECTION II.

*Depuis Tibère jusqu'à Vespasien.*

| | | |
|---|---|---|
| Mass. Sabinus (2) | 12 | » |

---

(1) Pomponius cite encore T. Cœsius, Auf. Tucca, et Fl. Priscus; il n'en est pas fait mention dans d'autres lois du digeste.

(2) Quoique les 2 Sabinus, Cassius et Pegasus soient mis dans l'index de Justinien, au nombre des auteurs du digeste, aucune loi n'a été tirée de leurs ouvrages, qui, toutefois, sont cités très-souvent.

|  | Livres. | Lois. |
|---|---|---|
| Cocc. Nerva, père | » | » |
| *C. Cassius Longinus* | plusieurs. | » |
| *Proculus* | 11 | 37 |
| Fulcinius Priscus | » | » |
| Mela | » | » |
| Cartilius | » | » |
| Cocc. Nerva, fils | » | » |
| Attilicinus | » | » |

## SECTION III.

*Depuis Vespasien jusqu'à Adrien.*

|  | Livres. | Lois. |
|---|---|---|
| Cælius Sabinus | 1 | » |
| Pegasus | » | » |
| Juv. Celsus, père | » | » |
| *Pr. Javolenus* | 35 | 206 |
| Aristo | plusieurs. | » |
| *Neratius Priscus* | 32 | 64 |
| Arrianus | plusieurs. | » |
| Plautius | id. | » |
| Minicius Natalis | id. | » |
| Urseius Ferox | » | » |
| Varius Lucullus | » | » |
| Fufidius | plusieurs. | » |

## ART. IV.

*Jurisconsultes depuis Adrien jusqu'aux Gordiens.*

### SECTION I.re

*Tems d'Adrien et d'Antonin le Pieux.*

|  | Livres. | Lois. |
|---|---|---|
| L. Celsus, fils | 60 | 141 |
| JULIEN ( *salv. Julianus* ) | 121 | 457 |

|  | Livres. | Lois. |
|---|---|---|
| Aburnius ou Aburnus Valens. | 14 | 19 |
| Lælius. | » | » |
| Vindius. | » | » |
| Africanus. | 10 | 129 |
| Vol. Mæcianus | 32 | 42 |
| Ulp. Marcellus. | 48 | 161 |
| Val. Severus. | » | » |
| Ter. Clemens. | 20 | 35 |
| Publicius. | » | » |
| Pact. Clemens. | » | » |
| Campanus | » | » |
| Octavenus. | plusieurs. | » |
| Vivianus. | id. | » |
| S. Pedius. | » | » |

## Section II.

### Tems de Marc-Aurele et de Commode.

|  | Livres. | Lois. |
|---|---|---|
| CAIUS ou GAIUS. | 100 | 534 |
| S. Pomponius. | 218 | 588 |
| Q. Cerbidius Scævola. | 74 | 306 |
| J. Mauricianus | 9 | 6 |
| Papyrius Justus. | 20 | 16 |
| Papyrius Fronto. | plusieurs. | » |
| Venuleius Saturnin (1) | 50 | 70 |
| Tarentenus Paternus. | 4 | 2 |

## Section III.

### Depuis Sévère jusqu'aux Gordiens.

|  | Livres. | Lois. |
|---|---|---|
| Callistratus. | 21 | 98 |

---

(1) Les interprètes ne sont pas d'accord sur le prénom de Saturnin; quelques-uns pensent qu'il y a eu 2 et même 3 jurisconsultes du nom de Saturnin. — V. Pothier, part. 2, o. p, n° 72.

|  | Livres. | Lois. |
|---|---|---|
| Œm. PAPINIEN. | 62 | 598 |
| *Arrius Menander.* | 4 | 9 |
| *Tertullien* | 9 | 5 |
| Jul. PAUL. | 347 | 2079 |
| Dom. ULPIEN (1) | 259 | 2452 |
| Œl. Marcien. | 30 | 272 |
| *Cl. Triphoninus.* | 22 | 79 |
| *Lic. Rufin* | 12 | 17 |
| Œm. Macer. | 8 | 62 |
| *Her. Modestin.* | 100 | 343 |
| *Florentinus.* | 12 | 42 |

## ART. V.

### *Depuis les Gordiens jusques à Constantin.*

Pendant le long intervale qui s'écoula entre le règne de Gordien le jeune et celui de Constantin, on ne vit paraître aucun homme de loi digne du titre de jurisconsulte, ni aucun écrivain dont les ouvrages en ce genre nous soient connus. Les deux siècles suivans, depuis Constantin jusqu'à Justinien, quoique moins stériles, n'ont produit que trois jurisconsultes qu'on ait pu citer dans la collection du droit romain, encore sont-ils bien inférieurs en mérite à ceux que nous venons d'indiquer. Ce sont :

| | | |
|---|---|---|
| *Hermogénien.* | 6 | 111 |
| *Arcadius Charisius.* | 3 | 6 |

---

(1) Comme le digeste ne contient qu'environ 9100 lois, la moitié de cette collection a été tirée des ouvrages d'Ulpien et de Paul.

( 106 )

|  | Livres. | Lois. |
|---|---|---|
| *Julius* ou *Gallus Aquila*. | plusieurs. | 2 |

## ART. VI.

*Jurisconsultes dont le tems n'est pas certain.*

| | Livres. | Lois. |
|---|---|---|
| Puteolanus. | 1 | » |
| Paconius. | « | » |
| Furius Antianus. | 5 | 3 |
| Rut. Maximus (1) | 1 | 1 |

## § III.

*Table indicative des principales matières traitées dans chaque livre du code.*

LIVRE 1.er ; 57 titres. — Droit canonique, tit. 1 à 13; lois, 14—17; ignorance du fait et du droit, 18; magistrats divers de l'empire et leur juridiction, 19—57.

Livre 2 ; 58 titres. — Procédure civile, 1—5; défenseurs, 6—17; restitutions en entier, 19—54; arbitres, 55; formules et serment de calomnie, 56—58.

Livre 3 ; 44 titres. — Ordre judiciaire, 1—27; inofficiosité, 28—30; demande d'hérédité,

---

(1) Nous avons presqu'entièrement extrait ce tableau de la notice de Pothier, bien supérieure à celle de Terrasson, sous le rapport de l'érudition, de la critique et de l'exactitude. N'est-ce pas une dérision de la part de ce dernier auteur, d'avoir compris au nombre des jurisconsultes, César, Pompée et Sylla, parce qu'ils ont porté quelques lois en leur qualité de dictateur ou de consul ? Autant vaudrait appeler de ce nom, Auguste et ses successeurs jusques à Adrien, parce qu'ils ont proposé divers sénatus-consultes ; autre chose est d'être dirigé par des hommes de loi, et d'en avoir soi-même les talens ou d'en avoir fait les études.

A l'égard des livres faits par les jurisconsultes romains, des lois qui en ont été extraites, et des constitutions des empereurs, nous en avons calculé le nombre, savoir pour les livres, d'après les notes de Pothier sur l'index justinianæus, et pour les lois et constitutions sur les index de Jacques Labitte, d'Ant. Augustin et de Volfangus Freymonius. Les indications de Terrasson sont inexactes et incomplettes.

31—32 ; servitudes, 33—34 ; plaideurs communistes, 36—38 ; limites des héritages, 39 ; actions noxales et ad exhibendum, 41—42 ; jeux, 43 ; sépultures, 44.

*Livre 4 ; 66 titres.* — Actions naissantes des divers contrats et obligations ; du *mutuum et promutuum*, 1—18 ; du commodat et du gage, 23—24 ; du dépôt, du mandat et de la société, 34—37 ; de la vente et de ses accessoires, 38—64 ; du louage et de l'emphytéose, 65—66 ; preuves littérale et orale, 19—22 ; Macédonien et Velléïen, 28 et 29 ; exceptions d'argent non compté, 30 ; compensations, 31.

*Livre 5 ; 75 titres.* — Mariages, conventions et donations y relatives, 1—10, 16 ; dots, 11—15, 18—23 ; divorces 17 et 24 ; alimens, 25 ; concubines, 26 ; bâtards et légitimation, 27 ; tutelles et curatelles, 28—69 ; aliénation des biens du mineurs, 71—75.

*Livre 6 ; 62 titres.* — Esclaves et affranchis, 1—8 ; successions prétoriennes, 19—20 ; testamentaires, 21—54 ; ab intestat 55—58 ; des fils de famille 60—61 ; des décurions et autres, 62.

*Livre 7 ; 75 titres.* — Affranchissemens, 1—25 ; prescription et possession, 26—41 ; incompétence, 48 ; dépens, 51 ; exécutions et aveux, 52—60 ; appel, 61—70 ; cessions, 71 ; saisies et ventes de biens, 72 ; privilèges du fisc et de la dot, 73—74 ; révocation des aliénations frauduleuses, 75.

*Livre 8 ; 59 titres.* — Interdits, 1—12 ; gages et hypothèques, 14—34 ; stipulations utiles et inutiles, 37—38 ; solidité, 39 ; caution, 40 ; novations, 41 ; délégations, payemens, acceptilations, évictions,

42—45 ; puissance paternelle, adoptions, émancipation, captivité, droit de retour, etc., 46—52 ; donation, 53—59 ; exposition des enfans, 51 ; longue coutume, 52 ; célibataires, 57.

*Livre 9 ; 51 titres.* — Procédure criminelle, 1—51 ; accusation, 1—6 ; jugemens publics des grands crimes, tels que ceux de lèse-majesté, adultère, fornication, rapt, homicide, faux, sédition, 7—31 ; jugemens privés de divers délits, tels que l'expoliation d'hérédité, le stellionat, l'injure, 32—39 ; suite de la procédure ; contumaces, etc. 40—55 ; exécution et confiscation, 46—51.

*Livre 10 ; 76 titres.* — Droit du fisc sur les biens vacans, trésors trouvés, etc. 1—30 ; droit municipal romain, 31—69 ; finances, 70—76 ; domicile, 37 ; infâmie, 58.

*Livre 11 ; 77 titres.* — Corps et communautés, lois somptuaires, police particulière à l'empire sur les jeux, la chasse, la pêche, etc., 1—57 ; cens, censitaires, colons, etc, 58—77.

*Livre 12 ; 64 titres.* — Dignités de l'empire, discipline militaire, dons faits à l'empereur, etc. 1—51 ; appariteurs, leurs fonctions et exactions, 52—64.

§. IV.

*Table indicative des principales matières traitées dans le digeste.*

I.re PARTIE.

*Principes.*

LIVRE 1 ; 22 titres ; 234 lois. — Principes et histoire du droit ; lois, coutumes, personnes et choses, magistrats.

*Livre* 2; 15 *titres* ; 205 *lois*. — Jurisdiction, assignation, féries et délais, production de l'action, pactes et transactions.

*Livre* 3; 6 *titres* ; 182 *lois*. — Postulation, procureurs, gestion des affaires, notés d'infamie.

*Livre* 4; 9 *titres*, 249 *lois*. — Restitutions en entier, juges par compromis, compromis, dépôts des vaisseaux.

## II. PARTIE.

### *Jugemens.*

*Livre* 5; 6 *titres*; 187 *lois*. — Actions *in rem* universelles.

*Livre* 6; 3 *titres* ; 100 *lois*. — — Particulières, civiles et prétoriennes.

*Livre* 7; 9 *titres* ; 177 *lois*. — — Venant du droit de propriété ou des servitudes personnelles.

*Livre* 8; 6 *titres* ; 163 *lois*. — — Des servitudes rustiques; nature de chaque servitude.

*Livre* 9; 4 *titres* 112 *lois*. — — *Noxales* in rem ou personnelles, loi aquilia.

*Livre* 10; 4 *titres* ; 121 *lois*. — — *Mixtes*, finium regundorum, familiæ erciscundæ, communi dividundo, ad exhibendum.

*Livre* 11; 8 *titres* ; 108 *lois*. — Interrogatoires, jugemens, choses sacrées, funérailles.

## III.<sup>e</sup> PARTIE.

### *Choses.*

*Livre* 12; 77 *titres* ; 102 *lois*. — Actions *personnelles* ou *condictions* certi ex mutuo, choses prêtées, serment.

*Livre* 13; 7 *titres* ; 132 *lois*. — Condictions d'autre genre, contrats de *re*, commodatum et pignus.

*Livre* 14; 5 *titres* ; 77 *lois*. — *Actions prétoriennes*, exercitoire, institoire, tributoire, loi rhodia, s-c. Macédonien.

Livre 15; 4 titres; 87 lois. — Du pécule, de in rem verso, quòd jussu.
Livre 16; 3 titres; 90 lois. — S.-c. Velléïen, compensations, dépôt.
Livre 17; 2 titres; 146 lois. — Contrats de consensu; mandat et société.
Livre 18; 7 titres; 173 lois. — Vente.
Livre 19; 5 titres; 145 lois. — Louage, contrats innommés.

## IV.e PARTIE.

### Gages et hypothèques.

Livre 20; 6 titres; 100 lois. — Gages et hypothèques.
Livre 21; 3 titres; 144 lois. — Edit des édiles sur les ventes; évictions, stipulation double, chose vendue et livrée.
Livre 22; 6 titres; 140 lois. — Fruits et intérêts, présomptions, preuves, témoins, ignorance du fait et du droit.
Livre 23; 4 titres; 179 lois. — Fiançailles, mariages, dots, fonds dotal.
Livre 24; 3 titres; 145 lois. — Donations entre mariés, divorce, répétition de dot.
Livre 25; 7 titres; 67 lois. — Dépenses des biens dotaux, Alimens, posthumes, concubines.
Livre 26; 10 titres; 210 lois. — *Quasi-contrats*, tutelles et curatelles.
Livre 27; 10 titres; 148 lois. — Idem.

## V.e PARTIE.

### Testamens.

Livre 28; 8 titres; 266 lois. — Testamens et accessoires, tels qu'institutions, substitutions, droit de délibérer.
Livre 29; 7 titres; 235 lois. — Idem, codicilles, etc.
Livre 30, 31, 32; 3 titres; 320 lois. — Legs et fidéicommis.

*Livre* 33 ; 10 *titres* ; 206 *lois*. Legs annuels; legs de l'usage, servitude, dot, option, denrée, pécule, etc.

*Livre* 34 ; 9 *titres* ; 192 *lois*. Legs des alimens et meubles; délibération, révocations de legs, choses douteuses, etc.

*Livre* 35 ; 3 *titres* ; 218 *lois*. Conditions des legs, loi falcidie.

*Livre* 36 ; 4 *titres* ; 145 *lois*. S.-c. Trebellien, jours d'ouverture, envoi en possession, caution.

## VI.<sup>e</sup> PARTIE.

### *Possessions de biens.*

*Livre* 37 ; 15 *titres* ; 172 *lois*. — Possessions des biens, ou successions prétoriennes, soit testamentaires, soit ab intestat.

*Livre* 38 ; 17 *titres* ; 200 *lois*. — Des affranchis ou des ingénus, droits des patrons, héritiers ab intestat.

*Livre* 39 ; 6 *titres* ; 192 *lois*. — Remèdes du préteur, dénonciation de nouvelle œuvre, caution donnée.

*Livre* 40 ; 16 *titres* ; 300 *lois*. Caution infecti, action aquæ pluviæ arcendæ, finances, donations.

*Livre* 41 ; 10 *titres* ; 217 *lois*. — Actions préjudicielles sur l'état des affranchis et esclaves.

*Livre* 42 ; 8 *titres* ; 170 *lois*. — Possession et domaine des choses, manière de les acquérir, envoi en possession par la chose jugée, cession des biens, curateurs aux biens, privilèges, etc.

*Livre* 43 ; 33 *titres* ; 154 *lois*. — Interdits ou jugemens provisoires du préteur, quorum bonorum, utrubi, etc.

*Livre* 44 ; 7 *titres* ; 154 *lois*. — Exceptions opposées aux actions, prescriptions, obligations.

## VII.e PARTIE.

### Stipulations.

Livre 45 ; 3 *titres* ; 200 *lois*. — Stipulations ou obligations par paroles, de deux solidaires, des esclaves.

Livre 46 ; 8 *titres* ; 307 *lois*. — Stipulations Prétoriennes ; caution, mandat, novations, délégations, paiemens.

Livre 47 ; 23 *titres*, 254 *lois*. — Délits privés, vol, arbres coupés, incendies *injures et libelles*, crimes extraordinaires, concussion, prévarication, receleurs, stellionat, limites, collèges, actions populaires.

Livre 48 ; 24 *titres* ; 347 *lois*. — Jugemens publics, leges juliæ, plagiaires, abolition des crimes, absens, question, peines, biens des condamnés, interdits et déportés, restitués.

Livre 49 ; 18 *titres* ; 177 *lois*. — Appels, droit public, fisc, captif, pécule castreuse, militaires, captifs.

Livre 50 ; 17 *titres* ; 618 *lois*. — Droit municipal, promesses, causes extraordinaires, proxénetes, significations des termes, règles du droit.

§. V.

*Table indicative des principales matières traitées dans chaque collation des novelles.*

1re. *Collation* ; 6 *novelles*. — 1 Legs, falcidie, inventaire de l'hérédité. — 2 Donations à cause de nôces faites aux femmes qui convolent. — Caution et principal obligé, paiemens. — La 3e, 5e et 6e concernent les religieux, clercs, dépenses des églises, etc.

2e. *Collation* ; 7 *novelles*. — 12 Mariages incestueux. — 7 et

— 7 et 9 Biens et prescriptions ecclésiastiques. — 8, 10, 11 et 13 Magistrats divers de l'empire.

3e. *Collation*; 8 *novelles*. — 14 Proxénètes. — 18 légitime, coilation de la dot, division des biens, détenteurs du bien d'autrui, calomniateurs. — 19 Enfans nés avant le mariage. — 15, 16, 17 et 21 Défenseurs des villes, clercs, rescrits, huissiers, arméniens.

4e. *Collation*; 24 *novelles*. — 22 Divorce, secondes nôces, gains nuptiaux, légitimes des mères sur les biens des enfans. — 39 Restitution des fidéicommis, enfant de onze mois. — 32, 33, 34 Argent prêté aux laboureurs, magistrats, matières ecclésiastiques (1).

5e. *Collation*; 26 *novelles*. — 48 et 49 Serment, appels, écritures privées, gages pour autrui, insinuation des donations. — 53 Délais des citations, femmes et époux indigens. — 61 Aliénation des fonds dotaux. — 66 Formalités pour l'institution d'héritier, etc. — 68 Successions des gains nuptiaux.

6e. *Collation*; 17 *novelles*. — 72 Tuteurs créanciers. — 73 Valeur des actes, comparaison des écritures. — 74 Légitimation, mariages sans contrat. — 81 Emancipation. — 84 Frères consanguins et utérins. — 88 Dépôt.

7e. *Collation*; 11 *novelles*. — 89 Légitimation et succession des bâtards. — 90 Témoins. — 91 Répétition de deux dots. — 92 Donations à cause de nôces, gains nuptiaux et autres matières relatives. — 99 Solidarité.

8e. *Collation*; 19 *novelles*. — 100 Dot non payée. — 107 Testamens imparfaits ou par paroles. — 108 Hérédités fidéicommissaires. — 112 Biens religieux. — 113 Effet rétroactif. — 115 Appels, plaideurs, falcidie, exhérédation, franchise des premiers jours de deuil, argent prêté. — 117 Divorce, disposition des biens excédant la légitime.

---

(1) Les novelles dont on n'indique point la matière, sont ou inutiles, ou peu utiles pour nous.

9ᵉ. *Collation ;* 51 *novelles.* — 118 et 119 Hérédité ab intestat et donations à cause de nôces. — 121 Intérêts. — 126 Appels. — 127 Successions collatérales et représentation. — 131 Fidéicommis. — 134 Adultères et peines. — 135 Cession de biens. — 138 Intérêts qui doublent. — 140 Divorce. — 143 et 150 Rapt. — 153 Enfans exposés. — 155 Tutelle des mères. — 158 Droit de délibérer des impubères. — 159 Dégrés de substitutions. — 162 Donations ; naturalisés. — 164 héritiers. — 167 Envoi en possession.

## OBSERVATIONS sur l'ordre chronologique des Novelles

Nous avons dit, page 85, ligne 18, que le désordre qu'on observe dans l'arrangement actuel des novelles, pouvait souvent induire à erreur; la table suivante, dressée d'après Freymonius (1), prouvera combien l'anonyme qui est l'auteur des *collations*, a peu consulté la chronologie, lorsqu'il les a composées, et servira en même tems de guide dans la citation des novelles. = v. l'errata, p. vij.

*Nota.* Le chiffre romain indique l'année du règne de Justinien, et le chiffre arabe qui le suit, l'année correspondante de l'ère vulgaire; on y ajoute les noms des consuls ; enfin, l'on y désigne les novelles qui ont été publiées dans cette même année.

IX. — 535. Justinien 5.º et Bélisaire, consuls (2). — *Novelles* 1. 119. 3. 6. 8. 2. 5. 7. 121. 122. 10. 123. 157. 120 11. 135. 16. 15. 145. 13. 1214.

X. — 536. — Première année après le consulat de Bélisaire. — *Novelles* 20. 21. 31. 18. 17. 24. 25.

---

(1) Nous y avons ajouté les années de l'ère vulg., et 31 nov. omises.

☞ Cette table fait partie de celle des pages 78 et 79, à la suite de laquelle on a omis de la placer.

(2) Cette époque est ainsi déterminée par Leconte et par Cujas, lib. 4, obs. 28. — Dans les fastes consulaires ( v. les tablettes de Lenglet - Dufresnoi ; t. 1 ) ; Bélisaire est noté *seul* comme consul, en 535.

26. 27. 32. 19. 22. 28. 29. 23. 30. 33. 34. 35. 36. 37. 40. 41. 42. 45. 49.

XI. — 537. — Seconde *Idem.* — *Novelles* 127. 46. 47. 50. 52. 54. 44. 51. 53. 56. 55. 58. 59. 60. 62. 65. 66. 67. 68. 70. 72. 73. 74. 71. 64. 76. 77.

XII. — 538. — Jean, consul. — *Novelles* 63. 69. 57.

XIII. — 539. — Appion, consul. — *Novelles* 78. 79. 133. 81. 83. 80. 84. 90. 162. 97.

*Id.* — *Novelles* où le jour et les consuls ne sont point indiqués, 82. 85. 86. 87. 88. 89. 91. 92. 93. 94. 95. 96.

XIV. — 540. — Justin le jeune, consul. — *Novelles* 101. 102. 103. 98. 99. 100. 104. 105. 106.

XV. — 541. — Basile le jeune, consul. — *Novelles* 107. 117. 108. 115. 116. 146. 129. 131. 136. 132. 147. 108. 110. 134. 111. 128. 125. 153. 118. 113. 114. 124. 141. 142.

XXII. — 548. — 7.ᵉ année après le consulat de Basile. — *Novelle* 38.

*Novelles* où l'on n'a indiqué ni la date, ni les consuls: 39. 43. 61. 75. 126. 130. 137. 138. 139. 140. 143. 144. 148. 149. 150. 151. 152 154. 155. 156. 158. 159. 160. 161. 163. 164. 165 (1).

## OBSERVATIONS sur la rédaction du corps du droit.

1. *Précipitation.* — Si l'on joint la table précédente à celle des pages 78 et 79, dont elle est la suite, on sera convaincu de la célérité ou plutôt de la précipitation avec laquelle Justinien rédigeait ses

---

(1) Dans les novelles 166, 167, 168 qui ont été restituées par Cujas, et que Freymonius ne connaissait peut-être pas lorsqu'il a fixé l'ordre chronologique des autres, on n'indique point non plus la date et les consuls.

lois. Il a à peine employé quinze années à publier son corps de droit, savoir huit ans pour le digeste, les instituts et les deux éditions du code, et sept ans pour les novelles. Les novelles qui sont sans date, lors même qu'elles seraient toutes postérieures aux époques indiquées dans les tables, ne méritent point d'être comptées, puisqu'elles n'ont pas la douzième partie de l'étendue des autres (15 pages sur 183 de l'édition des Elzévirs, in-8.°, 1681).

2. *Rédaction et style.* --- Nous avons dit, page 80 et 83, note 1, que la rédaction des lois du digeste et des instituts était bien supérieure à celle des lois du code. Cette supériorité vient de la différence des des tems où les ouvrages ou constitutions dont elles sont extraites, ont été publiés. Sur 9097 à 9111 lois que contient le digeste, il n'y en a que 123 (c'est-à-dire, la 74.ᵉ partie) qui appartiennent à des jurisconsultes des siècles postérieurs aux Gordiens, pendant lesquels la littérature et la jurisprudence avaient sensiblement décliné. Au contraire, des lois du code, il n'y en a que deux dixièmes qui aient été tirées de constitutions publiées avant cette époque; un dixième appartient aux successeurs de Gordien jusques à Dioclétien; trois dixièmes à Dioclétien ou à ses successeurs jusques à Valentinien; trois dixièmes enfin, à Valentinien et à ses successeurs jusques et compris Justinien. --- On critiquait le style de la bulle de Léon X contre Luther, parce qu'on y remarquait une phrase qui avait *quatre cents mots* (nouvelles de la rép. des lett., 1685, p. 478); on en trouvera souvent dans les lois de Justinien, qui en contiennent plus de *cent*, et même plus de *cent cinquante*. Voyez entr'autres la préface de la troisième novelle, et la loi 57, C. de episcopis et clericis.

## §. VI.

*Table indicative des meilleurs Interprètes du Droit Romain, de l'année de leur naissance et de leur mort, ou de celle vers laquelle ils florissaient* (1)*, et des ouvrages principaux qu'ils ont publiés sur le droit.*

### ARTICLE PREMIER.

#### Jurisconsultes Allemands.

n. 1500. m. 1532. Grégoire Haloander. Corps du droit, revu et corrigé. L.

n. 1500. m. 1535. Ulric Zazius. Summa in digestum vetus. 4 vol.

n. 1504. m. 1552. Jean Sichard. Éditions de l'abrégé d'Anien, des instituts de Caïus, des fragmens d'Ulpien et des sentences de Paul.

v. 1560. Volfangius Freymonius. Index *chronologique* des constitutions des empereurs.

m. 1595. Jean Leunclavius. *Jus Græco-Romanum*; 2 vol. in-f.°, 1596.

n. 1531. m. 1586. Mathieu Vesembech. Comment. sur le ff., et 3 livres du code. L. 1 vol. in-4.°

n. 1537. m. 1594. Jean Borcholten. *Id.*, et entr'autres sur les instituts.

v. 1590. Corneille de Brederode. Thesaurus sententiarum juris civilis.

n. 1606. m. 1681. Herman Conringius. Traités sur diverses matières de droit. L. 1731, 6 vol. in-f.°

---

(1) L'année de leur naissance est précédée de la lettre *n*; celle de leur mort, de la lettre *m*; celle où ils vivaient, de la lettre *v*. — La lettre *L.*, mise après les ouvrages, indique qu'ils sont écrits en Latin.

n. 1647. m. 1725. Gerard Noodt. Comment. in 4 lib. prior. ff. —Probabilium juris. — De pactis et transactionibus. — Observationibus, etc.

n. 1681. m. 1741. Jean Gotlieb Heineccius. Elémens, histoire et antiquités du droit Romain. L. etc.

n. 1587. m. 1657. Arnold Vinnius. Commentaires sur les instituts. L.

v. 1560. Jean Schneidwin. *Id.*

*Autres Jurisconsultes* (1). — Irnerius, Sichard, Ferrari, Mudé, Oldendorp, Pollet, Damhoudére, Rœvard, Opper, Viglius de Zuichem, Ramus, Eisner, Gifanius, Basius, Vanderanus, Beima, Typot, Forster, Modius, Peck, Vanderviet, Lect, Rither-Shusius, Treutler, Grotius, Mattæus, Philippi, Puffendorf, Someren, Cocceïus, Leïbnitz.

## ART. II.

### *Jurisconsultes Italiens.*

v. 1201 . . . . . Azon. Somme et commentaires sur le corps du droit. L.

n. 1159. m. 1229. François Accurse. Grande glose sur le corps du droit. L.

n. 1300. m. 1355. Bartolle. Commentaires divers sur le corps du droit. L.

v. 1390. Balde. *Id.*

m. 1437. Paul de Castro. *Id.*

m. 1477. Barthelemi Cæpola Traités divers, et entr'autres sur les servitudes. L.

n. 1433. m. 1519. Jason Mainus. Commentaires sur le droit. L.

n. 1454. m. 1535. Philippe Déce. *Id.*

n. 1492. m. 1550. André Alciat. *Id.*, 6 vol. in-f.°, 1571.

---

(1) Les jurisconsultes dont on n'indique que les noms, n'ont pas laissé des ouvrages aussi considérables, ou aussi estimés, ou aussi souvent cités que ceux des autres.

n. 1523. m. 1599. Guy Pancyrole. De claris legum interpretibus, 1721, in-4.º. — Thesaurus lectionum juris. — Rerum memorabilium sive deperditarum.

n. 1530. m. 1616. Marc-Antoine Peregrini. De fidéicommissis.

n. 1550. m. 1635. Jules Pacius. Analyse du code. — Tables du droit. — Commentaires, in-f.º

n. 1532. m. 1607. Menochius. De præsumptionibus. — De possessione.

n. 1662. m. 1718. Jean - Vincent Gravina. Originum juris civilis. — Specimen prisci juris, etc.

*Autres Jurisconsultes.* — Martin, Bulgare, Roger, Othon, Hugolinus, Pyleus, Bossanius, Ardison, Odefroi, Arena, Dinus, Pistore, Ferrarius, Fulgose, Caccialupi, Mathesilani, Pontanus, Accolti, les Socins, les Riminaldis, Ruinus, Saraina, Nevizan, Taurellus, Clarus, Pignorius, Gentilis, Mantica, Farinaccio, Lancelot.

## ART. III.

*Jurisconsultes Anglais et Danois.*

n. 1508. m. 1571. Henri Scrimger. Edition des novelles. L.

n. 1600. Arthur Duck. De usu et autoritate juris civilis.

v. 1785. C. Schomberg. Précis historique et chronologique du droit Romain.

*Autres Jurisconsultes.* — *Danois*, Scavenius. — *Anglais*, Vacarius, Thomas Bechet, Aldric, Barclai.

## ART. IV.

### Jurisconsultes Espagnols et Portugais.

n. 1505. m. 1565. Antoine Govéa. De substitutionibus Ad L. falcidiam; ad Trebellianum.

n. 1516. m. 1586. Antoine Augustin. Emendat. juris civilis. — Legibus et Senatus-c. — de nominibus propriis pandect. — De excusationibus. — Novel. Juliani.

n. 1512. m. 1577. Diégo Covarruvias De testamentis. — Substitution. — Nuptiis. — Prescript. 1638.

v. 1620. Antoine Perezius. Comment. sur le code, les instituts et le digeste. L.

*Autres Jurisconsultes.* — Vasquez, Gomez, Pinellus, Garcias, Xuarés, les Barbosas, Pichardo, Amaïa, Pereira, Caldera, Soto-Major, Carranza.

## ART. V.

### Jurisconsultes Français.

m. 1475. Gui-Pape. Questions sur le droit. L.

n. 1467. m. 1540. Guillaume Budé. Annotationes in pandectas; de asse.

n. 1509. m. 1559. François Duaren. Comment. in ff. et cod. — Disputat. — Ratione Discendi juris.

n. 1479. m. 1559. André Tiraqueau. De prescript. — In cod. res inter alios actas. — Et de revoc. donat.

n. 1500. m. 1566. Charles Dumoulin (Molineus). Comm. in 6 pr. lib. cod. — De inoff. testam. donat. et dot. — De eo quòd interest.; etc. — 5 vol. in-f.°, 1681.

n. 1513. m. 1572. Jean de Coras (Corasius). Miscellanea. — Opera juridica. — 2 vol. in-f.°, 1563, 1567 et 1603.

n. 1530. m. 1573. François Baudoin (Balduinus). Comm. in instit. et 2 pr. lib. ff. — In leg. Romuli et 12 tub. — In leg. Constantini. — Catechesis juris.

m. 1574. Beranger Fernand. Comment. sur le corps du droit. L.

n. 1526. m. 1586. Antoine Leconte (Contius). Lectionum et disput. juris. — In inst. et ad. l. jul. maj.

n. 1525. m. 1590. François Hotman. Antiquit. Roman. — Anti-tribonianus. — De sponsalibus. — De pactis. — De verbis juris. In inst. — 3 vol. in-f.°, 1599.

n. 1522. m. 1590. Jacques Cujas. Paratitla in ff. et cod. — Notæ in instit. — Observationum. — In Papinianum, Paulum, Ulpianum, etc. — Comment. in cod. — etc. etc. — 10 vol. in-f.°, dont 4 d'œuvres postérieures détachées et moins estimées que celles contenues dans les 6 premiers.

n. 1527. m. 1591. Hugues Doneau. De pignoribus, evict., probat. — Comment. divers.

v. au 16.e siècle.. Jacques Labitte. Index omnium quæ in ff. continentur.

m. 1591. Barnabé Brisson. De formulis pop. Romani. — Antiquit. ex jure civil.

n. 1549. m. 1622. Denis Godefroi (Gotofredus). Edition du corps de droit. L. — Praxis jur. civ. — In instit.

n. 1539. m. 1596. Pierre Pithou (Pithœus). Axiomata juris. — Regularum. — Regulæ quh defunt titulo ff. reg. jur. — Index glossarum et vocum rariorum. — In cod.

m. 1616. Antoine Mornac. Observ. sur le digeste et le code. L. — 4 vol.

n. 1557. m. 1626. Antoine Faber ou Favre. Codex fabrianus. — De erroribus interpretum juris.

n. 1579. m. 1647. Edmond Merille. Variantium ex Cujacio. — Observat. in jus. — In instit.

n. 1587. m. 1652. Jacques Godefroi. Quatuor fontes juris civilis; manuale juris; comment. in ff. reg. jur. ; codex Theodosianus ; etc.

n. 1581. m. 1659. Charles Annibal Fabrot. Notæ ad Theophilum.— Edition des Basiliques et des œuvres de Cujas. — De tempore humani partus. — De mutuo.

n. 1609 m. 1688. Jean Doujat. Historia juris civilis. — Instituts de Théophile. L.

n. 1625. m. 1696. Jean Domat. Lois civiles dans leur ordre naturel.

n. 1639. m. 1715. Claude de Ferriére. Jurisprudence du du digeste , du code et des novelles, conférée avec le droit Français. — Traduction des instituts.—De regulis juris.

v. 1750. Antoine Terrasson. Histoire de la jurisprudence Romaine.

v. 1752. Claude-Joseph de Ferriére. Hist. du droit Romain. — Dictionnaire de droit.

n, 1699. m. 1772. Robert - Joseph Pothier. Pandectæ Justinianæ in novum ordinem digestæ, 3 vol. in-f.° , 1748 et 1782. — Traités sur divers contrats, 2 vol. in-4.°

*Autres Jurisconsultes*. — Placentin , Bagarot, Blanasque , Durant, Foucaut, Ravennas, Belleperche, Cumo, Jean Faber, Feu, Descousu, Connan, Copus, Costalius, Baron, Crespin, les Fourniers, les Hotmans, Robert, Forcadel, Dufour , Bodin, Ayraut, François Pithou, Labbé , Maran , Leschassier, Gutier, Acosta, Didier Ayraut.

# CHAPITRE II.

*Histoire du droit Français ancien* (1).

On peut distinguer cinq sources principales du droit français ancien : les lois françaises des premiers siècles et les capitulaires; les coutumes; les ordonnances des rois; les réglemens et arrêts des cours supérieures; les décisions des auteurs de droit.

## ARTICLE PREMIER.

*Coup-d'œil sur les Lois Françaises pendant les premiers siècles après l'etablissement des Francs dans les Gaules.*

Lorsque les Francs firent leur première irruption dans les Gaules, vers 420 ou 430 (2), ce beau

---

(1) Les ouvrages principaux dont on s'est servi pour la rédaction de cette histoire abrégée, sont : 1. Histoire du droit français, par Fleury; 2. Histoire de l'établissement de la monarchie française, par Dubos; 3. Observations sur l'histoire de France, par Mably; 4. Esprit des lois, par Montesquieu; 5. Recherches sur l'histoire du droit français, par Groslée; 6. Préface de la bibliothèque du droit français, par Berroyer et de Laurières; 7. Observations sur la coutume de Bourgogne, par le président Bouhier; 8. Préface des observations sur Henrys, par Bretonnier; 9. Discours sur l'histoire de France, par Moreau; 10. *Capitularia regum Francorum*, par Baluze; 11. De l'origine des Français, par Freret: 12. De la monarchie française et de ses lois, par Chabrit; 13. Histoire du Dauphiné, par Valbonnais; 14. Les origines ou l'ancien gouvernement de la France, par du Buat; 15. Introduction à l'histoire de Charles-Quint, par Robertson. (Il cite souvent dans cet excellent ouvrage, l'histoire de notre compatriote Valbonnais). 16. Recueil des historiens Français, par D. Bouquet.

(2) C'est vers 420 qu'on suppose que Pharamond fit son invasion; mais l'existence même de Pharamond est contestée par d'excellens critiques, parce que notre premier historien, Grégoire de Tours, ne parle point de lui, et que son nom n'a été cité, pour la première fois, qu'au 9.e siècle. — Gibbon, ch. 31, note 169. — Freret, édit. in-12, t. 5, p. 43. — Il est toutefois certain que 60 ans au moins avant cette épo-

pays était soumis à la domination des Romains, depuis 500 ans. Dans cet intervalle, les coutumes d'après lesquelles ses habitans grossiers se régissaient, avaient disparues, et les vaincus avaient adopté le nom (1), la langue, la religion, les mœurs et les lois des vainqueurs, dont ils ne pouvaient se dissimuler la supériorité sous le point de vue, et de la puissance, et des lumières. Ces lois n'étaient point toutes celles qui formèrent ensuite la compilation de Justinien, mais bien celles qui existaient avant Théodose, telles que l'édit provincial, et les codes Grégorien et Hermogénien (2).

Vers ce même tems (en 438), et avant que les Francs eussent formé un établissement solide dans les provinces de l'ancienne France, Théodose le jeune publia son code, qui dut dès-lors former la loi universelle de la Gaule, ou du moins des parties de la Gaule, où l'autorité impériale était reconnue (3).

---

que, les Francs avaient obtenu un établissement sur la rive gauche du Rhin. — Freret, ibid, p. 196 et 227. — Mais ce n'est guères que vers l'an 430, qu'ils s'avancèrent dans l'intérieur de la Belgique.

Ceux qui désirent s'instruire des faits les plus intéressans de cette conquête, peuvent consulter Freret, Dubos et Mably, sup.; celui-ci pour les faits relatifs au gouvernement, et les deux premiers pour ceux relatifs aux autres parties de l'histoire. Il faut toutefois comparer Dubos avec du Buat, Montesquieu et Mably qui le critiquent souvent. — V. l'hist. anc. des peuples de l'Europe, liv. 9, ch. 6, 7, 8. 10.; liv. 10, ch. 8, etc.; et les obs. sur l'hist. de France, liv. 1, ch. 1, notes; liv. 3, ch. 3, etc. — Au reste, Thouret a publié un excellent abrégé de Dubos et de Mably, qui suffira à ceux qui ont peu de tems à consacrer à cette étude. Il est intitulé *Révolutions de l'ancien gouvernement Français*, etc. — Les discours de Moreau contiennent des recherches curieuses, mais ce sont des plaidoyers plutôt que des histoires.

(1) *Galli ... dignitates sicut Franci obtinuerunt ... quos passim legimus his verbis designatos, Francos aut ROMANOS genere.* — Dom Ruinard, proleg. in Gregor. turon., n.° 12.

(2) V. la dernière note de cet article.

(3) Comme les diverses nations Germaines qui envahirent la Gaule, laissèrent aux Gaulois, alors appelés Romains, la liberté de suivre leurs lois, on peut croire que ceux-ci adoptèrent le code Théodosien; cependant il est à présumer, vu l'état de désordre où était la Gaule, que la collection de Théodose ne pénétra pas dans toutes les provinces. — V. esprit des lois, liv. 28, ch. 4, 42, etc.

Environ 70 années après cette époque, Clovis soumit à sa tribu tout ce pays, et il est très-remarquable qu'aujourd'hui encore cet empire est à-peu-près renfermé dans les mêmes limites, quoiqu'il se soit écoulé treize cents ans. Cette conquête eut la suite de toutes celles des barbares. Les Francs assujettirent complettement les Gaulois; mais comme ils reconnurent que ces derniers les surpassaient du côté des connaissances, ils ne leur enlevèrent ni leurs lois, ni leur religion; ils leur permirent, comme on l'a vu, de suivre le droit romain dans les affaires qui les intéressaient seuls (1). Dans celles au contraire qui concernaient les vainqueurs, on suivait les coutumes barbares qu'ils avaient apportées de la Germanie, et dont quelques-unes furent publiées comme lois, par les rois des Francs, des Bourguignons et des Visigoths (2).

On voit que pendant les 6.<sup>e</sup>, 7.<sup>e</sup> et 8.<sup>e</sup> siècles, on suivait dans les Gaules plusieurs espèces de lois. Les Francs observaient la loi salique (3); les Bourguignons, la loi gombette; les Goths, la loi gothique (4); les Gaulois et les ecclésiastiques de toutes les nations (5), le droit romain.

Charlemagne maintint cet ordre; il fit même publier de nouveau les anciennes lois, dont il avait sans

---

(1) *Inter Romanos negotia causarum Romanis legibus præcipimus terminari.* — Ordonn. de Clotaire, an 560; Baluze, t. 1, p. 7. — V. ci-devant, p. 87. — Mably, liv. 1, ch. 2, note 5; Moreau, t. 1, p. 140.

(2) Les Bourguignons possédaient au tems de Clovis, la Bourgogne, le Dauphiné et la Provence; et les Visigoths, tous les pays au-delà de la Loire; mais il paraît qu'après la bataille de Vouglé, près Poitiers, en 607, ceux-ci furent réduits au Bas-Languedoc. — Gibbon, ch. 38; du Buat, sup. liv. 9, ch. 9; Dubos, liv. 4, ch. 11 et 12.

(3) V. ci-après l'art. 3.

(4) V. le *codex legum antiquarum*, par Lindenbrock.

(5) *Secundùm legem Romanam quâ ecclesia vivit.* — Ordonn. de Dagobert, ou loi des Ripuaires, de l'an 630; Baluze, t. 1, p. 4.

doute reconnu les incorrections (1) ; mais il y joignit celles qu'on faisait pour tout l'empire dans les assemblées du champ de Mai (2), sous le nom de Capitulaires (3), et que l'on continua à publier sous plusieurs de ses successeurs.

Pendant les 8.ᵉ et 9.ᵉ siècles, les Français furent donc régis par les lois dont nous avons parlé et par les Capitulaires.

Presque toutes ces lois disparurent vers le 10.ᵉ siècle. Les guerres civiles des enfans de Charlemagne, les invasions multipliées des Normands, et sur-tout l'établissement du régime féodal, mirent la France dans la plus affreuse anarchie ; les seigneurs se rendirent souverains dans leurs cantons ; ils n'y reconnurent pour lois que celles qui dépendaient de leurs caprices, et les guerres continuelles qu'ils se firent respectivement, portèrent le désordre à son comble (4).

Cet état de choses (5) ne pouvait subsister longtems. Les seigneurs eux-mêmes essayèrent d'y remé-

---

(1) Baluze, Préface, N.ᵒˢ 31 et 33. D. Bouquet, t. 4, p. 203.

(2) V. ci-après l'art. 3.

(3) V. la collection de Baluze.

(4) Valbonnais donne un exemple qui prouve l'existence de cette anarchie. Il n'y avait plus de sûreté pour les voyageurs, sur-tout au passage des ponts. Il s'établit un ordre religieux sous le nom de Frères-du-Pont, dont le but était de protéger les voyageurs, d'établir des bacs, de bâtir des ponts, etc. — C'est à ces religieux qu'on doit le pont de Lyon, celui du St.-Esprit, et celui qui était à Avignon. — t. 2, p. 198.
Pour remédier au désordre qu'occasionnaient les guerres continuelles des seigneurs, quelques-uns imaginèrent d'ordonner que toutes hostilités seraient suspendues pendant quatre jours, du mercredi soir au lundi matin. C'est ce qu'on nomma la *trève* du *seigneur*, dont plusieurs conciles ordonnèrent ensuite l'exécution, sous peine d'excommunication. — id. p. 488. — V. d'autres détails sur ces guerres, dans Robertson, note 21 ; et sur l'abolition de toutes les lois, Baluze, préf. n. 37.

(5) Ce qui prouve encore cette anarchie judiciaire, c'est la multitude étonnante d'arbitrages qui se faisaient, et qu'on trouve cités dans les histoires particulières des provinces. ( V. pour le Dauphiné, Chorier et Valbonnais ). Au reste, ces arbitrages étaient très-naturels : 1.ᵒ les seigneurs ne reconnaissaient presque point de supérieurs ; 2.ᵒ il n'y avait aucun tribunal qui pût terminer les différends qu'ils avaient entr'eux.

dier, en établissant des tribunaux dans leurs terres; tribunaux qu'on présume bien avoir été sous leur dépendance (1); mais l'autorité de ces tribunaux fut restreinte tout-à-la-fois par celle bien plus puissante de la force, et par celle que les cours ecclésiastiques eurent l'art de s'arroger pendant les troubles (2).

Plusieurs autres circonstances tendirent aussi à diminuer ces désordres : les expéditions des croisades, par exemple, nécessitaient des dépenses considérables, que les seigneurs ne pouvaient souvent acquitter qu'en affranchissant à prix d'argent les communes, alors esclaves de la glèbe; (3) ils leurs donnaient des chartes, qui étaient des espèces de lois, du moins quant à la partie criminelle.

La découverte des pandectes ( v. ci-devant page 88 ), et celle du code, au 11.ᵉ siècle, contribuèrent encore davantage à détruire l'anarchie; le besoin pressant qu'on avait de lois, fit adopter celles du digeste dans toute la France méridionale, où le droit romain avait été suivi beaucoup plus long-tems que dans les provinces septentrionales (4).

---

(1) A l'égard de ces tribunaux, v. Mably, sup. liv. 3, ch. 3; — et pour le combat judiciaire admis alors dans toutes les causes, idem, ch. 7; et espr. des lois, liv. 28, ch. 20-27.

(2) L'histoire de France atteste les usurpations de la juridiction ecclésiastique. Valbonnais en donne aussi une preuve. Comme les causes testamentaires étaient de son ressort, l'évêque, sous prétexte de veiller à l'intérêt des pauvres ou de l'église, exerçait les fonctions d'exécuteur testamentaire. S'il s'élevait quelque difficulté à ce sujet, il s'en attribuait la connaissance. — t. 2, pag. 117. — V. espr. des l., sup. ch. 40, 41.

(3) C'est ce que fit entr'autres le dauphin Humbert II, en 1345, après sa nomination à la place de général d'une croisade. Il offrit à toutes les paroisses de leur accorder des franchises, moyennant un subside pour son expédition. — Valbonnais, tom. 1, p. 335; et tom. 2, p. 512. — V. aussi Robertson, note 13.

(1) Beaucoup de jurisconsultes & d'érudits ont cherché à expliquer pourquoi le droit romain avait été accueilli plutôt dans le Midi que dans le Nord de la France. Le système que soutient Montesquieu à cet égard, est très-ingénieux et me paraît en même tems assez probable. Le droit romain, selon lui, perdit son usage dans les premiers

Ces dernières provinces n'accordèrent pas la même autorité au droit romain, mais il ne laissa pas d'exercer la plus heureuse influence dans leur législation. Sa supériorité évidente sur les coutumes lui donna un si grand crédit, qu'on n'employa plus dans les tribunaux et dans les procédures, que les jurisconsultes qui l'avaient étudié. Ceux-ci cherchèrent à propager des règles dont la connaissance leur procurait un tel ascendant. Depuis cette époque, les coutumes perdirent de leur dureté primitive; elles acquirent des principes plus fixes et sur-tout plus généraux, et l'on oublia entièrement les lois des premiers siècles, telles que les lois salique, gombette et gothique.

Le droit romain fut encore plus utile aux provinces du nord, sous un autre point de vue.

Jusques à sa découverte, les coutumes n'étaient point écrites. Lorsqu'il s'agissait de statuer sur un différend, il fallait ou que les deux parties fussent d'accord sur les dispositions de la coutume de leur pays, ou qu'elles en fissent la preuve par témoins. Cette preuve était longue, coûteuse, et d'ailleurs infiniment incertaine, puisqu'elle dépendait de la mé-

---

pays conquis par les Francs, à cause des grands avantages qu'il y avait à être Franc, *barbare*, ou homme vivant sous la loi salique : tout le monde fut porté à quitter le droit romain pour vivre sous la loi salique. Il fut seulement retenu par les ecclésiastiques qui n'avaient point d'intérêt à changer, parce qu'ils obtinrent des compositions aussi favorables que celles qu'avaient les Francs.

Au contraire, dans la partie de la Gaule conquise par les Bourguignons et par les Visigoths, les lois gombette et gothique étant très-impartiales, et ne donnant aucun avantage à ces peuples sur les Gaulois, ceux-ci n'eurent aucune raison de cesser de vivre sous leur loi, pour vivre sous une autre. Ils gardèrent donc la loi romaine et ne prirent point celles des Bourguignons et Visigoths.

Quoiqu'au Io.e siècle ces lois eussent disparu les unes et les autres, il restait encore à la Gaule méridionale ou romaine, le nom de pays de droit romain ou de droit écrit, cet amour que les peuples ont pour leur loi, sur-tout quand ils la regardent comme un privilège, et quelques dispositions du droit romain retenues pour lors dans la mémoire des hommes; et c'en fut assez pour produire cet effet, que quand la compilation de Justinien parut, elle fut reçue dans les provinces des Goths et des Bourguignons comme loi écrite ; au lieu que dans l'ancien domaine des Francs, elle ne le fut que comme raison écrite. — V. esprit des lois, liv. 28, ch. 4, 11, 12, 19, 42, 45.

moire

moire et de la bonnefoi des témoins. Aussi arrivait-il souvent que chacune des parties faisait une preuve complette de deux coutumes opposées, sur le même sujet, et dans le même lieu. Un passage de Pierre de Fontaines nous donne une idée du désordre que devait occasioner cette marche de la procédure. Il dit ( préface de ses conseils ) qu'au tems de St.-Louis, dans le 13.e siècle, son pays était presque sans *coutumes*, et qu'à peine en pouvait-on trouver un exemple assuré, par l'avis de trois ou quatre personnes.

On sentit encore mieux les abus d'une semblable législation, lorsque les monarques s'étant emparés peu à peu de la plupart des droits de la souveraineté, eurent établi des justices d'appellations (1), où celles des seigneurs devaient ressortir. Les juges d'appel qui ignoraient les coutumes locales dont les juges seigneuriaux avaient au moins une notion, quoiqu'incertaine, se trouvèrent dans le dernier embarras, lorsqu'il fallut prononcer sur des différends; différends qu'on ne pouvait juger que d'après ces mêmes coutumes.

Tous ces inconvéniens et beaucoup d'autres trop longs à rappeler, firent sentir la nécessité d'écrire et de rédiger les coutumes. On s'en occupa dans quelques lieux, dès la fin du 12.e siècle.

Il résulte de cet exposé rapide que les premières sources du droit français furent les lois salique, gombette et gothique, les capitulaires de Charlemagne et de ses successeurs, et les coutumes qui se formèrent lors de l'établissement du régime féodal. Ces dernières furent composées en partie de maximes tirées des premières lois, en partie de règles tirées du droit romain (2).

---

(1) A l'égard de ce droit d'appel usurpé par les monarques, v. Mably, liv. 3, ch. 7, note 7; et Montesquieu, liv. 28, ch. 30-35.

(2) Le système que nous avons adopté dans ce chapitre, au sujet de l'origine des coutumes, est celui de Fleury, n.° 1 et 14; de

# Art. II.

## Des Coutumes écrites.

Les coutumes sont souvent désignées par ces mots: us et coutumes, fors et coutumes, franchises et pri-

---

Bouhier, in pr.; de Bretonnier; de Berroyer et de Laurières; de Montesquieu; etc.

Des autorités aussi imposantes nous suffisaient sans doute, et d'autant plus, que la question ne nous intéresse qu'indirectement; cependant nous n'avons pas cru devoir nous dispenser d'examiner le système contraire, que Groslée a soutenu avec beaucoup d'érudition. -- V. les recherches, etc. sup.

La Gaule septentrionale, *Gallia trans Ligerim*, selon lui, n'adopta jamais le droit romain. Elle conserva ses coutumes depuis la conquête de César jusques à celle des Francs, et ces anciennes coutumes sont les véritables sources de celles qu'on y observe aujourd'hui. Il se fonde sur divers passages de César (*bello gall.*) et de Tacite (*morib. germ.*) passages à l'aide desquels il essaye de prouver que les maximes les plus caractéristiques du droit coutumier étaient reçues par les anciens Gaulois et Germains.

1.° On peut d'abord répondre à Groslée que les passages de Tacite, en les supposant décisifs, n'étayent point son système. Les Francs étaient une peuplade de la Germanie; ils auront pu introduire dans la Gaule, lors de leur invasion, les coutumes des Germains, et elles s'y seront perpétuées; ces passages ne prouvent donc point que ces coutumes existaient avant l'invasion des Francs.

2.° Les passages dont il s'agit ne sont point décisifs. Les coutumes qu'ils indiquent n'offrent même de la ressemblance avec les coutumes modernes, que parce que Groslée ne cite que les termes qui sont utiles à son opinion, et qu'il omet ceux qui la contrarient. Le premier qu'il rapporte n'annonce point, par exemple, que la servitude en Germanie, ressemblât parfaitement à la servitude de la Glèbe, et que les maîtres n'avaient pas autant de pouvoir que les romains sur leurs esclaves. Tacite dit seulement (ce que Groslée omet) que les Germains abusent moins de ce pouvoir. *Verberare servum, ac vinculis et opere coercere, rarum. Occidere solent, non disciplinâ et severitate, sed impetu et irâ, ut inimicum, NISI QUOD IMPUNE.*

Le deuxième passage, également tronqué par Groslée, prouve que les Germains ne faisaient point de testament, et n'établit nullement les maximes qu'il en induit, telles que: le mort saisit le vif; les propres ne remontent point. Il est même contraire à la règle *paterna paternis*, etc. des pays coutumiers.

Le troisième n'a pas le moindre rapport au retrait lignager. Tacite et César disent seulement que les anciens Gaulois et Germains changent de propriété chaque année (*arva per annos mutant; in annos singulos attribuunt agri*), afin que l'habitude de la propriété n'amollisse point leur courage.

Le quatrième annonce que les Germains donnaient une dot à leurs emmes, et que les femmes n'en donnaient point à leurs maris. On

vilèges, qui ne sont pas toujours synonymes. Le mot *coutumes* signifie par fois les usages, et alors il est opposé à celui de *fors*, par lequel on désigne les

---

voit que ceci ne ressemble pas plus au douaire qu'à l'augment. D'ailleurs Groslée se trompe lorsqu'il attribue la même coutume aux anciens Gaulois. César, non-seulement n'en parle point, mais encore en rapporte une contradictoire, que Groslée, pag. 8, avait citée la première, et dont nous allons faire mention.

Cinquième passage. — *Viri in Galliâ quantas pecunias ab uxore dotis nomine acceperunt, tantas in suis bonis, æstimatione factâ, cum dotibus communicant : hujus omnis pecuniæ ratio conjunctim habetur fructusque servantur ;* (ce qui suit a été omis par Groslée) *uter eorum vitâ superârit, ad eum pars utriusque cum fructibus superiorum temporum pervenit.* — Bell. gall. lib. 6. — Cette dernière partie de la phrase indique une différence importante entre l'effet de la communauté de biens des anciens Gaulois et l'effet de celle des Français modernes. Cependant il est très-possible que cette institution en ait dérivé, et c'est la seule qu'on puisse réellement faire remonter aux coutumes des anciens Gaulois.

3.° Il y a un grand nombre de coutumes des anciens Gaulois qui sont tout-à-fait opposées à des maximes importantes du droit coutumier, à celle-ci, par exemple, *droit de puissance paternelle n'a lieu*, qui est consacrée dans beaucoup de coutumes. *Viri*, dit César, l. c., *in uxores sicuti in liberos, vitæ necisque habent potestatem....* *Liberi*, dit Tacite, l. c., *non multum suprà servos sunt*. On ne peut donc argumenter de la ressemblance de quelques usages (encore n'y en a-t-il qu'un seul de semblable, celui de la communauté) pour en conclure l'origine des coutumes modernes, dès qu'il y a d'autres usages tout-à-fait opposés.

4.° Le système de Groslée étant contradictoire avec l'opinion des jurisconsultes et des historiens ( V. les notes précédentes) devait être établi sur de meilleures preuves. Il dit qu'on ne doit donner aucune importance au témoignage d'Agathias, duquel il résulte que les Francs, de son tems, c'est-à-dire au sixième siècle, étaient régis par les lois romaines. Agathias, selon Groslée, était trop éloigné pour savoir que ces lois n'étaient reçues qu'au midi de la Loire, tandis que de simples coutumes étaient en vigueur au Nord. Nous pensons au contraire, que l'assertion d'Agathias mérite, en cette occasion, beaucoup de confiance, parce qu'il exerçait une profession qui le mettait à portée de s'assurer de l'exactitude de ce qu'il avançait. « Ma profession, dit-il, (liv. 1.er, préface, trad. du présid. Cousin) est » la jurisprudence romaine, et j'ai suivi le barreau ». Il rappelle ailleurs (liv. 3, ch. 1) cette profession. « Je suis assis tout le jour à la » porte du palais, etc. » — Les historiens ou érudits modernes, tels que de Marca, Gibbon, Montesquieu, Dubos, Mably, du Buat, Chabrit, Moreau, etc. qui se sont occupés de cette partie de l'histoire, ont tous adopté l'opinion d'Agathias.

5.° Enfin, cette opinion des historiens est aussi fondée sur un grand nombre de présomptions, entr'autres, sur ce qu'il serait étrange que pendant un intervalle de 500 ans, les habitans de la Gaule n'eussent pas adopté les lois de leurs vainqueurs, lois bien supérieures en sagesse, à leurs coutumes grossières. Groslée, pour affaiblir la force de cet argument, a entrepris de critiquer les lois que faisaient les romain avant la publications des codes de Théodose et de Justinien, et il s'est

privilèges des communes et les règles relatives au droit public. Les coutumes sont souvent opposées aux *us*; les us signifient dans ce cas, les maximes générales, et les coutumes indiquent les droits particuliers de chaque lieu. Les *franchises* sont des exemptions de certains droits de servitudes auxquels les seigneurs avaient assujetti leurs vassaux ; les *privilèges* sont des droits attribués à des personnes déjà *franches* ; mais tous ces mots sont quelquefois pris dans le même sens (1).

§. I.er

*Des premières Coutumes écrites.*

Les premières coutumes qu'on écrivit furent :
1.° Les coutumes des villes et bourgs *affranchis* et érigés en *communes* (2). — Elles sont plutôt dési-

---

fondé sur-tout, sur un passage où Cicéron (pro murena), après avoir persiflé les jurisconsultes de son tems, sur les vétilles dont ils s'occupaient, ajoute : *Si mihi homini vehementer occupato stomachum moveritis, triduò me esse jurisconsultum profitebor*. Mais Groslée n'a prouvé en cette occasion, que son ignorance de l'histoire du droit romain. La jurisprudence romaine changea totalement de face pendant les deux siècles qui suivirent celui de Cicéron. Les actions des lois ( V. ci-devant pag. 54 ) ayant beaucoup perdu de leur crédit, les jurisconsultes abandonnèrent en grande partie les minuties que l'orateur critiquait avec raison, et les travaux des Labeo, des Capito, des Sabinus, des Cassius, des Scævola, des Celsus, mirent en état le célèbre Julien de composer l'édit perpétuel.... L'édit provincial qui en différait peu, était un corps de lois très-considérable, dont les pays conquis durent d'autant plus s'empresser de suivre les décisions, qu'il leur était présenté par un des monarques les plus absolus de Rome.

Nous pouvons donc persister dans nos conjectures, savoir que les coutumes se sont formées vers les tems d'anarchie que nous indiquons. Il est toutefois possible que quelques-unes de leurs dispositions, telles que la communauté, remontent à des tems antérieurs, mais il paraît que ce n'est qu'une exception à une règle générale.

(1) V. Demarca, hist. de Béarn, liv. 5, ch. 2], p. 340. — 346.
Plusieurs commentateurs estimés distinguent avec soin les *coutumes* proprement dites, des *privilèges* ; et ils n'accordent pas à ceux-ci la même autorité dans la jurisprudence. Chabrit, t. 2, liv. 10, ch. 9, combat cette distinction.

(2) Nous avons indiqué, pag. 127, le principal motif pour lequel les seigneurs consentirent à l'érection des communes. Ceux qui n'étaient

gnées sous les noms de *libertés* et *franchises* ; parce que les seigneurs s'engageaient, en les accordant, à exercer des droits moins rigoureux sur leurs vassaux.

On voit par celles qui nous restent (1), qu'on y fixait ordinairement les devoirs respectifs des seigneurs et des vassaux, et sur-tout les amendes ou *compositions* que ceux-ci payaient aux premiers pour les crimes (2), ainsi que les taxes pour les procès (3).

2.° Les coutumes des provinces. —Elles furent vraisemblablement écrites et rédigées d'après des enquêtes par *Turbes*. Tels sont les établissemens de St.-Louis, publiés dans la suite (4) par Ducange ; les anciennes

---

pas pressés d'argent, ne furent pas si faciles, et souvent les *vilains* furent obligés de leur arracher par la force leur affranchissement. Guibert, abbé de Nogent, au douzième siècle, s'exprimait ainsi sur ce point ( in vitâ suâ, lib. 3, c. 7, p. 503 ) : « La commune, nom » nouveau, *nom funeste*, affranchit les censitaires de tout service, au » moyen d'une redevance annuelle, n'imposant d'autre peine pour la » violation des droits, qu'une amende fixe, et délivrant absolument » de *toutes les autres* EXACTIONS *auxquelles des serfs sont* NATUREL-» LEMENT *assujettis* ». — V. ord. du Louv. t. II. préf. p. 18. — Qu'il était doux d'être le serf de ces messieurs là !...

(1) V. dans Valbonnais, tom. 1.er, les libertés de Moirans, concédées en 1164 et 1209 ( pag. 16 ) ; celles de Grenoble en 1244 ( pag. 22 ) ; celles de Bellevue-de-Marc en 1256 ( pag. 58 ) ; celles de St-Georges-d'Espéranche en 1291 ( pag. 26 ) ; etc.
Les 1.er et 11.e vol. des ordonnances du Louvre contiennent un grand nombre de concessions du même genre. Chabrit, t. 2, liv. 11, notes des pag. 149--164, en indique les dates, pour la plupart.

(2) Exemples de diverses compositions : 1. A Moirans, rupture d'un membre, 6 liv. 12 s. ; un coup sans fracture, 4 liv. 10 s. ; injures et coups des hommes et femmes de mauvaise vie, 4 s. de plus ; vol dans les jardins, 3 s., et 6 d. au dénonciateur ; vol occasionné par la faim, bannissement. — A Grenoble, pour avoir levé l'épée, 2 liv. 10 s. — A Espéranche, pour le même délit, 1 liv. 10 s. ; une blessure, 3 liv. ; vol, idem ; adultère, 3 liv., et l'on faisait courir nud, le coupable, par le bourg ( même disposition à Moirans ) ; à Grenoble, le même délit coûtait 5 liv. — V. Valbonnais, 1. sup. c., et Chorier, tom. 2, pag. 103,
V. au reste, le tableau que Robertson, sup. note 16, trace de l'état des villes et de la condition de leurs habitans pendant le moyen âge.

(3) Les frais de justice étaient très-onéreux. Les dépens coûtaient ordinairement le cinquième de la valeur de l'objet contesté. Si les parties transigeaient, les droits du seigneur n'étaient pas moins perçus. -- Valbonnais, t. 1, p. 9 ; t. 2, p. 374.

(4) Au 17.e siècle.

coutumes de Champagne publiées par Pithou; de Bourgogne, par Dupeyrat, etc. (1) Cela eut lieu dans les 13.ᵉ et 14.ᵉ siècles.

3.º On assimile à ces coutumes quelques ouvrages particuliers, composés dans le même tems, sur la pratique judiciaire, pour l'instruction des gens de lois (2). Tels sont les conseils de Pierre de Fontaines; les coutumes de Beauvoisis, composées par Beaumanoir; la somme rurale de Bouteiller; le grand coutumier, etc. (3). C'est sur ces ouvrages que les dernières coutumes écrites paraissent avoir été rédigées (4).

## §. II.

### Des dernières Coutumes écrites.

Les écrits précédens ne firent pas cesser l'incertitude du droit coutumier; les uns, ceux des particuliers, n'avaient pas force de loi (5); les autres, les coutumes, n'avaient ni assez de clarté, ni assez d'étendue. On fut donc obligé de procéder à de nou-

---

(1) Telles sont encore les *assises de Jérusalem*, nom que porte la collection ( faite en 1099 ) des lois de Godefroi de Bouillon, et de ses successeurs, lois qui dérivent des coutumes françaises de ce tems.

(2) De Fontaines écrivit ses *conseils* pour l'instruction du fils d'un de ses amis. — V. ce qu'il dit, ch. 1, art. 2.

(3) V. Montesquieu, liv. 28, ch. 45, où il fait un grand éloge de ces ouvrages. — V. aussi Moreau, t. 21, p. 34. — Chabrit, liv. 9, ch. 17, p. 79; et liv. 11, p. 149–166.

(4) V. dans Moreau, t. 21, pag. 127–309, le tableau de la jurisprudence française sous Louis IX.
Chabrit, loc. sup. cit., et liv. 9, ch. 23, met au même rang les coutumes des provinces et les ouvrages des jurisconsultes, dont nous parlons aux n.ᵒˢ 2 et 3 ci-dessus. Il croit, par exemple, que les établissemens de St-Louis ne furent qu'un simple projet de loi qui resta sans publication. Il remarque cependant que les assises de Jérusalem (p. 73) et l'ancienne coutume de Champagne (p. 158) étaient des collections de lois ou de jugemens. — V. ordonn. du Louv. préf. n.ᵒˢ 46-56; et surtout Montesquieu, sup. ch. 37 et 38.

(5) Montesquieu, sup., ch. 45.

velles rédactions, et d'y procéder en suivant une marche dont on pût se permettre des resultats plus heureux.

L'ordonnance de 1453, rendue par Charles VII, lorsqu'il eut tout-à-fait chassé les Anglais de la France, disposa, art. 123, que les coutumes seraient écrites (1) par les praticiens de chaque pays, lues ensuite, examinées et autorisées par le grand conseil et le parlement (2); qu'alors, elles seraient observées comme lois, sans qu'on pût en citer d'autres. Cette ordonnance fut exécutée avec beaucoup de lenteur (3). La 1.re coutume qui parût après avoir été rédigée et examinée de cette manière, fut celle de Ponthieu, publiée en 1495, sous Charles VIII. On continua ce travail à plusieurs reprises, et il était à peine terminé au commencement du règne de Henri III, vers 1575 à 1580.

Quoique ces coutumes, rédigées par les praticiens, fussent lues dans les assemblées des états provinciaux (4) et des parlemens, elles n'eurent point, dans leur rédaction, toute la perfection désirable. Le plus grand désordre règne dans les matières; l'obscurité et la diffusion du style y correspondent parfaitement, et dès le milieu du 16.e siècle, on fut obligé de procéder en suivant la même marche, à la réformation de plusieurs d'entr'elles (5). Au reste, un auteur en compte jusques à 280, et plus de 60, en n'ayant égard qu'aux cou-

---

(1) Philippe-le-Bel avait ordonné la même chose en 1302; mais son édit n'avait pas été exécuté. — V. ordonnances du Louvre, t. 1, p. 358, art. 4.

(2) Elles devaient aussi être confirmées par le monarque, mais cette formalité n'a pas été remplie lors de la publication d'un grand nombre de coutumes.

(3) Fleury, sup. — Suivant Chabrit, sup. p. 168, on rédigea deux coutumes, celles de la Touraine et du Poitou, sous le règne même de Charles VII.

(4) Montesquieu, sup.

(5) C'est lors de cette réformation sur-tout, qu'on insèra beaucoup de dispositions du droit romain, dans les coutumes et principalement dans celles des pays voisins des provinces de droit écrit. — Montesquieu, ibid.

tumes principales, et presque toutes sont très-différentes dans leurs principes et leurs dispositions (1).

## Art. III.

### Des Ordonnances des Rois.

Le pouvoir législatif n'appartenait pas dans l'origine au monarque, et cela ne doit point étonner si l'on fait attention aux mœurs, aux usages des Francs, avant leur entrée dans les Gaules. « Reges, dit » Tacite (3), *ex nobilitate, duces ex virtute sumunt;* » nec regibus *infinita* aut *libera* potestas. — *De mi-* » *noribus* rebus *principes* consultant, de *majoribus* » *omnes*. Mox rex, vel principes, prout ætas cui-

---

(1) Le président Bouhier, sup. p. 188 et suiv., soutient qu'il n'y a point de droit *commun* coutumier, et que *l'esprit général* de ce droit est une pure chimère ; il le prouve en recherchant d'abord dans toutes les coutumes trois des maximes les plus remarquables, telles que : *qui confisque le corps, confisque les biens; prescription d'héritage s'acquiert par dix ans, etc. ; droit de puissance paternelle n'a lieu ;* et en établissant ensuite que ces trois maximes ne sont ni généralement, ni constamment, ni uniformément observées dans les pays coutumiers.
Le jugement que Dumoulin porte sur les coutumes leur est encore plus défavorable. «.... Multæ iniquæ consuetudines quæ, aliàs per er- » rorem et imperitiam irrepserunt, aliàs sine vero et legitimo populi » consensu, per ambitionem quorumdam usurpatæ et persuasæ sunt... » Non nunquam in sui suorumve commodum consuetudines vel con- » cordari impediunt, vel certo modo per gratiam, sordes aut ambi- » tionem conscribi curant... -- Orat. de concord. et union. consuet. » franc. ». -- V. aussi Chabrit, sup. p. 218.
Il paraît cependant, d'après le même Dumoulin, que les seigneurs n'eurent pas toujours de l'influence dans la rédaction des coutumes. » Apparet stupiditas nobilium franciæ, qui ut ad *epulas* hùc venerunt, » et *epulati* sunt, et non priùs de juribus suis consultarunt ».

(2) Le pouvoir des rois des Francs, dit Freret (origine des Français édit. in-12, t. 6, p. 145), n'était pas aussi étendu qu'on se le persuade aujourd'hui... On se forme, continue-t-il ( p. 150), une idée très-fausse de la puissance des rois dans la Germanie ; on croit qu'elle était sans bornes, et semblable à celle des souverains qui règnent aujourd'hui... Les écrivains ont habillé les événemens à la moderne, ils supposent sans cesse que les choses ont toujours été réglées comme elles le sont maintenant. -- Robertson fait la même remarque ; introduct. à l'hist. de Charles-Quint, note 37, in princ. -- V. ci-après la note 1, p. 133.

(3) Morib. Germ. c. 7 et 11.

» que, prout nobilitas, prout decus bellorum, prout
» facundia est, audiuntur, autoritate *suadendi* ma-
» gis quam *jubendi potestate*; si displicuit sententia,
» fremitu aspernantur : sin placuit, frameas concu-
» tiunt (1) ».

On peut conclure de ce passage et de plusieurs autres, soit de Tacite, soit de César (2), que les Francs à cette époque, avaient à peu près le même gouvernement que les premiers Romains (3). Un monarque ou général, avait un plein pouvoir pour la direction des guerres, et en un mot pour tout ce qui tenait au service militaire (4); ses fonctions qui

---

(1) Si nous cherchons dans les usages des Germains, quels pouvaient être ceux des Francs, c'est qu'on donnait le nom de *Francs* à un grand nombre de peuples de la Germanie, qui formaient une espèce de ligue. -- Gibbon, ch. 10, not. 70. -- id. Mounier, observations sur les états généraux, ch. 1. -- Freret, sup. in princ.

(2) Bello Gall. lib. 6, c. 21 et seq.

(3) V. ce que nous avons dit à ce sujet, pag. 39-41.
Il faut aussi remarquer que tant que les peuples vivent dans l'état pastoral, leurs usages éprouvent très-peu de variations. Les Arabes, du tems d'Abraham, avaient les mêmes mœurs que les peuples modernes, observés par les écrivains cités, pag. 40, not. 1. -- Robertson, not. 6, établit aussi qu'il y a une très-grande ressemblance entre ceux des Germains, du tems de César et de Tacite, et ceux des sauvages actuels de l'Amérique septentrionale.

(4) Plusieurs faits prouvent que, même dans la guerre, le monarque était souvent obligé d'avoir de la condescendance pour ses féroces compagnons d'armes. Ainsi, les Francs forcèrent Clotaire I, en 553, à combattre les Saxons; ils faillirent même à le massacrer, parce qu'il avait entrepris de leur résister. -- Grégoire-de-Tours, lib. 4, c. 14; Robertson, sup. not. 37. -- Ainsi, un soldat osa refuser avec un geste insolent, un vase précieux que Clovis demandait dans des termes très-humbles, à prélever (pour le rendre à l'église à qui on l'avait pris) parmi des dépouilles qu'on devait partager; et quoique l'armée se fût montrée plus complaisante, le monarque fut obligé de dévorer pendant long-tems son outrage, et de chercher pour se venger, un prétexte dans la mauvaise tenue militaire du soldat. « Rogo vos, fortissimi præ-
» liatores, ut vas istud extra partem *concedere non abnuatis...* Unus
» levis, invidus ac facilis, *cum magnâ voce*, elevatam bipennem urceo
» impulit, dicens : nihil hinc accipies nisi quæ tibi sors vera largitur. Ad
» hæc *obstupefactis* omnibus ( l'armée est *étonnée*, mais non pas irritée
» comme Moreau, t. 1, p. 311, le prétend ), rex injuriam suam *pa-*
» *tientiæ lenitate* coërcuit, *acceptumque* urceum ( Il reçoit le vase;
» Moreau dit au contraire qu'il se le fait apporter, ce qui suppose un
» espèce de droit d'en disposer ) nuncio ecclesiastico reddidit, servans
» *abditum sub pectore vulnus* ». Une année après, Clovis fait la revue

cessaient d'abord à la paix (1), se perpétuèrent ensuite lorsque les guerres devinrent très-fréquentes; il partagea alors le pouvoir exécutif avec les chefs ou principaux citoyens de la nation; mais le pouvoir législatif, à l'exception de l'initiative des lois qu'il exerça souvent, appartenait toujours à l'assemblée générale du peuple, dont le monarque promulguait ensuite et faisait exécuter les décrets par le moyen de ses agens (2).

L'assemblée législative des Francs se tenait dans le principe, chaque année, au mois de mars et en plein champ (3). Tout homme libre vivant sous les lois saliques ou ripuaires, avait le droit d'y assister (4). Dans l'intervalle des assemblées, un conseil, présidé par le monarque et composé des principaux du peuple, nommés *leudes* ou *fidèles*, statuait sur les affaires les plus importantes ou les plus urgentes (5).

---

des armes. Les observations qu'il adresse au soldat dont il veut se venger, prouvent qu'il ne pouvait punir que pour des fautes contre la discipline militaire. « Nullus tàm inculta, ut tu, arma detulit: nam » neque tibi *hasta*, neque *gladius*, neque *securis* est *utilis*, etc. ». — Grégoire-de-Tours, lib. 2, c. 27, p. 78; Mably, sup. lib. 1, ch. 1, not. 2. — V. aussi Robertson, sup. not. 6.

(1) *In pace nullus est communis magistratus*. — César, ibid. — Grégoire-de-Tours, dit Montesquieu, prouve très-bien que les Francs n'avaient point de roi dans la Germanie. — Esprit des lois, liv. 18, ch. 30.

(2) Baluze, préface, n.os 15 et 16.

(3) Ces assemblées sont connues dans l'histoire sous le nom de *Champs-de-Mars*. Un vieux annaliste qui en parle s'exprime ainsi: « Ipse rex sedebat in sellâ regiâ, circumstante exercitû, præcipiebat- » que is, die illo, quidquid à Francis decretum erat ». — Dom Bouquet, recueil des histor. franç., t. 2, p. 647.

(4) Mably, sup. liv. 1, in pr. et liv. 2, ch. 2. — Mounier, sup. — Esprit des lois, liv. 18, ch. 30. — Gautier-de-Sibert, variat. de la monarchie, années 511 et 638, t. 1, p. 24 et 192. — Dumont, dissert. sur les deux premières races, §. 1, p. 23 et 34. — du Buat, traité des origines, t. 3, liv. 8, ch. 16. — Gibbon, ch. 9. — Chabrit, de la monarchie franç., liv. 7, ch. 4, liv. 9, ch. 8, etc. etc.

(5) Lorsqu'un Franc s'était distingué par quelque acte éclatant de courage, il était admis à prêter le serment de fidélité au prince. Cette cérémonie le tirait de la classe commune et le faisait entrer dans un

On trouve les passages suivans dans la loi salique (1) : « Dictaverunt salicam legem *proceres* ipsius
» gentis qui tunc temporis apud eam erant *rectores*...
» hoc decretum est apud regem et principes ejus et
» apud *cunctum populum* christianum qui infrà regnum
» Merwungorum consistunt ». (2).

On remarque ceux-ci dans une ordonnance de Childebert II : — « Nos omnes Calendas Martias de
» quascumque conditiones *unà cum nostris optima-*
» *tibus* pertractavimus. — In princ... — Convenit Calendas Martias *omnibus nobis adunatis*. — art. 4 ».
Cette ordonnance fut publiée vers l'an 595 (3).

Dans le préambule de la loi salique, corrigée sous
Clotaire II, on s'exprime ainsi : « Temporibus Chlo-
» tarii regis *unà cum* principibus suis, id sunt 33

---

ordre particulier, dont tous les membres, revêtus d'une espèce de noblesse personnelle, avaient des privilèges qui leur étaient propres. — Mably, liv. 1, ch. 3, not. 3.

Au reste, lors même que les rois n'accordaient que de simples chartes, ils prenaient souvent le consentement de la nation « Ego Childe-
» bertus rex *unà cum consensu* ac voluntate francorum, etc. — Diplôme de 558. — Dom Bouquet, t. 4, p. 622.

(1) Suivant Leïbnitz (de orig. francor.) la loi salique fut faite avant le règne de Clovis. Montesquieu (liv. 28, ch. 1, not. *a*) fait observer à ce sujet, qu'elle ne put être écrite avant l'invasion des Francs dans la Gaule, puisqu'ils n'entendaient pas le latin; mais il ne fait pas attention que dès l'an 287, les Francs étaient établis sur le Rhin. — Freret, sup. t. 6, p. 196. — Au reste, Heineccius, dans son excellente dissertation *de lege salicâ* (in oper. ejus, t 3, p. 247), fixe l'époque de cette rédaction aux premières années du 5.e siècle, vers le tems (en 421) où l'on suppose que régnait Pharamond. — Gibbon, ch. 38, not. 66, adopte cet avis. — Il en est à-peu-près de même de Camus, biblioth. de droit, n.° 261. — Quoiqu'il en soit ; la loi salique fut revisée et corrigée par Clovis et par plusieurs de ses successeurs, tels que ses fils, et Clotaire II et Dagobert I.er — Vid. Gibbon et Montesquieu, ibid, et Mably, liv. 1, ch. 2, not. 6.

Si nous invoquons avec autant de confiance les expressions de cette loi, c'est qu'elle offre le tableau le plus exact de la situation primitive de notre peuple. « Le prologue de la loi salique, dit Gibbon, sup.
» not. 68, peint plus fortement le caractère des Francs, que dix vo-
» lumes de Grégoire-de-Tours ».

(2) Dom Bouquet, recueil des historiens de France, t. 4, p. 122 et 124. In proleg. leg. sal.

(3) Ce mot *convenit*, qui signifie ici, il fut *convenu*, il fut arrêté, se trouve aussi dans les art. 2, 3, 6, 7, 11 et 12. — V. Baluze, t. 1, p. 17—20.

» episcopis et 34 ducibus, et 79 comitibus, vel
» cætero populo, constituta est ».

On lit dans notre plus ancien historien français, Grégoire de Tours (1) : « Manè autem concurren-
» tibus legatis ( Gunthramni et Chilperici ) pacem
» fecerunt, pollicentes alterutro, ut quidquid sacer-
» dotes vel *seniores* (2) populi judicarent, pars parti
» componeret » (3).

Ces textes ne souffrent aucune réplique ; il est évident que le monarque, dans le principe, ne faisait que participer au pouvoir législatif ; pouvoir exercé d'abord dans l'assemblée générale de la nation (4), et successivement dans celles de ses chefs (5).

Les Francs s'étant dispersés dans la Gaule, pour jouir des propriétés dont ils avaient dépouillé ses habitans (6), les assemblées du champ de Mars qui, déjà n'étaient pas suivies avec exactitude (7), devinrent désertes et tombèrent par le fait. L'autorité resta

---

(1) Lib. 6, c. 31, p. 305.

(2) Il paraît que le mot *seniores*, dans Grégoire-de-Tours, désigne les *anciens* ou *les plus âgés*. « Postea verò convocatis episcopis et *majo-*
» *ribus natu* laicorum, duces discutere cœpit ». Lib. 8, c. 30. — C'est du mot *senior* que dérive celui de *seigneur*. — Ducange, mot *senior*; Gibbon, ch. 38, vers la note 91 ; Moreau, t. 4, p. 103.

(3) Ce traité fut fait vers l'an 583.

(4) Voyez les auteurs cités dans la note 4, p. 138. — L'un d'eux Dumont, dont la dissertation savante a été couronnée en 1775 par l'académie des inscriptions, après avoir rapporté une foule d'autorités, s'exprime ainsi, p. 29 : « Pour citer tous les traits qui confirment ce
» qu'on dit ici du pouvoir des assemblées nationales, il faudrait
» rapporter toute la suite de l'histoire ». Mably, sup., et Robertson, not. 37, font la même observation.

(5) L'administration du monarque était même soumise à l'animadversion de l'assemblée nationale, et ses ordres devaient être conformes aux lois... S'il publiait quelques constitutions dans les intervalles des assemblées, elles étaient soumises à l'approbation des assemblées des provinces. — Dumont, ibid, p. 25 ; 30.

(6) Mably, liv. 1, ch. 1 et 2. — Esprit des lois, liv. 30, ch. 7. — Gibbon, ch. 38, vers la note 86.

(7) Tacite, moribus german. — Mably, ch. 2 ; Gibbon, ch. 38 note 120.

au monarque, et aux leudes, et bientôt au monarque seul, grace à l'ascendant que Clovis et ses premiers successeurs avaient acquis sur le peuple, soit par leur courage ou leurs talens militaires, soit par les domaines dont ils gratifiaient les grands (1).

Cette dernière cause de la puissance des monarques en amena rapidement la destruction. Lorsqu'ils n'eurent plus de domaines à donner, ils prirent le parti de ravir leurs bénéfices à plusieurs des leudes, pour les conférer à d'autres qui étaient moins avantagés, et se faire ainsi de nouvelles créatures 2). Cette injustice allarma les leudes ; ils craignirent tous d'éprouver, tôt ou tard, le même sort ; ils se réunirent, forcèrent le monarque de leur confirmer les bénéfices pour la vie, et ne lui en laissèrent la disposition qu'à la mort de chaque titulaire (3).

La fameuse Brunehaut, ayant pris les rênes du gouvernement de l'Austrasie et de la Bourgogne, sous Théodebert II et Thierri II, refusa d'exécuter ce traité, et recommença les spoliations qui y avaient donné lieu : l'imprudence, la perfidie de cette conduite, plus que les crimes dont on accusait la reine, excitèrent les grands à former une nouvelle ligue. Brunehaut livrée à un supplice horrible, ses arrières-petits-fils précipités du trône, et leurs états transférés à Clotaire II, roi de Neustrie, telles furent les suites de la guerre intestine qu'elle occasiona par sa faute, et où la fortune cessa de lui être favorable (4).

Les leudes ne se bornèrent pas là : ils obligèrent Clotaire II, qui avait réuni par leur entremise, toute

---

(1) On nommait ces libéralités, *bénéfices*.

(2) Esprit des lois, liv. 31, ch. 1 ; et sur-tout Mably, liv. 1, ch. 4.

(3) Traité d'Andlau (aujourd'hui Andelot, suivant Longuerue), fait en 587, entre Gontran et Childebert II, et rapporté dans les capitulaires de Baluze, t. 1, p. 11-16. -- V. Dumont, p. 61.

(4) V. l'esprit des lois, liv. 31, ch. 1-3.

la monarchie française, de consentir non-seulement à l'irrévocabilité des bénéfices dans la personne des titulaires, mais encore à leur hérédité dans celle de leurs enfans (1). Cette concession porta un coup mortel à la puissance du monarque et consolida celle des grands. Les termes dans lesquels l'édit qui la contient est rédigé, confirment ce que nous avons déjà dit au sujet de l'exercice du pouvoir législatif, dont jouirent l'assemblée générale et ensuite les chefs de la nation. « Quicumque hanc deliberationem
» quam cum pontificibus, vel tam magnis viris opti-
» matibus ant fidelibus nostris, in synodali concilio
» *instituimus*, temerare præsumpserit, etc. » (2).

Les successeurs ineptes ou imbécilles de Clotaire II ne conservèrent leur simulacre de puissance qu'à l'aide de ces mêmes grands, restés ou devenus chefs des officiers de leur palais, sous le nom de *Maires*, et la famille de Pépin-Héristal, qui sut, par son génie et son courage, conserver la mairie, leur ravit jusques au titre de l'autorité, aussitôt que les français eurent appris à mépriser la race abâtardie de Clovis.

Quoique les maires du palais fussent devenus presqu'absolus (3), il paraît néanmoins qu'ils reconnurent toujours les droits des Francs, sur-tout lorsqu'il s'agissait du choix des monarques; Pépin-le-Bref se fit donner la couronne dans une assemblée des

___

(1) Cela fut réglé dans l'assemblée tenue à Paris, en 615, entre les évêques et les leudes. -- Esprit des lois, ibid.

(2) V. les capitul. de Baluze, t. 1, p. 24, art. 24.

(3) Le maire était cependant toujours choisi par l'assemblée des Francs ; le roi l'instituait seulement. -- V. l'appendix, n.° 2, de Dumont, sup. p. 173--191. -- Lorsque Chrodin, maire de Sigebert II, céda sa place à Gogon, il lui parla en ces termes : « Dominus noster
» rex, cœtusque reipublicæ nostræ, comitem me destinaverunt fore do-
» mûs regiæ, etc. » -- Aimoin, lib. 3, c. 4. -- «Qui honor ( la mairie)
» non aliis à *populo dari* consueverat quam his qui et claritate generis,
» etc. » --- Eginhart, vit. Carol. mag., c. 2; in Bouquet, t. 5, p. 90.

principaux de la nation (1), et il réclama ensuite leur consentement lorsqu'il voulut la transmettre à ses fils. « Omnes optimates suos, duces et comites francorum, episcopos quoque ac sacerdotes, ad se venire præcipit. Ibique unà cum *consensu francorum et procerum suorum*, æquali sorte inter duos filios Karolum et Karlomanum, regnum francorum paterno jure divisit » (2).

Ce choix n'eut ensuite lieu que parmi les fils du monarque (3), comme nous l'apprend la charte sur la division de l'empire de Charlemagne et de celui de Louis-le-Débonnaire, aux années 806 et suivantes. « Non inter filios potestas ipsa dividatur, sed potius *populus conveniens* unum ex eis, quem *dominus voluerit, eligat*, etc. » (4). Le serment de Louis-le-Bègue, en 859, ne laisse aucun doute sur ce droit. « Ego Hludowicus misericordia domini nostri et *electione populi rex constitutus* promitto, etc. » (5). Enfin, lorsque le monarque gouvernait mal, il pouvait être déposé, suivant la seconde des chartes ci-dessus. « Si hanc salubrem admonitionem penitùs

---

(1) Cette assemblée se tint à Soissons. Pépin consulta d'abord le pape sur la question de savoir si la nation pouvait remettre entre ses mains le sceptre que les descendans de Clovis n'étaient plus en état de porter. — V. Moreau, t. 5, p. 73, 112, 198; — Mably, liv. 1, ch. 6. — Le pape, qui avait besoin de lui, prononça l'affirmative. Mais on sent bien que ce n'est pas en vertu de sa décision, que les chefs des Francs purent exercer un semblable droit; il faudrait alors reconnaître dans le pape, celui de disposer à son gré des empires, droit dont tant d'ultramontains l'ont gratifié, et entr'autres le cardinal Bellarmin, qui s'autorise précisément de cette consultation. — V. Gauthier-de-Sibert, sup. t. 1, p. 278; et les nouv. de la Rép. des lett. 1688, p. 750.

Voici, au reste, comment l'on raconte l'élévation de Pépin. « Pippinus, per autoritatem papæ, et unctionem sancti chrismatis et *electionem omnium francorum*, in regni solio sublimatus est ». — Dom Bouquet, t. 5, p. 9.

(2) Annal. metens. cap. ad ann. 768; Baluze, t. 1, p. 187.

(3) Esprit des lois, liv. 31, ch. 17.

(4) Baluze, t. 1, p. 577, art. 14, vers l'année 817. — V. aussi la charte de 837, ch. 1; Baluze, t. 1, p. 685.

(5) Baluze, t. 2, p. 273.

» spreverit, *communi omnium sententiâ quid de illo*
» *agendum sit decernatur* » (1).

Dans cet intervalle, la nation avait recouvré la part qu'elle prenait précédemment à l'exercice du pouvoir législatif (2). Les textes suivans en sont la preuve. « Ut *populus* interrogatur de capitulis quæ
» in lege noviter addita sunt, et postquam *omnes*
» *consenserint*, subscriptiones et manufirmationes
» suas in ipsis capitulis faciant. — Capit. 3, art. 19,
» an 803. —— Hæc capitula Hludowicus imperator
» cum *universo cœtu populi*, promulgavit. — Cap. 1,
» in tit. an 819 —— Capitula quæ præterito anno
» legi salicæ, per *omnium consensum*, addenda esse
» censuimus, jam non ulterius capitula, sed tan-
» tùm *lex* dicantur, imò pro *lege* teneantur. —
» Capit. an 820, art. 5. —— Reges et episcopi
» qui ante nos fuerunt cum cæterorum fidelium dei
» *consilio* atque *consensu* plura statuerunt capitula,
» providentes qualiter sancta dei ecclesia statum de-
» bitum et honorem et regni habitatores in omni statu
» et ordine haberent *legem* atque *justiciam* ». — Synode tenu en 862 par Charles-le-Chauve. —— « *Lex*
» *consensu populi fit et constitutione regis*. — Capit.
» an 864, art. 6. —— Capitula avi et patris nostri,
» quæ franci pro *lege* tenenda *judicaverunt*, et fideles
» nostri in generali placito nostro conservanda de-
» creverunt...... — Capit. an 873, art. 8 (3). ——

---

(1) Baluze, ad ann. 817, t. 1, p. 576, art. 10.

(2) C'est Charlemagne qui la rétablit dans ce droit, en la convoquant dans les *Champs-de-Mai* ou *Plaids généraux*. Les maires avaient, il est vrai, continué de tenir des assemblées, mais elles n'étaient composées que des seigneurs, des évêques, des abbés; tandis que Charlemagne y appela douze citoyens des classes inférieures, par chaque comté. — V. Mably, liv. 2, ch. 2. — Suivant Dumont, p. 24, not. 3, et appendix, n.º 1, p. 161--172, le nombre des assemblées nationales avait seulement été réduit, mais l'autorité des rois n'y avait rien gagné.

(3) Baluze, t. 1, p. 394, 597 et 622; t. 2, p. 153, 176 et 231.
Par le mot *capitulaire* on désignait, dans ce tems, tout ouvrage divisé en chapitres; et le chapitre, *capitulum*, désignait un article d

» Haben

» Habent capitula christianorum regum quæ *generali*
» *consensu fidelium suorum* tenere *legaliter promul-*
» *gaverunt*. — Hincmar, de ordine palatii, c. 8 (1).
» ——— In quo placito *generalitas universorum ma-*
» *jorum tam clericorum* quam *laicorum conveniebat*, etc.
— Id. c. 26 (2).

Les vices, l'ignorance, la faiblesse des descendans de Charlemagne, occasionèrent une nouvelle révolution. On cessa de tenir les Chmps-de-Mai; le régime féodal s'établit, et, ainsi que nous l'avons dit, page 119, les seigneurs devinrent souverains dans leurs terres, sauf les droits d'hommages au suzerain; droits qui se réduisaient à peu de chose, qui n'étaient même qu'une simple formalité pour les barons puissans. Il ne faut donc point s'étonner si, lorsqu'on entreprit dans les 16.e et 17.e siècles, de faire des recueils des lois françaises, on ne pût trouver des ordonnances générales des rois, qui remontassent au-delà du règne de St.-Louis (3). C'est

---

loi. — Baluze, préface, n.° 2 et 5. — Il paraît que les capitulaires étaient considérés comme *lois*, lorsqu'ils étaient faits dans les assemblées nationales, et comme *réglemens*, lorsqu'ils n'étaient faits que par le prince. — V. Mably, liv. 2, ch. 2, not. 7.

(1) Baluze, préface, n.° 6.

(2) V. la dernière note de cet article.

(3) V. les collections des Etiennes, de Rebuffe, de Fontanon et Pithou, de Guénois, etc. Ce n'est que dans le recueil fait dans le 18.e siècle par Laurière, Secousse, Villevaut et Brequigny, qu'on a remonté jusques au 11.e siècle. Cette collection précieuse, intitulée *Ordonnances des rois de la 3.e race*, est connue dans l'usage sous le titre d'*Ordonnances du Louvre*. Il y en a déjà douze volumes in-f.° Comme elle ne va encore qu'à l'an 1402, il faut consulter pour les ordonnances postérieures, la table de Blanchard et les recueils de Fontanon et de Néron. — V. Camus, biblioth. de droit, n.os 263–265.

Le recueil du Louvre fut commencé par Laurière, d'après les ordres de Louis XIV, et sous l'infpection du chancelier de Pontchartrain. Il fut décidé qu'il comprendrait toutes les ordonnances des rois de la troisième race, en commençant à sa tige, à Hugues Capet. Mais quoique l'on eût compulsé les archives les plus anciennes, quoique l'on eût invité les particuliers à communiquer les actes qu'ils avaient dans les leurs, la première ordonnance qu'on pût découvrir, était postérieure de 64 ans (elle est de l'an 1051) à l'avènement de ce prince, et la seconde, de 118 ans (elle est de l'an 1105); encore celles qu'on a

que les monarques ne s'emparèrent du pouvoir législatif que peu à peu, et à mesure qu'ils augmentèrent leurs états et leurs forces (1); encore n'exercèrent-ils d'abord ce pouvoir qu'avec le concours de plusieurs évêques, princes ou seigneurs dont le suffrage fortifiait leur autorité. On le voit dans une foule d'ordonnances, entr'autres dans celles de 1233, 1262, 1301; dans cette dernière, la signature de l'évêque d'Orléans est avant celle du monarque.

Le titre d'ordonnance n'a guères été usage que depuis cette dernière époque, depuis Philippe-le-Bel. Les principales qu'on cite relativement à la justice, sont celles de 1539, données à Villers-Coterets et Abbeville (2); de 1560, à Orléans; de 1563, en Roussillon; de 1566, à Moulins; de 1579, à

___

recueillies jusques en 1190, c'est-à-dire, dans un intervalle de plus de deux siècles après cette époque, ne sont-elles que des privilèges particuliers accordés à des villes, à des églises, à des prélats, à des serfs, etc. du domaine propre du monarque, et non pas de véritables ordonnances. Laurière n'a pu s'empêcher de l'avouer. « On aurait pu, dit-il, retrancher quelques lettres-patentes de Henri I, » Philippe I et Louis VI, qui sont plutôt des privilèges que des » ordonnances : mais après y avoir fait réflexion, on a cru de-» voir les insérer dans cet ouvrage, *parce qu'il ne se trouve aucune* » *ordonnance de ces princes*, et que ces privilèges ont fait dans leur » tems une espèce de droit ». — T. 1, préf. n. 40.

Montesquieu, sup. ch. 29, nous donne le motif de cette lacune, motif que Laurière n'a peut être pas osé publier. Sous les premiers règnes de la troisième race, la France était divisée en pays de l'obéissance du roi et pays hors de son obéissance. Il faisait pour ceux-là des ordonnances de sa seule autorité, qui n'étaient reçues au contraire dans les derniers, que lorsque leurs barons, c'est-à-dire, leurs souverains, le voulaient bien. J'ajouterai, avec Mably, que dans les pays même du domaine du roi, les ordonnances furent d'abord faites, ainsi que je l'ai dit ci-dessus, avec le consentement des seigneurs. Je trouve en effet dans les premières ordonnances du tome 1.er du Louvre, cette formule : *Episcoporum et procerum nostrorum consilio et assensu*. (V. entr'autres l'ordonn. de 1118, p. 4). Le dernier mot fut ensuite supprimé, et l'on mit : *Communicato consilio*, etc. (V. l'ordonn. de 1137, p. 7). Il est donc certain que le pouvoir du monarque s'accrut par degrés.

(1) V. sur toutes ces variations du droit public français, les observations sur l'histoire de France, par Mably.

(2) L'ordonnance d'Abbeville est locale pour le Dauphiné. V. le tom. 1.er du recueil de Giroud.

Blois (1); de 1629, appelée code Michaud (2); de 1667, pour la procédure civile; de 1669, pour les commitimus et pour les eaux et forêts; de 1670, pour les matières criminelles; de 1673, pour le commerce; de 1681, pour la marine; de 1731, pour les donations et les cas prévotaux et présidiaux; de 1735, pour les testamens; de 1736, pour les registres des paroisses; de 1737, pour le faux, les évocations, les lettres de répi; de 1738, pour le conseil privé; de 1747, pour les substitutions; de 1771, pour les hypothèques (3).

---

(1) Celles d'Orléans et de Blois ont été rendues d'après les cahiers des états généraux.

(2) Le code Michaud fut fait d'après les cahiers ou avis des états généraux de 1614 et des assemblées de notables de 1617 et 1626.

(3) *Observations* sur le pouvoir législatif attribué à la nation des francs ou aux principaux de ses chefs.

Le système que nous avons adopté sur ce point est appuyé, comme on l'a vu, sur les actes anciens de la législation et sur le témoignage des premiers historiens; il est conforme aux mœurs des francs dans la Germanie, que Tacite et César ont si bien peintes, et à celles qu'ils durent conserver, au moins pendant bien des années après leur conquête de la Gaule; enfin, il est soutenu par les publicistes et les historiens les plus éclairés et les plus instruits dans nos antiquités politiques, qui s'accordent tous sur ses bases principales, les Boulainvillier, Montesquieu, Velli, du Buat, Mably, Dumont, Chabrit, Mounier, etc. etc. Deux étrangers même, Gibbon et Robertson, que leur érudition profonde, leur jugement exquis et leur style pur et éloquent doivent placer au premier rang des successeurs de Tacite, après avoir étudié les monumens et consulté les critiques, l'ont adopté sans balancer ( ch. 38, vers les notes 119 et 120 ), quoiqu'ils connussent l'opinion opposée de Dubos, opinion, il est vrai, combattue victorieusement par Montesquieu et Mably. — V. Gibbon, ch. 38, vers les notes 119 et 120; Robertson, note 37.

Des autorités et des raisons aussi imposantes n'ont point détourné un érudit moderne de soutenir le système opposé. Quoique les motifs qui ont dicté ses vingt gros volumes aient été accusés avec quelque vraisemblance d'une *partialité* intéressée ( V. le mercure de France des 6 mars et 10 avril 1784 ); nous nous sommes cru obligé d'examiner avec soin ses preuves et surtout les titres dont il les appuie, et notre examen nous a démontré l'exactitude et la raison supérieure des hommes illustres dont il s'est constitué l'antagoniste.

Il faudrait faire un ouvrage plus considérable que celui-ci, si nous voulions relever toutes les erreurs, soit fortuites, soit préméditées, que nous avons notées en marge de celui de Moreau. Nous nous contenterons de quelques observations sur les points les plus importans.

I. Moreau prétend, (t. 1, p. 117, 183, et note de la fin; t. 2. p. 1, 13, etc.), que ce n'est point dans les institutions des germains qu'il faut

Quoique nous ne donnions ici que le nom *d'ordonnances* aux constitutions des monarques français, elles en portent souvent d'autres. On les divise en édits, ordonnances, déclarations et lettres-patentes.

chercher la nature du gouvernement français, parce que notre monarchie n'a commencé que dans les Gaules, où les francs adopterent les usages, les lois des naturels du pays. Nous l'avons déjà dit, un peuple à demi sauvage ne change pas tout d'un coup de mœurs et d'usages, surtout lorsque ces usages tiennent à ce qu'il chérit le plus. Que les francs aient adopté plusieurs des usages de la vie civile des gaulois, cela se conçoit ; mais que des barbares qui faisaient profession de la plus extrême indépendance aient consenti, dans l'intervalle de quelques années, à se soumettre à l'empire absolu, au *despotisme* du chef qui n'avait vaincu grace à leur courage et à leur audace, c'est ce qui est absurde. Quand on révoquerait en doute l'existence ou l'autorité des *champs de Mars*, les faits particuliers que nous avons cités (note 3, p. 137), suffiraient seuls pour établir combien les francs étaient peu disposés à se laisser subjuguer par Clovis ou ses fils. Enfin la publication et la révision que ceux-ci firent des lois saliques, lois rédigées en Germanie, lois qui établissent des distinctions humiliantes entre les vainqueurs et les vaincus (l'amende pour le meurtre d'un franc était double de celle qu'on payait pour le meurtre d'un gaulois), ne peuvent laisser aucun doute sur ce point. - V. aussi les premières notes de cet article.

II. Pour éluder ce dernier argument, Moreau a essayé de prouver que la loi salique n'avait pas été faite par les assemblées franques de la Germanie (t. 2, p. 85, 89, 177). Les plus anciens titres de cette loi ne sont, selon lui, que des recueils des décisions données dans les *malleberges* ; or on tenait dans les malleberges, suivant Ducange qu'il cite, des *malla* qui n'étaient pas les assemblées de la nation, mais les *tribunaux* de chaque commune. Mais Ducange ne dit cela que dans la traduction de Moreau (on verra d'autres preuves de la fidélité avec laquelle Moreau traduit); voici le texte : « evidenter colligitur malbergium locum fuisse ubi *pu-* » *blicos* subindè *conventus* seu Malla vel Placita tenebant et *agitabant* » franci nostri salici, in quibus *publicæ* privatæque causæ *disceptaban-* » *tur* et dijudicabantur ». L'homme le moins versé dans la langue latine voit qu'il est question « d'assemblées publiques où l'on *traite des affaires* » *publiques* et où l'on juge les différends des particuliers ». C'était en effet les deux fonctions des assemblées politiques des francs, et c'est aussi pour les avoir confondues (Mounier, note 2, p. 10, ch. 2, en fait la remarque), que Moreau a commis tant d'erreurs. - V. aussi les textes cités, p. 139, ligne 2 et suiv., et ci-après, pag. 154, n.° VII, in-f. - Au reste, Moreau avait adopté lui-même, et sans s'en appercevoir, l'interprétation que nous donnons au passage de Ducange. « C'était dans le » *Mallum*, avait-il dit, t. 2, p. 74, que se traitaient *toutes les affaires et publiques* et même particulières ». La vérité perce toujours.

III. Il eût été trop difficile de contester la part que les assemblées des francs ont pris au pouvoir législatif, sous les deux premières races de leurs rois ; Moreau, pour se tirer d'embarras, donne une définition plaisante de ce pouvoir. Ce n'est, dit-il, en dernière analyse, *que la puissance exécutrice*. En vain Montesquieu a distingué le pouvoir exécutif du pouvoir législatif ; Montesquieu n'a su ce qu'il disait, et sa distinc-

Les édits et les ordonnances étaient des constitutions que le monarque faisait sur les objets qui intéressaient tout l'état, mais les ordonnances concernaient spécialement l'administration de la justice.

---

tion n'a été adoptée que par des gens qui ne saisissent que les mots. Ce qu'il faut distinguer ici, c'est la législation d'avec le pouvoir législatif; tout le monde peut être législateur, le souverain seul a la puissance législative, parce qu'il peut forcer ses sujets à suivre la loi ( t. 3, p. 10, 138, 146; t. 7, p. 67, 117, 126, 145). D'après ces définitions et distinctions aussi ridicules qu'extravagantes, Moreau conclut que quoique les assemblées des francs fissent les lois, le monarque qui les sanctionnait ou en ordonnait l'exécution, avait seul le pouvoir législatif. D'après les mêmes principes, il faudrait dire aussi que les premiers empereurs romains, et non le sénat ( V. ci-devant, page 47 ); que le roi d'Angleterre, et non le parlement; que l'empereur d'Allemagne, et non la diète; que le roi des français, sous la constitution de 1791, et non l'assemblée nationale avaient ou ont seuls le pouvoir législatif. Que d'absurdités! —— A l'égard du mode d'exécution des capitulaires, V. Baluze, préf., n.º 15.

IV. Les textes que nous avons rapporté (p. 139 et suiv.), et une foule d'autres attestent jusques à l'évidence, que les rois des francs faisaient la loi avec le consentement du peuple ou celui de leurs fidèles; Moreau trouve un moyen très-simple d'échapper à de tels argumens; il traduit sans façon le mot *consensus* par le mot *avis*, et il travestit ainsi des assemblées législatives en de simples conseils. On pourrait lui objecter d'abord que ces conseils auraient été un peu couteux et un peu nombreux, puisque leurs membres étaient appelés de toutes les parties de l'empire, et qu'il cite lui-même ( t. 3, p. 97 ), une assemblée composée de 146 évêques, ducs et comtes, outre le *reste du peuple* qu'on ne dénombre pas. « Anno DCCCXVI.... Hluduvicus *ex omni imperio suo* fecit » conventum episcoporum, abbatum, comitum, vel majorum natu » francorum, ut *sancirent capitula*... Quod ita factum est ». — Baluze, t. 1, p. 560. « Temporibus Clotarii regis, una cum principibus suis, » id est, 33 episcopis et 34 ducibus et 79 comitibus, vel *cætero populo*, » constituta est ». — Préface de la loi salique corrigée sous Clotaire 2. — V. D. Bouquet, t. 4. — Mais on a des preuves encore plus directes à opposer à Moreau. Le mot *consensus* se trouve souvent joint dans les lois à celui de *consilium*, et il est alors incontestable que le premier de ces mots désigne un *consentement* et le second un *avis*. L'édit de Piste, dont Moreau a travesti et non pas traduit un chapitre, contient seul trois fois cette formule. « *Una cum consensu et consilio* fidelium nostrorum *constituimus*. — V. Baluze, t. 2, p. 173, c. 3, p. 174, in præf. p. 176, c. 6. — Et dans le préambule de celui de Quierzy, on en trouve une encore plus précise. « Hæc capitula ab eodem rege ( Karolus Calvus ) statuta sunt in » Placito generali apud Carisiacum, omnium cum *voluntate et consensu*, » et a præfato rege et ab omnibus qui præsentes, fuerunt confirmata ». — Baluze, t. 2, p. 227. — Enfin, le même Baluze explique ainsi le premier passage d'Hincmar que nous avons transcrit page 145, « generalem consensum dixit, quia ista decernebantur in *generali procerum conventu*, in generali placito regio. — Préf n.º 7.

On croira peut-être que Moreau est embarrassé: point du tout. Il pas-

Les uns et les autres n'étaient datés que du mois et de l'année.

Les déclarations étaient des constitutions particuculières interprétatives de quelques parties des ordonnances ou édits antérieurs.

---

se d'abord sous silence les textes qui contrarient son système, et lorsqu'il est forcé d'en citer un, voici comment il traduit ( t. 4 , p. 288 ). Les mots *consensu et consilio fidelium nostrorum statuimus*, signifient, suivant lui, « nous avons ordonné, *de l'AVIS et en PRÉSENCE* de nos fi-
» dèles ». Il est inutile de faire aucune réflexion sur une *infidélité* d'autant plus étrange que Moreau avoue lui-même ( t. 4 , p. 316 ), que les mots *ex consensu* signifient de l'*avis* ou du *consentement*, et cependant il ne les traduit jamais que dans le premier sens. — Au reste, il a disséminé dans plusieurs volumes, ce qu'il a dit à ce sujet, afin sans doute de rebuter par la longueur des recherches ceux qui auraient été tentés de lui répondre. — V. t. 3, p. 97, 147, 258 ; t. 4, p. 13, 82, 100, 148, 186, 322 ; t. 5, p. 354 ; t. 7, p. 38, 106, 119, 136, etc.

V. Ceci nous conduit naturellement à la discussion de la fameuse phrase, *lex consensu populi fit et constitutione regis*. On ne se douterait jamais de la manière dont Moreau la traduit ( t. 4 , p. 289 ) : *toute instruction se fait et par les témoignages de l'assemblée et en vertu des ordres donnés au nom du roi*. Il prétend qu'autrement le chapitre n'aurait pas de sens, parce qu'il était inutile d'y placer cette phrase ; mais, 1.º ce n'est pas dans le langage d'une loi et surtout dans une loi du 9.ᵉ siècle qu'il faut chercher de l'élégance ni même de la correction ; 2.º la phrase ne paraît étrange que dans le texte que rapporte Moreau ( p. 286 ), parce qu'il n'en forme qu'une seule de tout le chapitre, au moyen de la substitution adroite qu'il fait de plusieurs virgules, aux points qui se trouvent dans l'original. — V. Baluze, t. 2, p. 176 et 177. — 3.º La phrase, dans sa traduction, a bien moins de sens que celle qui existe dans le texte altéré par lui. Jamais instruction judiciaire, ni chez les romains, ni chez aucun autre peuple, ne s'est faite par les témoignages du public présent à l'audience. D'après les règles de la procédure romaine, qu'il dit être celle qu'on suivait chez les francs, et que décrit exactement Heineccius ; sup. ad tit. 17, lib. 4, les deux parties produisaient des témoins à l'audience, mais ces témoins n'étaient ni tout le peuple, ni toute l'assemblée ; 4.º *facere legem*, *dicere legem* signifie à la vérité, souvent, *faire droit*, *rendre justice*, mais le verbe *fieri*, n'est pas le verbe *facere*, et *lex fit* ne peut signifier que : *la loi se fait* ou *est faite*. Le mot *lex* doit d'autant moins être pris dans un sens différent, qu'on lui oppose plusieurs fois, dans le même chapitre. ceux-ci, *ad justitiam faciendam*, qui signifient eux-mêmes, *faire droit* ; qu'il est précédé du mot *legaliter* qui signifie légalement ou conformément à la loi ; que dans un autre chapitre enfin ( ch. 20 ; Baluze, p. 183 ), il est pris dans son sens naturel : « in illis regionibus in quibus *secundum legem* romanam judi-
» cantur judicia, juxtà ipsam legem talia judicentur ». 5.º Enfin, le savant illustre qui nous a donné une édition complette des capitulaires, celui qui devait le mieux en connaître le mode de rédaction et le sens des expressions qu'on y emploie, Baluze lui-même explique cette phrase comme tous les écrivains, si j'en excepte Moreau. Voici ce qu'il dit dans sa préface, n.º 7. « . . . Explicemus quonam illa ( capitularia )
» modo conderentur . . . Karolus Calvus *uno verbo rem conficit, dum legis*

Les letttres-patentes étaient des constitutions qui ne concernaient que des provinces, villes, corporations ou citoyens en particulier. Elles étaient ainsi que les déclarations, datées du jour, du mois et de l'an-

---

» *promulgationem tribuit arbitrio et voluntati principis*, *consensum populo.*
» Lex, inquit, consensu populi fit et constitutione regis ». Parle-t-il ici *d'instruction judiciaire qui se fait par les témoignages de l'assemblée?* Et cependant Moreau ( t. 2, p. 284, 302 ), aurait-il osé l'accuser de n'avoir pas lu le texte entier du chapitre, ou d'agir contre sa conscience, par esprit de parti ou d'innovation!.. Baluze était bibliothécaire d'un des principaux ministres (Colbert) du roi le plus absolu; c'est à ce ministre qu'il dédiait son ouvrage, c'est ce ministre même qui lui en fournissait plusieurs actes importans, et qui vraisemblablement faisait les frais de l'édition. Baluze, il est vrai, ajoute que les rois se servaient dans les assemblées, du conseil de tous les grands, *capita populi*. Mais pouvait-il, dans sa position, insister sur la signification rigoureuse du mot *consensus*? Aussi, ne glisse-t-il évidemment cette remarque que pour faire tolérer son ouvrage, puisque la phrase qu'il cite est précédée de celle-ci, *CONSENSU et CONSILIO fidelium statuimus*, et que dans la suite du même article, il établit jusques à l'évidence le mode de confection des capitulaires, *par le consentement du peuple*, d'après une foule d'autres textes... Le célèbre avocat général et conseiller d'état, Jerôme Bignon, qui avait étudié à fonds nos anciens monumens, et qui en a expliqué un grand nombre de passages difficiles, ne traduit également le mot *lex* de celuici, que par le mot *loi*, et non par celui d'instruction judiciaire. Il nous indique que la *loi* invoquée dans la première partie du chapitre, était la loi salique, titre 1.<sup>r</sup>. --- Bignon, not. in Baluze, t. 2, p. 827. --- Nous reviendrons sur la traduction de Moreau, ci-après, n.° VII. Nous ajouterons seulement ici un passage qui nous donne une idée de la manière dont les assemblées exprimaient leur consentement aux propositions des lois. « Et si *omnibus vobis* ista complacuerunt, di-
» cite. Et *tertiò* ab *omnibus* conclamatum est: *PLACET*. Et impera-
» tores et penè omnes Galliæ et Germaniæ principes subscripserunt,
» singuli singulas facientes cruces ». --- Capit. an. 822; Baluze, t. 1, p. 530.

VI. On a sans doute été surpris de l'interprétation que Moreau donne au mot *populus*. Ce n'est pas la moins piquante de ses erreurs. Selon lui, (t. 2, p. 72, 138; t. 3, p. 123, 288; t. 4, p. 154, 283; etc. ), *populus*, à cette époque, ne désignait point une nation, mais le peuple d'une cité ou d'une ville, parce que dans la langue romaine, dont on se servait alors, on n'entendait par *peuple romain*, que cette portion de la nation qui habitait la capitale. Dans un autre volume ( t. 3, p. 123, car il a toujours soin de disséminer ses remarques ) il cite pour preuve de cette signification, ce vers d'Ovide, *cumque suis totas populis incendia gentes*, *in cinerem vertunt*. On ne se serait pas attendu à voir établir une proposition importante de droit public, proposition qui est la base de tout le système de Moreau ; ( par-tout ailleurs il suppose sa proposition démontrée, v. t. 2, p. 138; t. 3, p. 188; t. 4, p. 154, 283, 298, 303, etc. ), sur l'autorité unique d'un poëte. On sait que les poëtes n'emploient souvent un mot que pour faire une image, et telle a été l'intention d'Ovide, dans ce vers, au jugement de l'élégant traducteur de ses métamorphoses, Dubois-Fontanelle, que nous avons consulté. Nous nous ser-

née. On les nommait lettres-*patentes*, parce que le contenu en était public, et par opposition aux lettres closes ou lettres de *cachet* dont le contenu était secret.

virons, nous, d'une autorité plus respectable en cette matière; de la loi elle-même. *Appellatione populi*, dit-elle, *universi cives significantur*. — Jnst. jure natur. § 4. — Or, tous les citoyens n'étaient pas renfermés dans les murailles de Rome; c'était seulement dans l'enceinte de ces murailles que se tenait l'assemblée législative. Dès le tems de la République, après la guerre sociale, les italiens avaient obtenu le droit de cité, et par un édit de Caracalla (v. Gibbon, ch. VI, in f.), il fut rendu commun à tous les habitans de l'empire, dont la masse forma alors le *peuple romain*. « Jus quo *romanus populus* utitur, jus civile romanorum appellamus », dit Justinien, eod. § 2. D'après la définition de Moreau, il faudrait décider que le corps de droit de Justinien ne concernait que les habitans de la ville de Rome, qui même, dans le tems où il le publia, n'étaient pas sous la puissance de cet empereur. Quelle absurdité ! Ce n'est pas que nous entendions que le mot *populus* des capitulaires désigne tous les francs, mais il embrasse au moins tous les principaux francs, et souvent aussi les députés des classes les *moins considérables*, etc. (V. Mably, liv. 2, ch. 2). « Populi, dit Baluze, préf., » id est, hominum *principum*, optimatum, procerum, qui sunt *capita* » *populi*. ».

Moreau n'est pas plus heureux, lorsqu'il emploie dans le même sens les mots *cité* et *ville*; ils en ont un très-différent; *urbs*, *oppidum* indiquaient bien jadis une ville, mais *civitas* désignait un peuple entier. C'est ce que nous avons établi dans le mémoire indiqué page 26, note 1, d'après une foule d'autorités, et entr'autres, d'après celle des mémoires de l'académie des inscriptions, t. 18, p. 62 ; t. 19, p. 495, 672; t. 27, p. 109; t. 31, p. 255; etc. Nous pouvons y ajouter encore celle de la loi « quod quisque populus ipse sibi jus constituit, id *ipsius* proprium » *civitatis* est, vocatur que jus civile quasi jus proprium *ipsius civitatis*. — Eod. § 1 ; l. 9. ff. de just. et jure.

VII. On devine que, conséquemment à son interprétation du mot *populus*, Moreau appelera le *conventus populi* dont il est souvent questions dans les lois des francs, l'assemblée d'une simple ville, l'assemblée municipale, dit-il, *d'une cité tenant son plaid et présidée par ses magistrats*. (T. 2, p. 74), nommés Curiaux par les gaulois, et Rachimbourgs ou *Scabins* par les francs. . Rien n'était plus simple, reprend-il ailleurs, (t. 3, p. 123; v. aussi t. 3, p. 288; t. 4, p. 154, 283, etc.) que cette administration générale confiée à ces plaids des cités qui étaient connus des romains dont on suivait encore en cela les usages... Tous les *actes judiciaires* se faisaient là *in conventu populi*; non-seulement (t. 4, p. 154) les actes de juridiction contentieuse, qui terminaient les procès, mais encore les actes volontaires qui renfermaient les transactions et les dispositions des citoyens. Lorsqu'il s'agissait d'un procès civil (p. 168), les parties y comparaissaient, produisaient leurs titres ou plutôt leurs témoins, vu la rareté des titres, et leurs *conjurateurs* (p. 177), c'est-à-dire, les particuliers qui attestaient avec serment que leur droit était incontestable. Ainsi, comme l'instruction se faisait en public (p. 282) dans la cité, au milieu du municipe assemblé, en présence et de tous les conjurateurs et de tous les témoins qui étaient obligés d'y assister,

Ces quatre espèces de lois étaient signées par le monarque, contre-signées par un secrétaire d'état et visées et scellées par le chancelier ou garde des sceaux. On les adressait aux cours supérieures qui

---

le jugement que portait cette multitude se nommait *consensus populi*, nom emprunté du plaid de la municipalité, qui lui-même était appelé *conventus populi*.

Les faits qu'avance ici Moreau sont presque tous démentis par les monumens de l'histoire ; et il n'en cite aucun où l'on voie qu'on ait jamais appelé *conventus populi*, la réunion des juges, des témoins, des conjurateurs, etc., ou qu'on ait jamais dit que cette réunion prononçait le jugement, et que le jugement fut appelé *consensus populi*... C'est cependant d'après toutes ces suppositions qu'il a donné la traduction dont nous avons démontré l'absurdité, n°. V page 150.

1°. Les fonctions propres des *Curiaux* ou magistrats municipaux romains étaient à-peu-près semblables à celles de nos officiers municipaux modernes. Du Buat, traité des origines, l. 6, ch. 3, les a indiquées d'après le code théodosien, et nous trouvons dans le digeste des détails bien plus circonstanciés dans le fragment d'un traité de ces sortes d'offices, composé par le jurisconsulte Arcadius Charisius, qui vivait au tems de Constantin. Ce fragment dont on a fait la loi 18, ff de munerib. et honor., nous apprend que les Curiaux étaient chargés des levées des troupes, de leurs fournitures en vivres et en équipages, des étapes, des travaux publics, etc. — V. h. l., et Pothier in eamd.

L'administration de la justice n'appartenait point aux Curiaux, mais le préteur ou le président pouvaient charger quelques-uns d'entr'eux qu'ils choisissaient au commencement de chaque procès, de prononcer sur les différends des particuliers, suivant la règle de droit qu'ils leurs traçaient pour chaque cause. — V. pour la forme des jugemens à Rome, Sigonius et Heineccius, sup. — Ces juges, ordinairement en petit nombre (le préteur n'en nommait souvent qu'un seul) prononçaient entr'eux à la pluralité des suffrages, et ils ne prenaient pas ceux du public. — V. Heineccius, ibid.

2°. Les *Rachimbourgs* ou *Scabins* étaient en France les assesseurs du comte ou grafion qui présidait le tribunal, mais ils ne consultaient pas mieux le public que les curiaux, et ils étaient ordinairement au nombre de sept. — Loi salique, tit. 52, 53, 60 ; loi ripuaire, tit. 57. — » Comites non soli sed adsidentibus septem ut plurimum consiliariis, jus dicebant, qui *Racimburgi* dicebantur». — Bignon, in Baluze, t. 2. p. 952 in f. — Les témoins, le plus souvent, n'excédaient pas le nombre de douze. On indique leurs noms dans beaucoup de passages de la collection de Baluze : dans un acte, page 826, on en nomme douze ; dans un autre, page 823, on n'en indique que six ; ailleurs, page 824, quatre seulement ; et pages 743 et 953. neuf. . . . Les conjurateurs ne sont pas plus nombreux. On en exige douze dans une des formules de l'appendix de Marculfe, et sept dans une autre, — id., p. 436. — Et c'est à vingt-cinq ou trente juges, témoins et conjurateurs, qu'il plaît à Moreau d'appliquer le mot de *multitude* et de restreindre celui de *populus*!.. Lorsqu'on parle d'un jugement, on dit toujours, « *Scabini* » *unanimiter hoc judicaverunt*; per judicium Scabiniorum; interrogavit » Scabinios quid de hâc causâ judicare voluissent, etc., p. 552, 743, 791, 823, 824, 953, etc. Il n'est point question de l'avis des autres personnes présentes. Il paraît même que cela ne devait point être d'après

en ordonnaient la publication et l'enregistrement, quelquefois sous des modifications. Ainsi, ces cours participaient d'une manière indirecte au pouvoir législatif, car les lois ne pouvaient avoir d'effet qu'autant

---

un article de la loi des Lombards, rappelé dans le ch. 40, liv. 3 des Capitulaires, — id., t. 1, p. 761. — « Ut nullus ad placitum banniatur » nisi qui causam suam quærit, ant si alter ei quærere debet, *exceptis* » *Scabineis septem*, qui ad omnia placita præesse debent ». V. aussi Bignon, sup. t. 2, p. 952.

3°. Les Curiaux ne recevaient point toutes les conventions ou actes des citoyens. S'il y en avait où la loi romaine exigeait leur présence, tels que les testamens, les affranchissemens, etc. ( V. Baluze, t. 1, p. 948, in f. ) la plupart des autres pouvaient se faire en présence de témoins, ou par écrit public ou privé. « Hic verò ( lib. 2, Marculfi ) » chartas pagenses continet, eas videlicet quæ in unoquoque comitatu » et pago, in præsentia comitis, ant vicarii, ant centenarii, *aut etiam* » *privatim* peragi possent. Nam ritè et publicè quippiam perficiendi » *duo* tum legitimi *modi*, in palatio antè regem, in pago antè comitem. » *Plœraque existunt negotia, quæ per epistolam fieri possunt* ». — Bignon, in id. p. 928. — Aux textes que cite Bignon, nous en ajouterons un qui est décisif. La vingt-quatrième formule de Sirmond ( p. 481 ) indique comment on nomme un tuteur et ajoute qu'on fait deux copies ( *duas epistolas* ) de l'acte, dont l'une reste entre les mains d'une tierce personne, » alteram vero aliquis homo de manu nostra vel pupilli sus- » cipiat ».

Il est donc évident que les curiaux ou scabins ou magistrats des cités n'exerçaient point les fonctions judiciaires que Moreau leur attribue ou de la manière qu'il les leur attribue. On ne peut donc point leur rapporter la phrase *lex consensu populi fit* comme il l'a fait, et encore moins leur appliquer les mots *conventus populi*, sur-tout lorsqu'il ne cite aucun texte qui indique qu'on les leur applique. Nous serons moins embarrassés à cet égard ; les capitulaires en contiennent un grand nombre qui ne laissent pas le moindre doute sur le sens véritable du mot *conventus*. « Warmatia *generalem conventum* habuimus, — An. 803, t. 1, » p. 385, — capitula data in *generali populi conventu*... *Generali totius* » *populi*. — Id., p. 405; & an 813, p. 511; 819, p. 597; 821, p. 821. — » et quando ad generale placitum venerimus consultu *omnium* fidelium » nostrorum.... Ad proximum nostrum *conventum* ac generale placi- » tum, — an 803, p. 408, 410. — In sacro conventu quem aggregavi- » mus. — An 816, p. 553. — Ex omni imperio fecit *conventum*. — Id, » p. 560. — V. ci-dessus page 146, n°. 4. — Conventus abbatum et mo- » nachorum. — An 817, p. 579. — Cum *universo cœtu* populi. — An » 819, p. 597, etc ». Y a-t-il aucun de ces passages qu'on puisse appliquer à une réunion de juges, de témoins, de conjurateurs et de spectateurs?... Ou dont on puisse restreindre la signification à l'assemblée d'une simple ville ?...

Il paraît, d'après les observations précédentes, que si le pouvoir judiciaire était encore au tems de Charles le Chauve, exercé dans le plaid de la cité, comme il l'avait été dans les Malleberges, les Scabins, présidés par le comte, y donnaient seuls leurs suffrages, y étaient seuls les véritables juges; et sous ce point de vue, il est assez probable qu'ils représentaient leurs concitoyens, ainsi que le prétend l'abbé de Mably. Le plaid ou l'assemblée générale de la cité n'avait vraisemblablement

qu'elles avaient été enregistrées, et à dater du jour de l'enregistrement. Au reste, ce droit d'enregistrement et de modification n'était fondé sur aucune loi, mais sur des usages très-anciens. — V. à ce sujet Mably, liv. 6, chap. 5 et 6; liv. 7, ch. 3; liv. 8, ch. 3, 4, 6 et 7.

On a publié plusieurs collections des ordonnances des rois, auxquelles l'on a donné le titre de *codes* à l'imitation de celle de Justinien; mais ces collections faites par des particuliers, n'ont aucune autorité par elles-mêmes. Il faut toujours examiner si les lois

---

conservé que le droit de délibérer sur les affaires publiques, tandis que les *malla* des Malleberges statuaient en Germanie, et sur les affaires publiques et sur les différends des particuliers. — V. ci-devant, page 148, n°. II.

Les plaids des provinces avaient au contraire conservé ces deux fonctions, sauf que depuis Charlemagne, suivant Mably, liv. 2, ch. 2, et note 9, on les convoquait au mois de mai pour s'occuper d'affaires administratives, et on y appelait alors un grand nombre de personnes, telles que les évêques, comtes, avoués, etc. qui toutes n'avaient pas sans doute fait partie du plaid de justice. — V. id. n°. II, in f.

---

Il est tems de terminer cette note, où en réfutant les propositions les plus importantes de Moreau, celles qui sont la base de tout son système, nous croyons avoir établi la vérité de celui que nous avons adopté d'après les monumens anciens, les premiers historiens et les publicistes les plus éclairés.

---

*Explication de la formule*, TEL EST NOTRE PLAISIR, *mise à la fin des ordonnances des rois*; d'après Salvaingt de Boissieux, premier président de la chambre des comptes de Dauphiné.

Les anciens annalistes français et allemands entendent par le mot *placitum* l'assemblée des états-généraux où l'on traitait des affaires importantes de l'état (p. 100). A quoi F. Hotoman, cap. 11, *Franco-Gallia*, et après lui Maran, en ses discours politiques de la justice, ch. 1, rapportent la clause ordinaire que nos rois mettent dans leurs édits, *car tel est notre plaisir*, laquelle, disent-ils, ne se doit pas entendre d'un plaisir volontaire et particulier, fondé en la seule opinion du prince, mais que cette manière de parler tirée de la latine, *quia tale est nostrum placitum*, ne veut dire autre chose, sinon qu'après avoir mûrement délibéré sur ce sujet, on s'est porté à cette résolution, comme à la meilleure et à la plus saine, arrêtée dans ces états, et par l'avis de plusieurs. *Latinâ consuetudine*, dit Hotoman, *placitum id propriè dicitur quod re in multorum consilio quæsita, et deliberata tandem inter ipsos convenit.* — Traité de l'usage des fiefs, p. 108.

qu'elles citent sont encore en vigueur. Tels sont le code *Henri* commencé sous Henri 3, par Brisson, et continué par Carondas et Tournet ; les codes des chasses, des curés, des commensaux, des procureurs ou code Gillet, militaire, municipal, pénal, de police, rural, etc.

Indépendamment des ordonnances des rois de France, il y a plusieurs lois étrangères qui sont suivies dans les pays réunis, telles que les lois de quelques empereurs ou rois d'Espagne dans la Flandre française, la Bourgogne et le Roussillon ; le statut delphinal dans le Dauphiné ; le code Léopold dans la Lorraine ; les constitutions du roi de Sardaigne dans la Savoie et le comté de Nice, etc.

Les ordonnances des rois de France ont eu, ainsi que les lois romaines, leurs interprètes ou commentateurs. Nous en allons indiquer les principaux, avec la date des premières et des dernières éditions de leurs commentaires.

*Ordonnances.* — Commentateurs.

1539. ( Villers-Coterets ) Bourdin ( Bordinus ) 1606, 1628.
1579. ( Blois ) Boutaric, 1745.
1667. Bornier, 1678 — 1760 ; Jousse, 1753 — 1767 ; Rodier, 17... ; Serpillon, 1776 ; Dumont, 1783.
1669. ( Eaux et forêts ) Galon, 1725, 1752 ; Henriquez, 1781.
1670. Bornier (1) ; Jousse, 1753, 1763 ; Serpillon, 1767.
1673. Bornier ; Boutaric, 1743 ; Jousse, 1755, 1761.
1681. Valin, 1760.
1731. Furgole, 1733, 1761 ; Damours, 1753 ; Boutaric, 1737, 1744 ; Rousseau-Lacombe 1733.
1735. Aimar, 1740 (2).

---

(1) Les commentaires de Bornier, sur les ordonnances de 1667, 1669, 1670 et 1673, sont compris dans le même ouvrage.

(2) Furgole a aussi commenté l'ordonnance de 1735, dans son traité des testamens, v. ci-après, page 161.

1737. Serpillon, 1774.
1747. Sersel, 1748; Furgole, 1767 (1).
1771. Sainte-Foy; Brohart; Roussilhe, 1785.

## ART. IV.

*Des règlemens et arrêts des cours supérieures.*

Les cours supérieures rendaient quelquefois des arrêts (2) qui avaient force de loi, parce qu'ils étaient censés approuvés tacitement par le monarque. Tels étaient :

1.º Les arrêts de règlemens (3) sur la procédure ou sur diverses questions particulières, arrêtés dans les assemblées des chambres.

2º. Les arrêts prononcés dans des audiences solemnelles en robes rouges. Ils se rendaient aussi *consultis classibus*, sur des questions de droit, afin de fixer la jurisprudence; ils étaient pour l'ordinaire inscrits sur des registres particuliers, appelés livres *verds*, livres *rouges* (4).

Indépendamment de cette espèce d'arrêts solemnels, les arrêts particuliers obtenaient la même autorité

---

(1) Sallé a publié des commentaires généraux sur les ordonnances de Louis 14, et sur celles de Louis 15, relatives aux testamens et donations, sous le titre d'*esprit des ordonnances*, etc.; le 1.ᵉʳ en 1758, le 2.ᵉ en 1762 et 1759.

Le recueil des questions proposées par d'Aguesseau, avec les réponses du parlement de Toulouse, est très-utile à consulter pour l'interprétation de ces dernières ordonnances. Il en est de même du procès-verbal des conférences qu'on tint pour la rédaction de celle de 1667, et qui a été publié en 1700.

(2) Le titre d'*arrêt* était donné aux décisions des cours souveraines ou supérieures; celui de *jugement* et de *sentence*, à celles des tribunaux inférieurs.

Il y avait 16 cours supérieures qui statuaient en dernier ressort sur les affaires civiles, criminelles ou canoniques, savoir, le grand conseil, à Paris, pour les matières bénéficiales et présidiales; 13 parlemens siégeans à Paris, Toulouse, Grenoble, Bordeaux, Dijon, Rouen, Aix, Rennes, Pau, Metz, Besançon, Douai et Nancy; 2 conseils supérieurs à Colmar et Perpignan.

(3) On en trouve plusieurs dans le recueil de Giroud, qui ont été rendus pour le Dauphiné; tel est celui de 1547.

(4) Ces livres sont souvent cités par les arrêtistes.

lorsqu'on en avait rendu plusieurs de la même manière et sur des cas tout-à-fait semblables, chose très difficile; c'est ce qu'on appele encore la jurisprudence des arrêts, ou des cours souveraines. Il en existe un grand nombre de recueils ou compilations; recueils pour la plupart, faits avec peu de discernement. Nous allons en indiquer les principaux pour chaque parlement ou conseil supérieur, avec la date des premières et dernières éditions, et les noms des auteurs.

PARIS. — Levest, 1612; Papon, 1514—1637; Montholon, 1545—1655; Leprêtre et Gueret (1), 1652, 1679; Bardet et Berroyer, 1690; iidem et Lalaure, 1773; Bouguier, 1622—1647; Louet et Brodeau, 1602—1712; iidem et Rousseau-Lacombe, 1742; Desmaisons, 1667; Soëfve, 1682; Henrys et Bretonnier, 1708—1774; Dufresne, Laguessiere, etc. (Journal des audiences) 1680—1757.

TOULOUSE. — Dolive, 1646; Idem et Soulages, 1785; Laroche-Flavin, Cambolas et Graverol, 1617 —1745; Albert, 1686, 1731; Maynard, 1603-1751; Cambolas, 1671—1735; Catelan, 1703-1730; Idem et Vedel, 1733; *journal du palais* de Toulouse, 1758 et suiv. Aguier, 1782.

GRENOBLE. — Guy-Pape et Jacques Ferrieres, 1593—1667; François Marc, 1579; Expilly, 1607 —1636; Basset (tome 1.er), 1668 (tome 2) 1676, 1686; Guy-Pape et Chorier, 1692, 1769.

BORDEAUX. — Boyer (Boërius), 1544—1612; Nesmond, 1617; Lapeyrere, 1675—1749.

DIJON. — Bouvot, 1623, 1628; Perrier et Raviot, 1735.

ROUEN. — Froland, 1740.

---

(1) Lorsque nous joignons plusieurs arrêtistes ensemble, les derniers que nous indiquons ont ordinairement fait des notes ou des additions aux ouvrages des premiers. ⇌ Le tiret – placé entre les dates des éditions annonce qu'il y en a eu plusieurs autres. La date de la première édition indique aussi le tems auquel l'auteur vivait.

Aix. — Boniface, 1670—1708; Dupérier, 1684 —1760; Grimaldi, 1745, 1746; de Bezieux, 1750; la Touloubre, 1756, 1772.

Rennes. — Levrat, 1581, 1588; Belordeau, 1619, 1626; Dufail et Sauvageau, 1652—1715; Frain et Hévin, 1646—1684; Volant, 1722; Poulain Duparc, (journal des audiences de Bretagne) 1737 et suivantes jusques à 1775.

Pau. — Gassion. . . .

Metz. — Frémin . . . . ; Corberon, 1693;

Besançon. — Grivel (Grivellius) 1660, 1731.

Douai. — Pinault, 1702; Pollet, 1716.

Nancy. — Rogéville.

*Colmar*. — N. . . . . ; Essai de recueil d'arrêts, 1740---1743.

D'autres auteurs ont recueilli avec plus ou moins d'exactitude, les décisions des diverses cours supérieures. Voici les noms des principaux d'entr'eux, avec l'indication abrégée des titres de leurs ouvrages.

*Fromental*, décisions de droit, 1740; *Blondeau* et *Gueret*, journal du palais, 1672---1755; *Rousseau-Lacombe*, recueil de jurisprudence, 1736---1769; *Jouy*, arrêts de règlement, 1752; *Augeard*, arrêts notables, 1710---1756; *Denisart*, collection de décisions nouvelles, 1754---1771; *Bretonnier et Boucher d'Argis*, recueil des principales questions de droit, 1718---1783.

D'autres enfin, ont entrepris de rassembler par ordre alphabétique, les arrêts de tous les tribunaux de 1re. classe, en les faisant précéder de traités où l'on établit les principes dont les arrêts ont fait l'application, tels sont;

Brillon; dictionnaire des arrêts ou jurisprudence universelle des tribunaux, 1711, 1727, 6 vol. in-f.°; mauvais ouvrage, dit un critique (1), mais table

---

(1) Biblioth. de droit, n.° 627.

nécessaire. C'est en effet le seul recueil complet que nous ayons en ce genre.

GUYOT ; répertoire universel de jurisprudence, 1775, 1784, 17 vol. in-4°. — Ce recueil contient beaucoup d'excellents traités faits *ex professo* par des jurisconsultes habiles et entr'autres par MERLIN DE DOUAI, (v. ci-après page 262), mais il y a aussi un grand nombre d'articles incomplets et au-dessous du médiocre.

CAMUS et BAYARD ; collection des décisions, etc. nouvelle édition de la collection de Denisart, connue sous le nom de *nouveau Denisart*, 1783 jusques à 1790, 11 vol. in-4°. — Ce recueil précieux ne comprend pas encore la moitié des lettres de l'alphabet. Il est critiqué quelquefois par les auteurs du répertoire et par ceux de l'ouvrage suivant.

PROST DE ROYER, RIOLZ et ESPAGNE ; dictionnaire universel des arrêts, ou nouvelle édition de Brillon, 1781 jusqu'à 1790, 7 vol. in-4°. — Cette collection qui est supérieure aux précédentes, est encore moins avancée que le nouveau Denisart ; elle finit au mot *assignation*.

## ART. V.

### Des auteurs de droit.

Nous avons donné dans l'histoire de la jurisprudence romaine, une nomenclature des auteurs qui se sont principalement occupés du droit romain, et dans l'article précédent, celle des principaux arrêtistes ; il nous reste à parler des auteurs qui ne tiennent à aucune de ces deux classes, ou de ceux qui ont traité de quelques matières particulières, tant du droit français que du droit romain. Il en est plusieurs dont l'autorité est très-grande dans les tribunaux, lorsque leurs décisions sont établies sur des dissertations qui ont elles-mêmes pour bases les lois ou les ordonnances, tels sont dans les pays de droit écrit :

*Auteurs, et matières dont ils ont traités.*

*Ricard :* Donations, dispositions conditionnelles, substitutions, 1685 --- 1754; avec les additions de Bergier, 1783.

*Lebrun :* Successions, 1692---1775.

*Dunod :* Prescription, 1731 --- 1753.

*Furgole :* Donations, testamens et substitutions, 1733 et 1761; 1745; 1767.

*Montvalon :* Successions, 1781.

*D'Aguesseau :* Diverses matières, 1759.

*Pothier :* Mariage, obligations, contrats divers, tels que vente, louage, prêt, grosse aventure, etc.; beaucoup d'éditions, entr'autres, 1774, 4 v. in-4.º

*Renusson* et *Sérieux :* Subrogation, etc., 1732 -- 1783.

*Boiceau* et *Danti :* Preuve par témoins, 1696 --- 1772.

*Desgodets* et *Goupy :* Bâtimens et servitudes urbaines, 1748 --- 1768.

*Richer :* Mort civile, 1755.

*Basnage :* Hypothèques, 1687 --- 1724.

*Lalaure :* Servitudes, 1761 --- 1778.

*Froland :* Statuts, 1729.

*Fournel :* Séduction, injures; 1784; 1785.

Nous pouvons ajouter à ces auteurs, 1.º le cit. MERLIN-DE-DOUAI : il a inséré dans le répertoire, ainsi que nous l'avons dit, un grand nombre d'articles, dont chacun forme un traité considérable et complet. Nous citerons, entr'autres, les articles;

héritier; institution contractuelle et d'héritier; légataire et legs; légitimation; légitimité; légitime; prescription; preuve; puissance - paternelle; quartes d'époux, falcidie et trébelliannique; représentation; révocations de codicille, donation, legs, substitution et testament; séparations de biens et de corps; subrogation; substitution; succession; testament; tutelle; usufruit et usage; vaine pâture; vol.

2.° Le cit. *Garran-de-Coulon* : il a inséré dans la même collection un bon traité des servitudes.

3.° Le cit. *Espagne* : il a inséré dans le dictionnaire de Prost-de-Royer, un traité complet de l'assignation.

Les traités de ces jurisconsultes sont d'autant plus précieux, qu'ils sont rédigés avec méthode et écrits purement; que les principes y sont établis sur les lois; qu'ils contiennent enfin la dernière jurisprudence. — V. ci-devant page 95, note 3.

## Art. VI.

### *Dernier état du droit Français ancien.*

D'après ce qu'on a exposé, il est aisé de connaître quelles étaient les lois ou les règles qu'on devait suivre avant la révolution, pour la décision des différends des particuliers, et qu'on doit encore suivre aujourd'hui pour la décision des différends dont la cause est antérieure à la même époque. Nous allons en donner la série, en rappellant qu'on ne doit avoir recours aux dernières que lorsque les premières n'ont point prononcé sur l'objet dont on s'occupe (1).

1.° Les ordonnances les plus récentes des rois;

---

(1) V. ci-devant, page 34.

2.º A leur défaut, les coutumes dans les pays coutumiers, et les lois romaines dans les pays de droit écrit (1) ;

3.º A défaut de celles-ci, les réglemens et arrêts solemnels ;

4.º A défaut de ces derniers, la jurisprudence des arrêts particuliers, lorsqu'elle est constante ;

5.º Enfin, les décisions des auteurs, lorsqu'elles sont fondées sur une saine interprétation des lois. Mais, ni ces décisions, ni les arrêts particuliers, ne peuvent être considérés comme lois.

---

(1) Les statuts et coutumes relatifs à quelques points de jurisprudence, dans les pays de droit écrit, doivent aussi être suivis de préférence aux lois romaines.

# Appendix au chapitre second.

## Du droit Canonique.

Le droit canonique ou ecclésiastique peut être considéré comme une des principales sources du droit français ancien. Il était jadis d'un très-fréquent usage ; les tribunaux étaient surchargés de procès relatifs aux dîmes et autres droits ecclésiastiques, et sur-tout à la collation des bénéfices.

La suppression de la dîme et des droits analogues, celle de tous les bénéfices simples et des patronages, enfin la substitution de l'élection populaire aux collations anciennes de divers genres, prononcées par les décrets du 4 août 1789 et la loi du 24 août 1790, en éteignant les procès dont nous venons de parler, rendirent la connaissance du droit canonique à-peu-près inutile aux gens de loi.

Il n'en est pas de même aujourd'hui : on peut s'en servir quelquefois avec succès. S'il s'élève, par exemple, entre les ministres du culte, quelque différend qui tienne à leur hiérarchie ou discipline, ou quelque difficulté entre ces mêmes ministres et les particuliers, relativement à l'administration des sacremens, il faudra suivre les décisions du corps du droit canonique, en les modifiant par les libertés de l'église gallicane, que la loi du 18 germinal a consacrées. Nous croyons donc qu'il est nécessaire de faire connaître les diverses parties dont se compose cette compilation, et d'expliquer ce qu'on entend par les *libertés de l'église gallicane*.

§. I.er

## Du corps du droit Canonique.

Le corps du droit canonique est divisé en quatre parties principales : le décret, les décrétales, les clémentines et les extravagantes.

1. Le *Décret* est une concordance des divers canons ou décisions de l'église, composée vers le milieu du 12.e siècle, par Gratien, moine de Bologne. Cet auteur y a mêlé sans ordre et sur-tout sans critique, des passages des ss. Pères, des extraits du code et du digeste et des capitulaires, et beaucoup de pièces fausses ou désignées sous des titres qui ne leur conviennent pas. Les savans des 15, 16 et 17.e siècles, et entr'autres les Pithous, qui ont donné des éditions du décret, en ont fait disparaître beaucoup de fautes ; mais il y en a encore assez pour qu'on ne doive le consulter qu'avec précaution (1).

2. Les *décrétales* sont des rescrits des papes. — Il y en a deux parties, dont la première contient les constitutions d'Alexandre III ( il régnait de 1159 à 1181 ), où se termine le décret de Gratien, et celles de ses successeurs jusques à Grégoire IX ( il régnait de 1227 à 1241 ), qui publia cette collection et la fit diviser en cinq livres. Les constitutions y sont rangées dans un meilleur ordre ( l'ordre chronologique ), que dans le décret ; mais on y remarque aussi des omissions, des changemens et des additions au texte ancien de ces lois, et l'on y trouve aussi des citations apocriphes ou infidèles (2).

---

(1) Fleuri, 4.e disc. sur l'hist. ecclésiast. ⇌ d'Héricourt, dissertat. sur l'orig. du droit ecclés.

(2) Lacombe, recueil de jurisp. canon. préf. pag. 12.
Il y a beaucoup de décrétales qui ont été supposées par les rédacteurs du corps du droit, dans le dessein d'étendre l'autorité ecclésiastique. Elles sont contenues dans la collection d'Isidore Mercator, et on les nomme *fausses décrétales*.

La seconde partie des décrétales en contient la continuation depuis Grégoire IX jusques à Boniface VIII ( il régnait de 1294 à 1303 ). Comme elle ne forme qu'un seul livre, c'est-à-dire, le 6.e livre de tout l'ouvrage, on l'a nommé le *sexte*; *sextum decretalium* (1).

3. Les *Clémentines* sont les constitutions du pape Clément V ( il régnait de 1305 à 1314 ).

4. Les *extravagantes* sont des constitutions des papes, publiées après les précédentes; ce sont des espèces de novelles. On en distingue deux sortes: les extravagantes proprement dites, c'est-à-dire, les constitutions de Jean XXII ) il régnait de 1316 à 1334 ), et les extravagantes *communes*, ou celles des autres papes (2).

Les *éditions* les plus estimées du corps du droit canonique, sont celles du *Grand-Navire*, 1601 ; de Lyon, 1618 et 1624 ; des frères Pithous, 1687 — 1746, et de Boehmer, 1746..... Il est bon d'y joindre les dialogues d'Antoine Augustin, sur la correction du décret, 1587 — 1764 ; et le *Pseudo-Isidore* de Blondel, où l'on apprend à connaître les décrétales supposées par Mercator, 1628.

*Commentateurs principaux*. Prosp. Fagnan, 1665—1759 ; Innoc. Ciron, 1645 ; Henri Boich, 1520—1576 ; J. à Costa, 1676 ; Fr. Florent, 1679—1763 ; Aug. Barbosa, 1648—1688 ; Just. Boehmer, 1756 (3).

---

(1) Il contient aussi les canons des conciles de Lyon, de 1245 et 1292.

(2) Les décrets des conciles, postérieurs aux époques ci-dessus indiquées, forment, sur-tout en France, un supplément naturel au corps du droit. La collection la plus complette des conciles est celle de Nicolas Coleti, Venise, 1728 et suiv. 25 vol. *in*-fol.º, avec les additions de J. Dom. Mansi, Lucques, 1748 à 1752, 6 vol. *in*-fol.º ⸺ La collection du père Labbe, Paris, 1672, 17 vol. *in*-f.º, vient après celle de Coleti. De tous les ouvrages publiés sur les conciles, le plus curieux est sans contredit l'histoire du concile de Trente, par le célèbre Fra-Paolo, dont la meilleure traduction est celle de le Courayer.

(3) Le canoniste le plus savant, le plus judicieux et le plus exact est Bernard Van-Espen, docteur de Louvain, né en 1646, mort en 1728. La meilleure édition de son *jus ecclesiasticum universum*, est celle de

## §. II.

## Des libertés de l'Église gallicane (1).

L'autorité des ministres de l'église catholique est une autorité purement spirituelle sur les consciences. Elle ne les rend pas indépendans, et les établit encore moins les supérieurs de la puissance temporelle : telle est la doctrine qu'ont enseignés le fondateur et les premiers chefs du christianisme.

On perdit de vue ces principes pendant les siècles d'ignorance qui accompagnèrent et suivirent la destruction de l'Empire romain d'occident. Les chefs des barbares accordèrent les plus grandes prérogatives aux chefs du clergé, dont les lumières et la sagesse excitaient leur admiration et commandaient leur respect : les évêques devinrent seigneurs, ministres des rois, membres des assemblées législatives. Quoique plus éclairés que leurs contemporains, ils ne l'étaient point assez pour ne pas confondre l'autorité qu'ils devaient à leur titre avec le pouvoir qu'ils devaient à leur caractère ou aux circonstances. Ils prétendirent avoir et ils exercèrent bientôt le droit de prononcer sur les affaires temporelles, dans leurs conciles, dont la juridiction devait être restreinte aux affaires spirituelles, et les descendans

---

1753, 4 vol. in-fol.° -- Camus, biblioth. de droit, n.° 985. -- L'ancienne France a produit un canoniste presqu'aussi célèbre, Louis de Héricourt, avocat à Paris, né en 1687, mort en 1752, auteur des *lois ecclésiastiques mises dans leur ordre naturel*, 1719 -- 1771 « Cet ouvrage, dit un criti-
» que, est écrit avec correction et avec lumiere ; chaque chapitre y est
» précédé d'un extrait de l'histoire qui doit en faciliter l'intelligence ;
» je n'ai pas le courage de blâmer quelques répétitions que j'y apper-
» çois ». -- Chabrit, sup., liv. 9, ch. 35.

(2) Nous avons consulté pour la rédaction de cet article, les discours de Fleury et les lois de d'Héricourt, déjà cités ; les dissertations de Dupin ; les traités des libertés qu'Henry et Bertholio ont insérés dans le répertoire et dans l'encyclopédie ; etc.

mêmes des rois à qui ils devaient tout, furent les victimes de cette erreur politique (1).

Ces premiers succès des évêques tournèrent au profit des papes, qui d'abord n'avaient été que simples spectateurs de leurs entreprises. Premiers pasteurs de l'ancienne capitale du monde, successeurs du premier des apôtres, ils tinrent d'abord le premier rang parmi les évêques; ils s'en crurent ensuite les monarques, et la part efficace que leurs subordonnés avaient prise aux affaires profanes leur parut à plus forte raison être une branche essentielle de leur empire. Ils se constituèrent les arbitres (2), ensuite les juges absolus (3) des chefs des états, enfin les législateurs universels de la chrétienté (4).

Plusieurs circonstances favorisèrent l'ambition des papes. Devenus maîtres de Rome; protégés par les villes et princes d'Italie qui craignaient de retomber sous le joug des successeurs de Charlemagne, à l'empire; souverains en apparence légitimes de toute l'église, à l'aide des fausses décrétales où l'on faisait décider aux papes des trois premiers siècles, toutes les affaires dont les conciles avaient été en possession de connaitre depuis l'établissement du christianisme, ils profitaient avec habileté de l'igno-

---

(1) Vamba, roi d'Espagne, fut déposé dans un concile, en 561.

(2) Grégoire IV, en 833, voulut être arbitre des différends de Louis le Débonnaire, avec ses fils; Nicolas I, en 863, excommunia et voulut déposer l'empereur Lothaire II; Adrien II, en 870, défendit à Charles-le-Chauve de s'emparer des états de son neveu.

(3) Les empereurs Henry IV, en 1076; Othon IV, en 1210, et Frédéric II, en 1238, furent déposés par les papes Grégoire VII, Innocent III et Grégoire IX.

(4) Grégoire VII crut pouvoir mettre en principe « qu'il avoit seul
» le droit de faire de nouvelles lois, d'assembler les nations et de se re-
» vêtir des ornemens impériaux; qu'il n'existait qu'un seul nom, qu'un
» seul titre dans le monde, celui du *Pape*; qu'il pouvait absoudre du
» serment de fidélité les sujets des princes méchans, et déposer les em-
» pereurs, sans que personne eût le droit de révoquer sa sentence; qu'il
» jugeait tout le monde et ne pouvait lui-même être jugé par person-
» ne ». — Henry, sup.

rance où l'on était sur les limites des puissances spirituelle et temporelle, et ils se servaient du crédit et sur-tout des richesses du clergé, pour asservir le monde catholique.

L'abus qu'ils firent de ce dernier moyen de puissance fit ouvrir les yeux sur les fondemens de leur autorité. Non contens d'avoir usurpé tous les droits et toute la jurisdiction des évêques, et la collation de presque tous les bénéfices (1), ils osèrent établir des taxes sur le clergé des divers états de l'Europe; rien n'égala l'arbitraire qu'ils mirent dans la fixation de ces taxes, si ce n'est les excès des officiers chargés de les percevoir.

Les ecclésiastiques éclatèrent en murmures; ceux de France recoururent à la protection de St-Louis, et ce monarque publia en leur faveur la *pragmatique sanction* (2). Par cette loi, il défendit toute levée de taxes sans son consentement, rétablit les patrons et évêques dans leurs droits et jurisdiction, rendit aux chapitres et églises la liberté d'élire leurs pasteurs, ordonna enfin que tout ce qui concernait la disposition des bénéfices serait réglé par les canons de l'église et les institutions des Saints-Pères.

Les dispositions de cette loi (3) si justement célèbre, vu le tems où elle fut publiée, étaient malheureusement, excepté en ce qui avait rapport aux taxes, trop vagues pour mettre un frein aux entreprises de la cour de Rome. Boniface VIII les renouvella un demi-siècle après contre Philippe Lebel; à la suite de quelques contestations, il excommunia

---

(1) Les Papes étaient, au 13.<sup>e</sup> siècle, en possession de toutes ces prérogatives.

(2) Ce titre est donné dans le code, à quelques constitutions impériales.

(3) On les trouve dans le répertoire et dans le diction. de jurisp. de l'encyclopédie, au mot *pragmatique-sanction*.

ce prince, le déposa et le priva de sa couronne (1).
Philippe résista; le clergé secondant ses efforts, déclara que la nation française n'était point, quant au temporel, sous la domination du pape, et les mêmes principes furent proclamés quelques années après (en 1329) sous Philippe de Valois, dans une conférence solemnelle où Pierre de Cugnières (2) établit, en présence des chefs du clergé, que la puissance ecclésiastique avait fait un grand nombre (3) d'usurpations sur la puissance séculière.

Dans le même siècle, on publia le songe de *Duvergier*, ouvrage (4) composé d'après les ordres de Charles V, par un auteur inconnu, pour fixer les limites des deux puissances. Les esprits s'éclairèrent; il ne manquait plus qu'une occasion favorable pour rétablir les veritables principes si long-tems méconnus; elle se présenta bientôt; les cardinaux assemblés en 1378 pour l'élection du successeur de Grégoire XI, se divisèrent; ils élurent en même-tems deux papes, dont l'un siégea à Rome et l'autre à Avignon, et qui furent reconnus chacun par plusieurs nations. Ce schisme dura jusques au concile de Constance, où le célèbre Gerson (5) fut l'ame des délibérations. On y jugea, on y déposa, ou l'on y contraignit à se démettre, les papes rivaux; on y élut le pape légitime (qui approuva les décisions du concile); on y consacra enfin la supériorité des conciles généraux sur les chefs de l'église.

---

(1) Par la fameuse bulle *unam sanctam*... Boniface, dans une lettre à Philippe, se servait de ces expressions: *scire te volumus, quod in spiritualibus et in temporalibus nobis subes*.

(2) Avocat-général au parlement de Paris.

(3) Il en établit jusques à 66 chefs.

(4) Il a été inséré dans le traité des libertés de l'église gallicane de Pithou. --- V. ci-après, p. 172.

(5) Chancelier et chanoine de l'église de Paris, ambassadeur de France au concile.

Cette doctrine, confirmée peu de tems après par le concile général de Basle (1), servit de fondement à la deuxième pragmatique sanction (2). Charles VII, partisan zélé de ce concile, dont les papes ont ensuite méconnu les décrets, érigea ses canons en lois de l'état, dans une assemblée tenue à Bourges en 1438. La discipline de l'église remise en vigueur à quelques égards, et l'épiscopat rétabli presqu'en entier dans son ancienne dignité ; tels furent les principaux résultats de la pragmatique sanction (3). Si, dans la suite, une politique irréfléchie, ou plutôt une artificieuse intrigue, détermina François I.er à y porter atteinte par son concordat (4), du moins en respecta-t-il les principes les plus importans ; savoir : ceux qui étaient relatifs à l'indépendance de l'état, à la supériorité des conciles, à l'administration des églises d'après leurs usages et privilèges.

Les dissentions religieuses qui s'élevèrent sous le règne de ses petits-fils furent plus funestes à ces principes. Une partie du clergé, du clergé régulier sur-tout, empressée de se faire un appui du pape, contre Henri III qu'elle voulait précipiter, et Henri IV qu'elle voulait exclure du trône, adopta des maximes absolument opposées. Les prérogatives accordées aux protestans par l'édit de Nantes, enflammèrent encore son zèle imprudent, et l'on vit, peut-être sans surprise, le cardinal Duperron menacer en présence de la nation assemblée (5), menacer d'une excommunication quiconque soutiendrait la doctrine impie

---

(1) Tenu depuis 1431 jusques en 1439.

(2) C'est celle-ci qu'on désigne par le nom simple de *pragmatique sanction* : on désigne la première sous celui de *pragmatique sanction de St.-Louis*.

(3) V. un extrait de ses dispositions principales dans le répert. et l'encyclop.. sup.

(4) Fait à Bologne, entre François I er et Léon X, en 1515.

(5) Aux états-généraux de 1614.

d'après laquelle les états et les souverains se croyaient indépendans du pape.

C'est à-peu-près dans ces circonstances que le célèbre Pierre Pithou (1), jaloux de remettre en vigueur les véritables principes, fit son traité des libertés de l'église gallicane (2), qu'il composa de quatre-vingt-trois maximes principales, dont Pierre Dupuis (3) rassembla les preuves, et sur lesquelles il fit des commentaires. Publié en 1631 (4), cet ouvrage fut d'abord très-mal accueilli ; l'assemblée du clergé le censura dans les termes les plus virulens (5); le ministère cédant à l'orage, en défendit la vente et la distribution (6).

Le Gouvernement ne conserva pas long-tems

---

(1) V. ci-devant, pages 94 et 121.

(2) Pithou établit le système des libertés de l'église gallicane, sur deux maximes fondamentales.

I.re *Maxime.* — Les Papes ne peuvent rien ordonner, soit en général, soit en particulier, sur ce qui concerne les choses temporelles en France ; et s'ils y commandent ou statuent quelque chose, les français, même les clercs, ne sont pas tenus de leur obéir.

II.e *Maxime.* Quoique le Pape soit reconnu pour souverain, dans les choses spirituelles, cependant sa puissance n'est point absolue ni indéfinie en France ; elle est retenue et bornée par les canons et les règles des anciens conciles de l'église, reçus dans notre pays.

De ces deux maximes générales dérivent, suivant Pithou, soit conjointement, soit séparément, plusieurs autres maximes particulières, que nos ancêtres ont moins écrites que pratiquées et exécutées, selon les occurences.

Pithou développe ensuite la première maxime, ou plutôt en tire des conséquences ou corollaires jusqu'au 39.e article inclusivement ; les 44 autres articles sont employés au développement et aux conséquences de la seconde. — V. l'extrait des 83 articles, dans le répert. et dans l'encyclop., sup.

(3) Né en 1578, mort en 1651 ; il était conseiller au parlement, garde de la bibliothèque royale, et l'un des plus savans hommes de son tems.

(4) Il avait d'abord paru en 1609, mais sans pièces justificatives et commentaires.

(5) Dans cette censure, publiée en latin et en français, on traite les auteurs d'*hérétiques*, et leur collection, d'assemblage de tout ce que l'enfer a vomi de plus affreux contre l'église.... *Quam blandus est horum voluminum titulus, tam venenosus et lethalis est eorum contextus.* — Collection des procès-verbaux du clergé, t. 3, pièces justif., n.º 1.

(6) Par arrêt du conseil, du 20 novembre 1638.

cette pusillanimité. Dès 1651, Louis XIV approuva le traité de Pithou, et le combla d'éloges, éloges que la nation entière répéta. Bien plus, les tribunaux en adoptèrent les maximes comme des lois de l'état, quoique elles ne fussent que le fruit des études d'un simple particulier ; enfin, le clergé, dans sa déclaration célèbre de 1682, les confirma en établissant lui-même quatre maximes fondamentales (1), qui ne sont, pour ainsi-dire, qu'un extrait de la charte de Pithou ; et ces quatre maximes furent elles-mêmes considérées comme des principes constitutifs du Gouvernement spirituel de l'église gallicane, parce qu'elles furent aussitôt revêtues d'une déclaration enregistrée dans les cours supérieures, et où Louis XIV ordonna à toutes les écoles de théologie et de droit *canon* de les enseigner.

Ce grand procès fut dès-lors jugé. Les *ultrà-montains* résistèrent sans doute ; ils proscrivirent la déclaration de 1682 ; ils publièrent même plusieurs ouvrages, où ils essayèrent d'établir, sur des faits historiques, la suprématie universelle du pape, soit au temporel, soit au spirituel (2) ; mais ce ne fut

---

(1) Voici ces quatre maximes :

1.º Ni le pape, ni l'église n'ont aucun pouvoir sur le temporel des rois; ils ne peuvent les déposer directement ou indirectement, ni dispenser leurs sujets du serment de fidélité.

2.º Le concile général est supérieur au pape.

3.º La puissance du pape est limitée par les canons ; il ne peut rien faire ni statuer qui soit contraire aux maximes établies par les anciens conciles et par les anciens canons, ou aux libertés de l'église gallicane. Celles-ci ne sont point des immunités ni des priviléges, mais des barrières établies contre les abus que les papes font de leur autorité, ou contre leurs atteintes sur le droit des princes, sur les anciens usages et les anciennes constitutions de l'église.

4.º Le pape n'est point infaillible, non seulement quand au fait, mais même quand au droit, à moins qu'il ne soit à la tête d'un concile.

(2) V. entr'autres 1º. tractatus *de sensu et autoritate Constantiensis concilii*, par Schelstrate, bibliothécaire du Vatican, 1686; in-4.º — 2º *Gallia vindicata in quâ quœ pro quatuor parisiensibus propositionibus producta sunt, refutantur*; 1688, in-4.º — 3.º *Remarques d'un théologien* sur le traité de Maimbourg, 1688, in-12, etc. — Dans ces ouvrages et surtout dans le second, on s'efforce d'établir les propositions inverses de celles

plus qu'une guerre purement littéraire. Les principes de la déclaration triomphèrent en France; quelques années s'étaient à peine écoulées, que le monarque détermina lui-même les limites de la juridiction des supérieurs ecclésiastiques, fixa le mode suivant lequel ils l'exerceraient dans la délivrance des institutions canoniques et des permissions de prêcher ou d'administrer les sacremens, dans les visites, la surveillance de la discipline, etc. (1). Enfin, la loi organique des cultes vient récemment de témoigner combien l'autorité publique tient aux libertés de l'église gallicane et aux maximes de l'assemblée de 1682, en consacrant de nouveau les unes et en ordonnant d'enseigner les autres (2).

---

de la déclaration du clergé. La puissance du pape, sur le temporel des souverains, paraît à l'auteur du *Gallia vindicata*, tout-à-la-fois *utile*, *juste* et conforme à l'écriture et aux sentimens des pères et même de l'église gallicane; et il n'admet la supériorité des conciles généraux que sur les papes hérétiques, schismatiques et douteux, et non sur les papes légitimes. -- V. les nouv. de la rep. des lett. 1686, p. 220. et 1688, p. 733-764. -- L'auteur des remarques d'un théologien ajoute que la puissance des papes, sur le temporel des souverains, est utile aux intérêts mêmes de ceux-ci;--ibid, 1688, p. 221-244. -- Au reste, on trouvera les maximes de l'assemblée du clergé, établies dans le traité historique des prérogatives de la cour de Rome, par Maimbourg, 1685, in-12; et dans la défense de cette déclaration, par Bossuet, 1730-1775.

(1) V. l'édit de 1695, sur la jurisdiction ecclésiastique, art. 5, 10, 11, 14, 18, etc.

(2) Nous allons donner un extrait des principales dispositions de cette loi

Aucune bulle ou autre expédition de la cour de Rome, même ne concernant que les particuliers; aucun décret de synode ou concile étranger, ne peuvent être reçus et publiés; aucun nonce ou autre commissaire apostolique ne peuvent exercer leurs fonctions; aucun concile ou autre assemblée ne peuvent se former en France sans l'autorisation du gouvernement. -- l. 18 germinal, 1.re partie, art. 1-4.

Il y a recours au conseil d'état, par l'intermédiaire du conseiller d'état, chargé des affaires du culte, dans le cas d'abus, c'est-à-dire, lorsque les ecclésiastiques ou les séculiers donnent atteinte à l'exercice public du culte, et lorsque les premiers commettent une usurpation de pouvoir, une contravention aux lois de la République, une infraction aux canons reçus en France, un attentat aux libertés de l'église gallicane... Le recours peut être exercé par toute personne et même par le préfet, *ex officio*, --- art. 6-8.

Le culte catholique est exercé sous la direction des archevêques, évêques et curés, qui tous sont tenus de résider dans leurs diocèses ou

On peut facilement, d'après les observations précédentes, se former une idée du droit canonique actuel. On voit que les seules règles qu'il soit utile d'étudier, du moins pour des gens de loi, sont les règles relatives à l'*abus* (1) et aux moyens de le réprimer. Les ouvrages que nous avons cités, soit dans le texte, soit dans les notes de cet article, suffiront aux élèves, en y joignant l'institution au droit ecclésiastique, par Fleury, *in-*12, 1677 --- 1767; le traité de l'abus, par Fevret, 1654 --- 1736; et quelques traités sur les libertés de l'église gallicane, tels

---

paroisses, et de prêter le serment ecclésiastique prescrit par l'art. 6 du concordat -- tit. 2.

Les archevêques et évêques sont nommés par le 1.er consul et institués par le pape; ils nomment eux-mêmes les curés, sauf l'agrément du 1.er consul -- ibid. --- L'agrément ou la permission du gouvernement sont aussi nécessaires pour la fixation du nombre des séminaristes à ordonner, l'établissement des fêtes et chapelles, la prononciation des prières publiques, la publication des actes étrangers au culte; etc... Enfin, la liturgie et le catéchisme sont uniformes en France, et la bénédiction nuptiale ne peut être donnée qu'après la célébration civile. --- tit. 2 et 3.

La 2.e partie de la loi du 18 germinal concerne les communions protestantes, soit réformées, soit de la confession d'Augsbourg. Celles de ses dispositions qui sont relatives aux publications, bénédictions nuptiales, etc., sont rédigées d'après les mêmes principes. -- V. aussi l'arrêté du 1 prairial an 10.

(1) On entend, en général, par *abus*, tout ce qui se fait contre l'ordre établi ou contre l'usage; mais on emploie spécialement ce mot pour désigner les entreprises des ecclésiastiques contre la juridiction et les droits des laïques : alors, pour faire réprimer l'*abus*, on interjette appel des actes où l'on reconnaît ces entreprises.

Il paraît que *l'appel comme d'abus* a commencé à être mis en usage dans les 1.res années du 15.e siècle. Au moyen de cette procédure on ne constitua pas le magistrat civil juge direct des actes ecclésiastiques, mais bien juge indirect, en ce qu'on lui donna le droit de prononcer, si, en faisant ces actes, les ecclésiastiques n'avaient pas *abusé* de leur pouvoir.

Suivant l'auteur ultramontain du *Gallia vindicata*, le nom seul de cette procédure en fait sentir l'injustice. Qui dit appel et appel au juge séculier, présuppose que la puissance séculière est au-dessus de la puissance ecclésiastique, ce qui est *horrible*, puisque, selon lui, la *moindre* puissance ecclésiastique est au-dessus de la puissance royale.

L'article 79 des libertés de l'église gallicane indique quatre circonstances qui peuvent donner lieu à l'appel comme d'abus. Ce sont à-peu-près les mêmes qu'a rappelé la loi du 18 germinal. -- V. la note précédente. -- V. aussi Merlin, in repert. mot *abus*.

que ceux de Boutaric, 1747; de Durand-Maillane, 1771; et les dissertations de Dupin, 1686 (2).

---

(1) Comme le court espace de tems consacré à notre enseignement ne nous permet pas de donner des élémens du droit canonique, nous avons cru nécessaire d'en traiter la partie historique avec quelques développemens.

# CHAPITRE III.

*Histoire du droit français nouveau.*

ON peut distinguer dans le droit français nouveau quatre parties principales : les lois, les décisions des comités, les arrêtés du gouvernement, et la jurisprudence des jugemens.

## ARTICLE PREMIER.

### Des lois.

L'ASSEMBLÉE nationale constituante se saisit, au mois de juillet 1789, du pouvoir législatif alors exercé par le roi (1); depuis cette époque les lois n'ont plus été faites que par les assemblées législatives.

On peut diviser les lois en quatre classes.

1.° *Les lois qui ont été sujettes à sanction.* — Ce sont tous les décrets rendus par les assemblée constituante et législative jusques au 10 août 1792. Ils n'acquéraient force de loi que lorsqu'ils étaient revêtus de la sanction ou de l'acceptation du monarque, à l'exception des décrets rendus depuis le 21 juin jusques au 14 septembre 1791, époque à laquelle il fut dans une espèce d'état de suspension. Les décrets publiés dans cet intervalle furent signés par le ministre de la justice.

---

(1) Le chapitre second, article 3, pages 136-156, contient une histoire abrégée du pouvoir législatif sous les deux premières races. Je me proposais d'insérer ici celle du même pouvoir, sous la troisième race et depuis la révolution, qui fait partie du traité des lois constitutionnelles et organiques, expliqué dans les années précédentes ; mais elle exigeait des développemens et des preuves dont le tems ne m'a pas permis de faire assez tôt la recherche. On les exposera de vive voix pendant les leçons.

Les décrets précédens ont été revêtus de lettres-patentes, proclamations ou déclarations du roi, ou arrêts du conseil d'état, jusques à la loi du 2 novembre 1790, qui leur a fait prendre le titre de *lois*.

2.° *Les lois non sujettes à sanction*. — Ce sont les décrets rendus par l'assemblée législative, depuis le 10 août jusques au 20 septembre 1792 (1), et par la convention nationale, depuis le 21 septembre 1792 jusques au 4 brumaire an 4. Ils portent le titre de *lois*, depuis le 10 août jusques au 20 septembre 1792, et celui de *décrets*, depuis le 21 septembre 1792, jusques au 16 prairial an 2, époque où ils ont commencé (2) à être inserés dans un bulletin officiel (3), et enfin celui de lois depuis le 16 prairial an 2 jusqu'à présent, en vertu du décret du 14 frimaire an 2.

---

(1) Il y a eu aussi, dans cet intervalle, des décisions de l'assemblée législative, qui n'étaient pas sujettes à sanction, et qui portaient le nom d'*actes*; elles ne sont en général relatives qu'à des affaires particulières. — V. l. 17 juin 1791, art. 90.

(2) V. ci-devant, note 2, page 33.

(3) Avant l'institution de ce bulletin, les lois étaient imprimées séparément et affichées. Depuis, c'est la distribution du bulletin qui a servi de publication. — V. ci-devant, 1.re partie, append. du ch. 2, p. 33, note 2.

On distingue à présent 3 séries de numéros dans le bulletin, la première qui en comprend 205, commence au 16 prairial an 2, et finit au 3 brumaire an 4. La 2.e, qui en comprend 345, commence au 4 brumaire an 4, et finit au 27 nivôse an 8. La troisième, qui a déjà plus de 200 numéros, commence au 8 du même mois. — Ainsi, l'on doit chercher dans les 2.e et 3.e séries, les lois et arrêtés rendus depuis le 8 jusques au 27 nivôse an 8.

Chaque série est divisée en deux ou trois volumes qui embrassent chacun un semestre ou un trimestre d'une année. On a joint à chaque volume une table alphabétique des actes, et en outre a ceux des 2.e et 3.e séries, une table chronologique. Ces tables, depuis celle du tome 2.e de la 3.e série, renvoient à la page où se trouve la loi ou l'arrêté, et dans les volumes précédens, au n.° soit du bulletin, soit de la loi ou de l'arrêté.

Les lois ou arrêtés sont numérotés en particulier, non dans chaque bulletin, mais dans chaque série. Ainsi, la 1.re série en contient 1233, et la 2.e, 3535.

Il est nécessaire de connaître tous ces signes distinctifs des actes de l'autorité publique, soit pour les chercher avec plus de rapidité, soit pour les citer avec plus d'exactitude. On est quelquefois, en effet, obligé de citer la loi et par sa date et par son numéro; telles sont les deux lois du 16 nivôse an VI, relatives aux ventes faites pendant la dépréciation du papier-monnaie; on ne peut les distinguer que par leurs numéros.

Parmi les lois de cette deuxième classe, quelques unes sont rédigées en forme *négative*. Ce sont celles où le législateur consulté sur diverses questions, répond par des *questions préalables* ou *ordres du jour* motivés. Lorsqu'elles sont publiées ou insérées dans le bulletin, elles ont la même force que celles qui statuent d'une manière affirmative sur un objet.

3.° *Les lois faites par le concours de deux autorités.* — Ce sont les lois rendues depuis le 4 brumaire an 4, jusques au 19 brumaire an 8, par le corps législatif composé d'un conseil des cinq cents qui en avait la proposition, et d'un conseil des anciens qui en avait l'approbation ou le rejet.

Il est arrivé souvent, dans cet intervalle, que les cinq cents ont écarté des propositions par la question préalable ou l'ordre du jour, et que les anciens ont rejetté des résolutions. Ces actes ne sont pas des lois parce qu'il fallait le concours des deux autorités pour une loi, et en conséquence ils n'ont pas été insérés dans le bulletin. Si on les cite quelquefois, ils ne peuvent servir que de présomption de jurisprudence, et encore faut-il en user avec beaucoup de réserve.

4.° *Les lois rendues avec le concours de trois autorités.* — Ce sont les lois rendues depuis le 20 brumaire an 8, jusques au 5 nivose suivant, par les deux commissions législatives des cinq cents et des anciens, sur la proposition nécessaire de la commission consulaire exécutive; et celles rendues depuis cette dernière époque par le corps législatif sur la proposition des consuls de la république, communiquée au tribunat, et les orateurs du tribunat et du gouvernement préalablement entendus.

Les lois se citent communément par leur date; mais il faut remarquer à l'égard de celles de la 1re. classe ou des lois sujettes à sanction, qu'on les cite tantôt en indiquant la date des décrets, tantôt celle des sanctions ou promulgations (1).

## A r t. II.

### *Des arrêtés du gouvernement.*

L<small>E</small> pouvoir exécutif ayant été chargé par toutes les constitutions de faire des arrêtés ou proclamations pour l'exécution des lois, ses décisions doivent être mises au nombre des sources du droit nouveau, comme utiles pour l'interprétation des lois. Celles sur-tout qui ont été rendues par les consuls ont une très-grande autorité, parce que ces magistrats étant chargés de la proposition des lois, ils doivent en connaître le véritable sens.

## A r t. III.

### *Des décisions des comités.*

L<small>ES</small> comités particuliers, tels que celui de législation, des anciennes assemblées législatives, ont souvent pris des arrêtés sur divers objets. Ces arrêtés peuvent être cités comme présomptions de jurisprudence.

Les comités de la convention nationale ont eu en outre, le pouvoir de prendre des arrêtés pour l'exécution des lois relatives aux objets qui leur étaient confiés. — V. la loi du 7 fructidor an 2. — Ces derniers arrêtés ont une autorité plus grande que les précédens; à moins que les citoyens qu'ils intéressaient n'aient usé des moyens qu'on leur a

---

(1) Les lois de cette classe sont cependant toutes datées, dans leur intitulé, du jour des sanctions... Je ne comprends pas pourquoi on semble chercher toujours à compliquer une étude déjà trop pénible pour les commençans.

ensuite donné pour les faire réformer, ainsi que les arrêtés des répresentans envoyés en mission (1).

## Art. IV.

### Des jugemens des tribunaux.

Il serait difficile d'établir des points de jurisprudence sur les jugemens rendus jusques à l'institution des tribunaux d'appel, vu la multitude étonnante de tribunaux chargés de prononcer en dernier ressort (1), et les variations que leur nombre, leurs renouvellemens fréquens et l'empire des circonstances ont dû opérer dans leurs décisions. Il n'en est pas de même de ceux du tribunal de cassation (2), insérés dans un bulletin officiel qui se publie périodiquement (3).

---

(1) La loi du 7 septembre 1793 attribua force de loi aux arrêtés des représentans du peuple envoyés en mission dans les départemens. On voit au 1.er coup-d'œil à combien d'abus cette disposition dût donner lieu. Pour y apporter remède, on annulla d'abord les arrêtés par lesquels ces représentans avaient introduit une marche illégale dans les affaires non jugées, ou autorisé mal-à-propos des tribunaux à juger en dernier ressort, et l'on donna un mois aux parties pour se pourvoir contre les jugemens de ces tribunaux. — L. 29 fruct. an 3, et 25 ventôse IV art. 5.

2.° Les citoyens furent ensuite autorisés à se pourvoir contre ces arrêtés et contre ceux des comités de la convention, au corps législatif qui dût prononcer lui-même, si c'étaient des actes de législation, ou renvoyer à des autorités compétentes, s'il s'agissait d'autres matières. — L. 25 vent. et 8 germ. IV; jugement de cassat. 19 messid. VII, n.° 185. — La loi du 9 therm. an V, prorogea ensuite le délai du pourvoi, jusques à six mois après sa publication.

Mais, pour ne faire aucun tort aux parties qui avaient profité de ces arrêtés, on les remit au même état où elles se trouvaient lorsqu'elles les avaient sollicité, et on les releva de toutes fins de non recevoir, et de toute expiration de délais, depuis cette époque. — L. 3 vend. V.

(1) Depuis l'exécution de la loi du 24 août 1790, jusques à celle de la constitution de l'an 3, il y a eu 525 tribunaux de district jugeant en premier et en dernier ressort, en matière civile. — V. l l. 4 mars 1790, tit. 2; et 28 août 1790. — La constitution de l'an 3 les réduisit à un par département. La loi du 27 ventôse an huit n'a établi que vingt-neuf tribunaux d'appel.

(2) « Les décisions du tribunal de cassation, dit le gouvernement, » dans son arrêté du 2 complémentaire an VI, ne doivent pas être con- » centrées dans l'enceinte des tribunaux ».

(3) Ce bulletin, imprimé en vertu de l'arrêté précédent, commence

Il faut cependant remarquer que les décisions des tribunaux établis depuis la révolution sont rédigées de manière qu'on peut beaucoup mieux y étudier la jurisprudence française, que dans celles des tribunaux anciens. Ceux-ci prononçaient leurs arrêts sans en motiver les dispositions; ceux-là, au contraire, sont obligés non-seulement de poser les questions de fait et de droit, mais encore d'indiquer, 1.° le résultat des faits reconnus et constatés par l'instruction, et les motifs qui ont déterminé leur jugement (1), 2.° d'énoncer les termes de la loi qu'ils ont appliqués (2) et les objets auxquels ils les appliquent (3).

Ainsi, il est très-facile de connaître la manière dont ils interprétent les dispositions d'une loi douteuse.

## Art. V.

### État actuel du droit français.

Lorsqu'il s'élève un différend, il faut avoir recours, pour y statuer, aux autorités suivantes, dans l'ordre que nous allons indiquer.

1. Aux lois nouvelles les plus récentes;
2. Aux arrêtés interprétatifs du gouvernement;
3. Aux ordonnances des monarques, les plus récentes;

---

au 2 vendémiaire an VII. Les jugemens rendus en matière civile et ceux rendus en matière criminelle, sont publiés séparément et par ordre chronologique. Ils sont numérotés, non par volumes, mais par années, de sorte qu'on peut les citer par leur date et par leur n.°, lorsqu'il y en a plusieurs sous la même date. Dans la partie civile, le volume de l'an VII en contient 213; celui de l'an VIII, 138; celui de l'an IX, 135; celui de l'an X, ; ce dernier volume contient aussi, p. 337, un jugement du 22 prair. an IX.

(1) — L. 24 août 1790, tit. 5, art. 15.
(2) Constit. de l'an 3, art. 208.
(3) Jugem. du trib. de cassat. du 9 fruct. VII.

4. Aux statuts particuliers du département;

5. Au droit romain, dans les pays de droit écrit; et aux coutumes dans les pays de droit coutumier;

6. Aux jugemens du tribunal de cassation et des tribunaux jugeans en dernier ressort;

7. Aux règlemens et arrêts solemnels des cours supérieures anciennes;

8. A la jurisprudence des arrêts particuliers, lorsqu'elle est constante;

9. Aux décisions des auteurs de droit, lorsqu'elles sont fondées sur une saine interprétation des lois.

L'inspection de cette nomenclature suffit pour prouver l'utilité, la nécessité même d'un nouveau corps de droit privé ou civil, qui puisse, en élaguant cette multitude accablante d'*autorités* (1), rendre enfin plus faciles l'étude et l'interprétation des lois. Le gouvernement s'en occupe et ce ne sera pas un des moindres bienfaits que nous lui devrons (2).

---

(1) L'embarras qu'elle occasionne aux jurisconsultes n'est pas le seul inconvénient de cette multitude prodigieuse de lois.

1.º Il est impossible que, dans ce grand nombre de lois, il ne se trouve beaucoup de décisions inutiles; or, l'effet naturel des lois inutiles est, suivant Montesquieu, d'affaiblir les lois nécessaires - Espr. des l., liv. 29, ch. 16.

2.º Les lois, loin de pouvoir diriger l'homme dans sa conduite, ( V. ci-devant, p. 22 et 35 ) deviennent au contraire de véritables pièges pour lui, ainsi qu'Hobbes l'a très-bien remarqué. J'estime, dit-il, que c'est une chose contraire au devoir des législateurs, « d'en établir plus » qu'il n'en est absolument de besoin pour l'intérêt des particuliers et » pour celui de la République. Car les hommes ayant accoutumé de » délibérer de ce qu'ils doivent faire ou ne pas faire, plutôt en consul- » tant leur raison naturelle, que par la science des lois; lorsque cel- » les-ci sont en trop grand nombre pour se bien souvenir de toutes, et » que quelques-unes défendent ce à quoi la raison ne touche point di- » rectement; il faut de nécessité qu'ils tombent insciemment et sans » aucune mauvaise intention, dans les lois, comme dans des pièges » qui ont été dressés à cette innocente liberté que les souverains doi- » vent conserver à leurs sujets, suivant les règles de la nature ». --- Fondemens de la polit. ou traité *de cive*, ch. 13, n.º 15, traduct. de Sorbières. -- Qu'aurait dit Hobbes, si, comme nous, il eut vu faire plus de *dix-sept mille* lois, en moins de *dix* années !..

(2) Lorsque le code civil sera publié, nous ajouterons à ce chapitre un article pour l'histoire de ce corps de lois... Nous publierons aussi les autres livres de notre cours, en y joignant les modifications ou additions que le code civil aura faites au droit ancien.

# PRÉCIS
## DU COURS DE LÉGISLATION.

## LIVRE PRÉLIMINAIRE.

### TROISIÈME PARTIE.

*Précis analytique des Instituts de Justinien.*

#### INTRODUCTION.

Nous avons vu dans l'histoire du droit romain, pag. 77 et 83, que Justinien fit composer des élémens ou *instituts* du droit privé. Cet ouvrage a été enseigné jusques à nos jours, aux jeunes gens qui se destinent au barreau, quoiqu'il n'eût ni l'étendue, ni la perfection nécessaires pour atteindre au but qu'on s'était proposé en le publiant. On s'apperçut de ses défauts dans la suite des tems, lorsque les changemens opérés dans les mœurs et le gouvernement des peuples par les révolutions qui avaient eu lieu depuis la chûte de l'Empire romain, en eurent exigé d'autres, non moins nombreux, dans les lois; aussi les interprêtes du droit furent-ils forcés d'ajouter aux instituts, des commentaires plus considérables que le texte. Mais c'est à présent sur-tout, qu'une étude compassée des instituts serait peu utile. Sur 99 titres qu'ils contiennent, il n'y en a pas moins de 45 (1) qui ne peuvent être d'aucun usage pour la décision des différends des particuliers ; et leurs rédacteurs ont omis de traiter de beaucoup de matières dont il était essentiel d'exposer les principes (2).

Parmi les titres dont nous nous servons encore, il en est beaucoup dont les dispositions ont été, en grande partie, abrogées (3) ; d'autres où les principes du droit ont changé, aussi en grande partie (4).

Enfin, l'ordre observé dans les titres est différent de celui proposé dans tous les projets de codes civils.... Par ces divers motifs, nous croyons devoir donner des élémens plus appropriés à l'état actuel de la science ; mais comme les instituts étaient le meilleur ouvrage de tous ceux qui composent le corps du droit romain, nous croyons devoir donner aussi une idée des matières qu'ils renferment.

---

(1) Tous les titres relatifs aux esclaves, aux affranchis, aux tutelles légitimes supprimées, aux hérédités ab intestat, d'après les règles antérieures à la novelle 118 ; et la plupart de ceux qui sont relatifs aux substitutions, aux actions, etc.

(2) Telles sont les dots, les biens paraphernaux, les secondes nôces, les séparations, le divorce, l'illégitimité des enfans, l'interdiction, le domicile, l'absence, les hypothèques, les veuves, etc. Cependant, Justinien avait annoncé que ses élémens seraient complets. Il fait même, dans sa préface, une espèce d'image ou d'allusion qui témoigne combien il était persuadé de ce qu'il avançait. *In quatuor libros partiri jussimus, ut sint totius legitimæ scientiæ prima elementa.* -- proœm. de confirm. instit. § 4.

D'après ces expressions, Accurse, dans sa glose, in h. §, prétend ainsi que nous l'avons dit, page 83, note 2, que les instituts ont été divisés en quatre livres, en l'honneur des quatre élémens ; et si l'on fait attention que ce nombre de livres n'est point le même que celui des parties du droit traitées dans les instituts, si l'on pèse les termes dont se sert ici Justinien, si l'on réfléchit aux opinions de son siècle, si l'on se rappelle enfin le motif qu'il a donné de la division du digeste en *sept parties* ( v. ci-devant, page 82 ), la remarque d'Accurse ne paraîtra point aussi ridicule que Terrasson ( hist. jur. rom. p. 337 ) voudrait le persuader.

Au reste, les traités principaux, omis dans les instituts, seront compris dans nos élémens. -- V. ci-devant, page 27.

(3) Tels sont ceux du mariage, du changement d'état, etc.

(4) Tels sont ceux des prescriptions, de l'acquisition par tradition, etc.

Dans cet objet, nous ferons d'abord une analyse abrégée des instituts, en les divisant en autant d'articles qu'ils contiennent de parties principales. Nous en donnerons ensuite des tables analytiques, suivant l'ordre même de leurs livres. Cette analyse et ces tables contiendront les définitions et les règles principales, que nous citerons également dans les titres de notre Cours, auxquels elles ont rapport. A l'égard des décisions de détail, nous les avons insérées dans ces titres eux-mêmes, en y joignant les corrections et les additions qu'y ont faites les lois françaises anciennes et nouvelles. Cette analyse, ces tables, ces indications ou citations, l'histoire qu'on a lue ci-devant (1), et une explication verbale des titres principaux des instituts, ainsi que de la plupart des lois magistrales citées dans leurs élémens, suffiront pour mettre les élèves en état d'étudier eux-mêmes, le corps du droit romain, dont la connaissance sera, encore long-tems, nécessaire, et tout au moins très-utile.

## ARTICLE PREMIER.

*Analyse des instituts considérés en général* (2).

SUIVANT plusieurs anciens interprètes, les jugemens sont l'objet général du droit privé. Mais comme on ne peut rendre un jugement sans qu'il y ait des *personnes* qui le réclament, des *choses* à l'occasion desquelles elles en ont besoin, et enfin une procédure ou des *actions* suivant lesquelles elles agissent pour l'obtenir, ces objets, réellement secondaires,

---

(1) Pour completter cette histoire, avant l'explication de chaque titre de notre cours, nous exposons l'histoire de la jurisprudence ancienne qui y est relative, d'après Sigonius, Augustin et autres auteurs indiqués page 38, note 1, surtout d'après Heineccius. « Il faut, dit Montesquieu, éclaircir l'histoire par les lois, et les lois par l'histoire ». — V. ci-devant, page 37, note 1.

(2) V. la table analytique, n.º 1.

ont paru si essentiels, qu'on a pu en faire les objets principaux du droit (1).

Quoiqu'il en soit de ce motif, Justinien a, en effet, adopté cette division. « Tout le droit, dit-il, » dont nous nous servons, a rapport aux personnes, » aux choses, ou aux actions (2) ». — Inst. jure nat. §. ult.

Avant de passer toutefois à l'exposition des règles de ces trois grandes parties, il donne quelques maximes sur la justice, sur la jurisprudence, et principalement sur le droit, dans les deux premiers titres du livre premier.

Il traite ensuite du droit particulier des personnes dans les autres titres du même livre ; de celui des choses dans les livres second et troisième, et dans les cinq premiers titres du quatrième ; de celui des actions dans les titres sixième jusques au quinzième du même livre quatrième ; de celui enfin des jugemens dans les trois derniers titres de l'ouvrage.

Les instituts, quoique divisés en quatre livres seulement, traitent donc, avec plus ou moins d'étendue, de cinq parties principales, le droit en général, les personnes, les choses, les actions, les jugemens. Cette division sera aussi celle que nous suivrons dans notre analyse (3); mais pour mieux graver dans la mémoire des élèves, l'ordre des matières du même ou-

---

(1) Wesembech exprime à-peu-près cette proposition en ces termes: *omne jus redditur personis de rebus per actiones et judicia.* — Not. ad §. ult. jnst. jure nat.

(2) Le corps du droit embrassant toutes les parties de la législation ( v. ci-devant les tableaux de l'histoire du droit romain, page 106 ). Il n'est point étonnant que Justinien ait fait comprendre dans ses élémens les actions qui, d'ailleurs, jouaient un si grand rôle dans la jurisprudence de l'empire ; mais dans toutes les lois ou projets qu'on a publiés de notre tems, on a eu soin de distinguer la procédure du droit privé; celui-ci, du droit criminel ; etc.

(3) Nous ne nous astreindrons pas, dans l'analyse de chacune des cinq parties, à l'ordre des titres ou des paragraphes des instituts, mais à l'ordre naturel des matières, en cherchant dans divers titres ou §§ leurs principes généraux.

vrage, nous dresserons les tableaux analytiques, suivant celui de ses quatre livres. — V. les tables, n.os 2--5.

## Art. II.

*Analyse des titres des Instituts relatifs au droit considéré en général.*

Les observations générales que Justinien présente sur le droit, sont contenus dans les deux premiers titres du premier livre, où, après avoir défini (1) la justice et la jurisprudence ( tit. 1, in pr. et §. 1 ), il expose les préceptes, les divisions et les objets du droit.

I. Les préceptes du droit sont au nombre de trois principaux : vivre honnêtement, ne faire tort à personne, rendre à chacun ce qui lui appartient. — Tit. 1, §. 3.

II. Le droit se divise d'abord en droit public, ou droit qui a rapport à la chose publique, et en droit privé, ou droit qui intéresse les particuliers. Le droit privé est tiré des règles du droit naturel, de celles du droit des gens et de celles du droit civil.—Tit. 1, §. 4.

Ces trois dernières espèces forment la 2.e division du droit. Le droit naturel est celui que tous les êtres animés ont reçu de la nature même ; le droit des gens est celui qui est observé par toutes les nations ; le droit civil enfin, est le droit propre à une cité ou à un peuple. — Tit. 2, in pr. et §. 1 et 2.

Le droit est en troisième lieu, écrit ou non écrit. Le droit écrit est composé des lois, des plébiscites, des sénatus-consultes, des constitutions des empereurs, des édits des magistrats, des réponses des ju-

---

(1) V. à la note 4, page 22, les définitions de la justice, de la jurisprudence et du droit.

risconsultes (1). — Tit. 2, §. 4-8. — Le droit non écrit est celui qui dérive de l'usage, car un usage constant est assimilé à la loi. — Id. §. 9.

Enfin, le droit est immuable ou arbitraire. On met dans la première classe le droit naturel, parce qu'il est établi par la divinité même ; tandis que le droit civil qui est de la seconde, est sujet à changer avec la volonté du peuple, soit par une loi expresse, soit par un consentement tacite. — tit. 2, §. 11.

III. Le droit a trois principaux objets : les personnes, les choses, les actions, (2). — Tit. 2, §. 12.

## ART. III.

### Analyse des titres des Instituts relatifs aux personnes.

Justinien expose les divisions des personnes dans les titres 3.e et 8.e du livre 1.er, et le droit des personnes dans les autres titres du même livre.

Il y a deux divisions principales des personnes : celle des personnes libres et des personnes esclaves ; et celle des personnes dépendantes et des personnes indépendantes.

### §. I.er

#### Des personnes libres et des esclaves.

Les hommes se divisent d'abord en deux classes principales : les hommes libres et les esclaves. Les esclaves sont ceux qui naissent d'une femme esclave, ou qui ont été pris à la guerre, ou qui se sont vendus

---

(1) V. dans l'hist. du droit romain, tit. 1, p. 38-60, l'explication de ces diverses parties du droit écrit.

(2) V. ci-devant, §. 1, p. 187.

eux-mêmes volontairement comme esclaves. Il n'y a aucune différence dans leur condition; tandis qu'on divise les hommes libres en ingénus et en affranchis. — Tit. 3.

Les ingénus sont ceux qui naissent de deux personnes libres, ou même d'un père esclave et d'une mère libre. — Tit. 4.

Les affranchis sont les esclaves à qui l'on a donné la liberté, suivant les modes prescrits par la loi et dans les cas où elle le permet. — Tit. 5, 6 et 7 (1).

§. II.

*Des personnes dépendantes*, ou alieni juris.

D'après la seconde division des personnes, les hommes sont considérés comme *indépendans*, et comme *soumis à la puissance d'autrui*. Les hommes soumis à la puissance d'autrui, sont les esclaves et les fils de famille. Les esclaves, sont sous la puissance de leurs maîtres; puissance illimitée dans les premiers tems de Rome, et un peu restreinte, sous l'empire, par Antonin-le-Pieux. — Tit. 8.

Les fils de famille légitimes, légitimés ou adoptés, sont sous la *puissance* de leur père, et, dans quelques cas, sous celle de leur ayeul ou autre ascendant paternel (2). — Tit. 9. — Cette puissance moins étendue que celle des maîtres sur leurs esclaves, se dissout par la mort, la déportation, l'exil et la servitude du père; et par l'érection en dignité, l'émancipation et l'adoption du fils. — Tit. 12.

Les enfans légitimes sont ceux qui naissent d'un

---

(1) V. la table analytique n.° 2.

(2) On ne donne dans cette analyse que les notions principales; les détails, lorsqu'ils sont de quelqu'utilité pour nous, sont exposés dans es divers titres de notre cours.

légitime mariage. Le *mariage* est l'union de l'homme et de la femme, accompagné d'une habitude individuelle de vie. — Tit. 9. — Les personnes qui le veulent contracter, doivent, 1.º être pubères; 2.º obtenir le consentement de leurs pères de famille; 3.º n'être entr'elles, ascendant ni descendant, frère et sœur, oncle et nièce, grand-oncle et petite-nièce, et réciproquement; beau-père et bru, et réciproquement; 4.º observer les formalités prescrites. — Tit. 10.

Les enfans légitimés sont ceux dont les père et mère qui les ont eu d'un commerce illégitime, se marient, dans la suite, ensemble; ou bien ceux qui sont affiliés à leur curie. — D. tit., §. 13.

Les enfans adoptés sont ceux qu'un étranger fait entrer dans sa famille, suivant les modes prescrits. On distingue deux espéces d'*adoption* : l'adoption proprement dite et l'adrogation. — La première concerne les fils de famille; la seconde, les pères de famille. — Tit, 11.

## §. III.

### Des personnes indépendantes, ou sui juris.

Les personnes *indépendantes* de la puissance paternelle, où les pères de famille se divisent en trois classes, dont la première comprend les pupilles, ou personnes administrées par des tuteurs; la seconde, les mineurs ou personnes administrées par des curateurs; la troisième, les majeurs ou personnes qui s'administrent elles-mêmes, lorsque quelqu'infirmité ne s'y oppose pas. — Tit. 13 in princ.

La tutelle est un pouvoir accordé à un homme libre et majeur pour avoir soin d'une personne qui, à cause de la faiblesse de son âge, ne peut s'administrer elle-même. Il y en a trois espèces : la tutelle testamentaire,

testamentaire, la tutelle légitime, et la tutelle dative. — D. tit.

La tutelle testamentaire est déférée par le père de famille dans son testament. — D. tit.

La tutelle légitime a lieu à défaut de la tutelle testamentaire. Elle est déférée par la loi elle-même, à quatre espèces de personnes différentes : 1.° aux agnats ou parens du côté du sexe masculin (1). — Tit. 15. — 2.° Aux patrons sur leurs affranchis. — Tit. 17. — 3.° Aux pères de familles sur leurs enfans impubères émancipés. — Tit. 18. — 4.° Aux frères sur leurs frères et sœurs impubères (2). Tit. 19.

A défaut des tutelles testamentaire ou légitime, on a recours à la tutelle dative. Celle-ci est déférée par les magistrats, *ex inquisitione*, c'est à-dire, d'après une enquête sur les mœurs, les facultés, etc. des tuteurs proposés. — Tit. 20.

La tutelle finit à la puberté des pupilles, à leur mort, au grand et moyen changement d'état des tuteurs et pupilles, etc. (4). Tit. 22.

Pour être tuteur, il faut être libre; majeur et sain de ses sens. — Tit. 14.

Le tuteur est nommé pour l'administration de toutes les affaires du pupille. — Tit. 25, §. 17. — Son autorité doit être interposée toutes les fois que les pupilles doivent contracter des obligations. — Tit. 21, §. 1. — Il est chargé non-seulement de régir leurs biens, mais de faire élever leur personne. — Tit. 14, §. 4....; tit. 20, §. 7. — Et à la fin de la tutelle, il doit rendre compte de son administration. — Tit. 20, §. 7.

---

(1) Les parens, du côté du sexe féminin, sont appelés *cognats*.

(2) On la nomme tutelle *fiduciaire*.

(3) V. l. 21; § 5 et 6, ff. tutor. dat.

(4) V. ci-après le titre des tutelles, liv. — 1.er — Nous répétons ici que les détails omis dans cette analyse, se trouveront, lorsqu'ils sont utiles, dans les titres du cours auxquels ils ont rapport.

Les *mineurs* sont les personnes qui ont atteint leur puberté (1). Le juge, sur leur demande, et même sans leur demande, lorsqu'il s'agit d'un procès, leur nomme un curateur pour administrer leurs biens, ou les défendre..... On assimile aux mineurs, les majeurs qu'une infirmité physique, ou quelqu'autre événement, empêche de gérer leurs propres affaires, tels que les insensés, les imbécilles, les sourds-muets, les infirmes perpétuels, les prodigues, les absens.... On leur assimile également l'enfant conçu, le pupille en procès avec son curateur, etc. — Tit. 23.

Pour garantir aux pupilles et aux mineurs une bonne administration de la part de leurs tuteurs et curateurs, on oblige ceux-ci de prêter caution. — Tit. 24. — Et lorsqu'ils administrent frauduleusement, lorsqu'ils refusent des alimens aux pupilles, ou qu'ils ont une conduite déréglée, on les destitue comme suspects. — Tit. 26.

Les tuteurs et curateurs peuvent s'affranchir de la tutelle, s'ils ont quelqu'excuse légitime à proposer, s'ils sont, par exemple, pères de cinq enfans, âgés de plus de 70 ans, absens pour les affaires publiques, etc. — Tit. 25.

Les *majeurs* sont ceux qui ont atteint l'âge de 25 ans accomplis. — Tit. 23 in princ. — Ils s'administrent eux-mêmes.

Nous avons dit que la tutelle finit par deux espèces de changemens d'état; on appele ainsi un changement qui a lieu dans la condition des personnes, et l'on en distingue trois espèces: le grand, le moyen et le petit. Le grand changement d'état arrive à celui qui perd la liberté, et par suite, le droit de cité. La perte de ce dernier droit forme le moyen changement d'état, c'est ce qui arrive aux exilés. Enfin, ceux qui passent sous la puissance d'autrui, ou qui sont affranchis de

---

(1) Les hommes sont pubéres à 14 ans, et les femmes à 12. — tit. 21 in princip.

cette puissance, subissent le petit changement d'état. — Tit. 16 (1).

## ART. IV.

*Analyse des titres des Instituts relatifs aux choses.*

Justinien traite des choses dans les 2.ᵉ et 3.ᵉ livres, et dans les 5 premiers titres du 4.ᵉ Il les considère sous plusieurs rapports : 1.° sous celui de leurs divisions : v. liv. 2, tit. 1, §. 1--10; et tit. 2. 2.° Sous celui de diverses modifications apportées à leur usage, telles que celles apportées par les servitudes : v. lib. 2, tit. 3-5. 3.° Sous celui de leur acquisition : v. liv. 2, tit. 1, §. 11--47, et tit. 2--25; liv. 3, tit. 1--13. 4.° Sous celui des obligations, ou espèces de choses incorporelles.

### §. I.ᵉʳ

*Des divisions des choses.*

On établit dans les instituts deux divisions générales des choses. *Première division :* choses qui sont dans le commerce et choses qui sont hors du commerce. — Lib. 2, tit. 1, §. 1--10. — *Seconde division :* choses corporelles et choses incorporelles, tit. 2.

Les choses comprises dans la première division se sous-divisent en choses; 1.° *communes* à tous les hommes; 2.° *publiques*; 3.° appartenant aux *com-*

---

(1) Il y a plusieurs titres des autres livres où Justinien traite par occasion, des personnes. Tels sont ceux où il parle des personnes, 1.° qui ne peuvent aliéner, liv. 2, tit. 8; 2.° par lesquelles on acquiert, -- liv. 2, tit. 9; liv. 3, tit. 29; 3.° qui stipulent pour nous, liv. 3, tit. 18; 4.° qui agissent pour nous, liv. 4, tit. 10; 5.° pour le fait desquelles on agit contre nous, liv. 4, tit. 7, 8, 9. --- V. la suite de l'analyse et les tables n.ᵒˢ 3, 4, 6.

munes ; 4.° n'appartenant à *personne* ; et 5.° enfin, appartenant aux *particuliers* (1). — Tit. 1, eod.

*Seconde division.* Les choses *corporelles* sont celles qui peuvent se toucher ; les choses *incorporelles* celles qu'on ne peut toucher. — Tit. 2.

Ce qu'il importe de connaître par rapport aux choses, ce sont les règles qu'on doit suivre pour leur usage et pour leur acquisition.

## §. II.

### *Des modifications apportées à l'usage des choses, ou des servitudes.*

Les règles relatives à quelques parties de l'usage des choses, sont exposées dans les titres 3, 4 et 5, où il est question des servitudes réelles et mixtes. Le titre 2 qui expose la division des choses, en corporelles et incorporelles, sert de transition aux précédens, parce que les servitudes sont des droits incorporels.

Les *servitudes réelles* sont établies sur des héritages en faveur d'autres héritages voisins. On les appelle *réelles*, parce qu'elles ne peuvent être établies sans héritages. On en distingue deux espèces, les servitudes urbaines ou servitudes dues à des bâtimens ; les servitudes rustiques ou servitudes dues à des terres (2) ; elles peuvent s'établir par pactes, par stipulations, par testamens. — Tit. 3

Les servitudes mixtes sont établies sur des héritages en faveur des personnes. On en distingue trois sortes, l'usufruit, l'usage et l'habitation.

*L'usufruit* est le droit de jouir d'une chose sans en détériorer la substance. Ainsi dans l'usufruit, le droit

---

(1) V. la table analytique, n.° 3, au commencement.
(1) V. la note des espèces, dans la même table.

de percevoir les fruits appartient à une personne, et la propriété *nue* à une autre. L'usufruit s'établit sur toutes sortes de choses, même sur les meubles qui se consument par l'usage. Il prend fin par la mort de l'usufruitier, son changement d'état, son non-usage, la destruction de la chose, la cession du droit de l'usufruitier au propriétaire ; et dans ces cas, il se réunit à la propriété, qui devient alors pleine et entière. --- Tit. 4.

L'*usage* n'est que le droit d'user des fruits d'un fonds pour l'utilité personnelle de l'usager, tandis que l'usufruit embrasse la perception de tous les fruits d'un fonds. Il s'établit (1) et finit de la même manière. --- Tit. 5.

L'*habitation* est le droit d'habiter dans une maison, et ce droit diffère de l'usage, en ce qu'on peut le céder à d'autres personnes. --- D. tit.

## §. III.

### De l'acquisition des choses.

Les moyens de faire l'acquisition des choses dérivent de deux sources, du droit des gens ou du droit civil. --- Tit. 1, §. 11.

Ceux qui dérivent *du droit des gens* peuvent se rapporter à trois classes principales, à l'occupation, à l'accession, à la tradition.

1. Par l'*occupation*, ou droit de premier occupant, l'on devient maître des animaux sauvages tués à la chasse ou pris à la pêche ; des mouches à miel ; des paons, oies, et autres animaux sauvages devenus privés ; des choses prises à la guerre ; de celles trouvées sur le rivage de la mer ; des fruits lorsqu'on

---

(1) Excepté toutefois (ce qu'on n'explique point dans les instituts) que l'usufruit, mais non pas l'usage, peut s'établir par parties. --- V. L. 19, ff. de usu.

les perçoit de bonne foi, et des trésors découverts fortuitement. — Tit. 1., §. 12—18, 35—39.

2. Par l'*accession* (1), l'on acquiert les petits de ses animaux ; l'addition faite à un fonds par irruption ou alluvion ; le lit abandonné par un fleuve voisin ; l'isle formée dans le cours de ce fleuve ; la matière d'autrui dont on a fait une nouvelle espèce, ou qui a été mélangée ou confondue avec la notre. — D. tit., §. 19—34.

3. Par la *tradition*, nous devenons maîtres des choses dont on nous a fait la délivrance. On en distingue deux espèces, la tradition réelle et la tradition fictive. — H. tit., §. 40 et seq.

Les moyens d'acquérir les choses qui *dérivent du droit civil*, sont exposés depuis le titre 6.e du 2.e livre jusques au titre 13.e du 3.e On peut en distinguer sept principaux (2), la prescription, la donation, le testament, la substitution, le legs, le codicille, la succession ab intestat.

I. Par la *prescription* ou *usucapion*, l'on devient propriétaire des choses qu'on a possédées sans trouble, sans interruption, croyant en être le légitime maître, pendant dix ans entre présens et vingt ans

---

(2) Ce droit dérive de cette maxime : *l'accessoire suit toujours le sort du principal.*

(1) Justinien, au § 6, tit. 7, liv. 2, fait deux classes de ces moyens d'acquérir ; il comprend dans la 1.re les moyens d'acquérir à *titre singulier*, savoir, la prescription, la donation, la substitution, le legs, le codicille. Il range dans la 2.e les moyens d'acquérir à *titre universel*, savoir, le testament et la succession ab intestat de divers genres, tels que la succession proprement dite, la possession des biens, l'adrogation et l'addiction des biens. Mais il ne suit point cette division dans la disposition des titres, puisqu'il traite des legs et des codiciles après le testament et avant la succession ab intestat.

Au reste, il entend ici par acquisition à titre universel, celle par laquelle nous acquérons dans un même tems, tous les biens d'un individu, en quoiqu'ils consistent, et non pas séparément diverses parties de ces mêmes biens, ce qui constitue l'acquisition à titre singulier. — Vinnius, in h. §.

entre absens, et à plus forte raison pendant trente et quarante ans. — Tit. 6.

II. La *donation* est une libéralité que fait une personne à une autre, soit à cause de mort, et alors elle est révocable ; soit entre-vifs, et alors elle est irrévocable ( à moins que le donataire ne soit ingrat ). Il y en a aussi une troisième espèce, celle qui est faite à cause de nôces. — Tit. 7.

III. Le *testament* est une libéralité qui se fait dans un acte solemnel, et qui est essentiellement révocable jusques à la mort. Les *militaires* sont dispensés de la plupart des formalités auxquelles on assujettit ces sortes d'actes, telles, par exemple, que d'employer un aussi grand nombre de témoins. — Tit. 10 et 11.

Pour pouvoir faire un testament, il faut être libre, père de famille, pubère et sain de tous ses sens. — Tit. 12.

La base essentielle de tout testament est l'institution d'un héritier, institution qu'on peut faire purement, à tems, ou sous condition ; qui peut regarder un homme libre ou un esclave, un héritier comme plusieurs héritiers. — Tit. 14.

Indépendamment de cette institution générale, le testateur doit en faire de particulières en faveur de chacun de ses enfans, des descendans qui les représentent, et même des posthumes, ou bien les exhéréder nommément ; à défaut de quoi, les enfans ou descendans peuvent intenter la querelle d'inofficiosité contre le testament, et le faire annuller. — Tit. 13 et 18. — Au reste, le testateur doit leur laisser la portion *légitime* que la loi leur accorde sur ses biens. — Tit. 18, §. 6.

Les héritiers sont, ou nécessaires, ou siens et nécessaires, ou étrangers. On appelle héritiers *nécessaires* les esclaves institués ; et héritiers *siens et nécessaires*, les fils de famille sous la puissance du testateur, au tems de sa mort. Tous les autres héritiers sont héritiers étrangers, et doivent être capables de recevoir, et au tems du testament, et au tems de la mort du testateur (1). — Tit. 19.

Les héritiers ont le droit de délibérer s'ils adiront (2) ou non, l'hérédité, et ils peuvent l'adir par leurs paroles ou par leurs faits. — D. tit., §. 5 et 6.

Indépendamment du vice de *prétérition* qui donne ouverture à la querelle d'inofficiosité, les testamens peuvent encore être annullés de plusieurs autres manières, si, par exemple, les testateurs ont fait un testament postérieur, ou s'il leur est survenu des enfans non institués, ou s'ils ont subi le grand ou le moyen changement d'état. — Tit. 17.

IV. La *substitution* est un acte par lequel le testateur, craignant de manquer d'héritiers, appelle un héritier en deuxième degré, ou autre degré plus éloigné, pour recueillir ses biens, au lieu de l'héritier institué ; ou bien institue un héritier pour son fils pupille ou furieux, qui, à cause de son âge ou de son infirmité, ne peut s'en créer lui-même. Ces deux dernières espèces de substitutions sont appelées substitutions pupillaire et substitution exemplaire. — Tit. 15 et 16.

La substitution *pupillaire* peut être faite par un père de famille dans son testament, par rapport à ses fils pupilles. Il institue alors à ceux-ci un héritier dans le cas où ils décéderaient avant leur puberté ; c'est une espèce de testament qu'il fait pour son fils, et qui n'a aucun effet lorsque celui-ci atteint sa puberté. — Tit. 16.

La substitution *exemplaire* est faite également par le père, mais rapport à ses enfans pubères qui

---

(1) *In suis hæredibus vix est ut locus sit quæstioni de capacitate.* — Vinnius, in § 4, d. t.

(2) Adir, ou autrement accepter.

sont en démence ; elle n'a plus d'effet lorsqu'ils recouvrent leur raison. — D. tit., §. 1.

La substitution est encore appelée *vulgaire*, lorsqu'un testateur substitue en général une ou plusieurs personnes à son héritier. — Tit. 15. — Mais elle est proprement *directe*, lorsqu'il n'y a qu'un substitué qui reçoit l'hérédité du testateur lui-même ; et *fidéicommissaire*, lorsque l'héritier a été chargé de remettre l'hérédité au substitué.... Dans ce dernier cas, l'héritier peut retenir le quart de l'hérédité en vertu du sénatus-consulte Trébellien. — Tit. 23.

On peut faire un fidéicommis universel, ou seulement un fidéicommis particulier pour certaines choses désignées — Tit. 24.

V. Le *codicille* est une manière de disposer moins solemnelle que le testament. L'hérédité toutefois ne peut être ni donnée ni ôtée directement par codicille, mais on peut y insérer un fidéicommis. — Tit. 25.

VI. Le *legs* est une libéralité faite par une personne, libéralité qui doit être acquittée par son héritier. Elle est assimilée aux fidéicommis. Elle peut, 1.° être laissée, révoquée ou transférée par testament ou par codicille. — Tit. 20 et 21. — 2.° Embrasser toutes espèces de choses, soit corporelles, soit incorporelles, les choses même qui n'appartiennent pas au testateur. — Tit. 20, §. 21, et 4--15. — ( Si la chose périt, le légataire en supporte la perte ; —§. 16--20 ). — 3.° Etre faite à toutes espèces de personnes qui ont la capacité de recevoir ; —§. 24--28. — 4.° Etre conçue en quelques termes que ce soit, pourvu qu'ils désignent suffisamment le legs et le légataire (1). §. 25--36.

L'héritier doit avoir au moins le quart franc de l'hérédité ; et lorsque les legs excèdent les trois

---

(1) La fausse démonstration et la fausse cause ne vicient point le legs. — §. 29-31.

quarts, il peut les faire réduire à cette portion, en vertu de la loi falcidie. — Tit. 22.

VII. Par la *succession ab intestat*, l'on devient propriétaire des biens de celui qui décède ab intestat, c'est-à-dire qui n'a point fait de testament, ou dont le testament est nul, rompu ou inutile. — Liv. 3, tit. 1, in princip. — Nous avons vu, pag. 214, not. 1, qu'on en distinguait plusieurs espèces : la succession proprement dite, la possession des biens, l'adrogation et l'addiction des biens.

1. La *succession proprement dite* peut être celle d'un ingénu ou celle d'un affranchi.

La succession d'un ingénu est déférée, en premier lieu, aux héritiers *siens*, c'est-à-dire aux enfans ou descendans, soit naturels, soit adoptifs, qui, soit réellement, soit par fiction (1), étaient sous sa puissance au tems de sa mort (2). — Ces héritiers se partagent (3) la succession par souches. — Liv. 3, tit. 1, §. 1, 2, 3, 6 et 15. — Les enfans émancipés ne sont pas héritiers siens, mais le préteur leur défère la possession des biens (4), *undè liberi*, à moins qu'ils ne se soient adrogés (5). — §. 9--11.

---

(1) Tels que les enfans sortis de captivité après la mort de leur père. — § 4.

(2) Le petit fils, dont le père exhérédé par l'ayeul, meurt avant que l'héritier étranger ait répudié, devient héritier sien, si toutefois il était né ou du moins conçu au tems du décès de l'ayeul, car dans le dernier cas, il ne serait point le parent de celui-ci. -- § 7 et 8.

(3) Il faut, suivant Vinnius, not. in § 15, en excepter les enfans de la fille, lorsqu'ils concourent avec le fils ou ses enfans ; ceux-ci ont dans ce cas une portion plus considérable, que la nov. 118, leur a ensuite ôté, en égalant tous les descendans. Ce § 15 exclut seulement les agnats qui concourent avec les enfans de la fille.

(4) C'est pour cela que les auteurs les appellent, ainsi que les enfans des filles, ( v. note 3 ), héritiers *quasi-siens*, c'est-à-dire, héritiers assimilés aux héritiers siens.

(5) Si les enfans adrogés sont émancipés par leur père adoptif, après la mort de leur père naturel, on leur défère la possession *undè cognati*, moins avantageuse que l'autre --- § 13.

A l'égard des enfans, non pas adrogés, mais donnés par leur père naturel en adoption à un étranger, ils succèdent au père naturel, comme s'il n'y avait pas eu d'adoption. -- § 14, -- V. aussi Schneid. in h. t., p. 276 et 277.

La succession est déférée, en second lieu, aux *agnats* (1), soit naturels, soit adoptifs, suivant la proximité de leur degré, à l'époque où la succession est déférée ab intestat (2). — Tit. 2. — On met au nombre des agnats la mère par rapport à la succession de ses enfans, et ces derniers par rapport à la succession de leur mère (3). — Tit. 3 et 4.

Enfin, la succession est déférée aux cognats (4). — Tit. 5.

A l'égard de la succession de *l'affranchi*, elle est déférée en tout ou en partie à son patron ; et si le patron n'existe plus, à tous ses enfans, à moins qu'il n'ait *assigné* l'affranchi à l'un d'entreux. — Tit. 7 et 8. — On suppose, dans ce cas, que l'affranchi n'a pas laissé d'enfans ; car ceux-ci, lors même qu'ils sont nés esclaves, sont préférés au patron. — Tit. 6.

2. La *possession des biens* est une espèce de succession introduite par le préteur pour tempérer la rigueur de la loi. On en distinguait neuf espèces, que Justinien réduit à six ; savoir : *contrà tabulas*, accordée aux enfans prétérits ; *secundum tabulas*, aux héritiers institués ; *undè liberi*, aux héritiers siens et quasi-siens ; *undè legitimi*, à tous les héritiers

---

(1) Justinien a mis au nombre des agnats toutes les parentes par mâles, tandis qu'auparavant les sœurs seules du défunt y étaient comprises. — h. t. § 3. — Il leur a même assimilé les fils et filles des sœurs. — § 4.

(2) La *délation* de l'hérédité pouvait n'avoir lieu qu'après la mort, si, par exemple, l'héritier n'avait répudié qu'au bout de quelque tems. Il arrivait alors quelquefois, que celui qui n'était pas l'héritier le plus prochain, au tems de la mort du testateur, le devenait au tems de la délation -- § 6.

Dans le cas de répudiation, le droit ancien transférait l'hérédité au fisc, et non aux héritiers les plus proches après le renonçant ; Justinien a abrogé cette disposition. -- § 7.

(3) La mère et les enfans étaient exclus réciproquement de leurs successions, par le droit ancien que les sénatusconsultes Tertullien et Orphitien, et ensuite Justinien ont abrogé. --- V. Vinnius, not. in princ. tit. 5.

(4) Pourvu qu'ils ne soient pas au-delà du 10.e degré. --- Vinnius, in § 5, d. t.

appelés par la loi; *undè cognati*, aux cognats; *undè vir et uxor*, aux époux décédés sans parens. — Tit. 10.

Il y a des règles communes à ces deux espèces de successions. Telles sont, par exemple, les règles relatives au droit d'*accroissement*, c'est-à-dire, au droit en vertu duquel la portion omise ou non adie, ou réclamée par un héritier, est transférée à son cohéritier (tit. 4, §. 4; tit. 10, § 5); et les règles relatives à la numération des degrés de parenté, car les héritiers les plus proches en degré dans l'ordre le plus prochain, sont appelés avant les autres parens. — Tit. 2, § 5; tit. 7, § 1.

Pour compter les degrés on distingue trois espèces de parenté, la parenté ascendante, la parenté descendante et la parenté collatérale. Dans les deux premières on commence par le premier degré, et dans la dernière par le second seulement (1). — Tit. 6.

3. L'*adrogation* est encore une espèce de succession, puisqu'elle fait accorder au père adoptif, la succession de l'adrogé qui ne laisse pas des enfans ou des frères (1). — Tit. 11.

4. La dernière espèce de succession est l'*addiction* ou adjudication des biens qu'on accordait aux esclaves affranchis dans un testament, lorsque l'hérédité n'était adie, ni par l'héritier testamentaire, ni par l'héritier *ab intestat*. L'effet de l'addiction était d'assurer leur liberté aux esclaves. — Tit. 12.

Justinien a abrogé deux autres manières de succéder, dont l'une avait lieu par la vente des biens d'un débiteur, et l'autre par la confiscation des biens d'une femme qui était en commerce criminel avec un esclave (2). — Tit. 13.

---

(1) V. ci-après, liv. 3, tit. 8, le chapitre des degrés de parenté.

(1) Par le droit ancien, tous les biens de l'adrogé passaient à l'adrogateur, aussitôt après l'adrogation; mais Justinien ne lui en accorde plus que l'usufruit, — § 2, d. t.

(2) Comme le droit des successions, exposé dans les instituts, a été

Voilà quels sont les divers modes d'acquérir les choses en vertu du droit civil et du droit des gens (1). Justinien nous apprend aussi quels sont ceux qui peuvent acquérir. Or, l'on acquiert par soi-même ou par les personnes qu'on a sous sa puissance, telles que les esclaves et les fils de famille. Le père néanmoins n'a que l'usufruit des choses que son fils a acquis par autre moyen que par les biens de son père. — Liv. 2, tit. 9. — Mais il n'est pas permis à toutes personnes d'aliéner leurs biens : ainsi, le mari, quoique maître du fonds dotal (2), et le pupille, ne peuvent aliéner. Au contraire, le créancier peut aliéner le gage quoiqu'il n'en soit pas le propriétaire. — Liv. 2, tit. 8.

## § IV.

### Des obligations.

L'OBLIGATION est un lien du droit, en vertu duquel nous sommes forcés de payer quelque chose, suivant les lois. — liv. 3, tit. 14, in princ.

Elle se divise en civile ou prétorienne, suivant qu'elle procède du droit civil ou du droit prétorien. — D. t, § 1.

Elle vient de quatre causes, 1.º d'un contrat, 2.º d'un quasi-contrat, 3.º d'un délit, 4º d'un quasi-délit. — D. t, § 2.

---

presqu'entiérement changé par la novelle 118, nous avons cru devoir donner quelque étendue à l'analyse de cette partie de l'ouvrage. Nous ferons celle de la nov. 118, au liv. 3, de notre cours.

(1) On peut aussi acquérir par le moyen des obligations --- V. ci-après le § 4.e

(2) Le mari n'a pas un domaine plein et entier de la dot, mais un *quasi-domaine*.

Les CONTRATS se forment de quatre manières: ou par la tradition de la chose, ou par les paroles, ou par lettres écrites, ou par le seul consentement.

*Première classe.* Les contrats qui ont lieu *re*, c'est-à-dire par la tradition de la chose, sont le *mutuum*, le commodat, le dépôt et le gage. Le *mutuum* est un prêt de choses qui se consument par l'usage, telles que des denrées et de l'argent. L'emprunteur est tenu d'en restituer de semblables et en même quantité. — tit. 15, in princ.

Le *commodat* est un prêt de choses qui ne périssent pas par l'usage. L'emprunteur doit rendre celles-là même qu'il a reçues; et si elles périssent, c'est à son compte (1), car il est tenu de les conserver avec la *plus grande diligence*. — § 2.

Le dépositaire est également tenu de restituer le *dépot*; mais il n'est pas responsable de sa simple négligence. § 3.

L'engagiste est encore tenu de rendre le gage; et il doit le conserver avec une *exacte diligence*. — § 4.

*Deuxième classe.* Les contrats qui ont lieu *par paroles* ou *verbis*, sont ceux qui résultent de la *stipulation*, dont on expose dans le titre 16.ᵉ, la nature, le sujet et les divers modes.

La stipulation est une convention qui résulte de la demande de celui qui réclame une chose, et de la réponse de celui qui la promet; l'une et l'autre sont exprimées en certains termes (2). — l. 5, § 1, ff. de verbor. oblig.

On distingue quatre espèces de stipulations : la judicielle qui dérive d'un jugement; la prétorienne

---

(1) Il n'en est pas de même à l'égard du *mutuum*. § 2.
(2) Ces obligations, par de certaines paroles, ne sont point reçues parmi nous. Il suffit qu'on ait contracté un engagement pour qu'on soit tenu de le remplir, de quelques termes qu'on se soit servi.

qui dérive de l'édit du préteur; la conventionnelle qui vient de la convention des parties sans l'intervention du juge ou du préteur; la commune, qui a lieu, pour ainsi dire, de droit, et que le juge et le préteur ordonnent par fois l'un et l'autre. — tit. 19.

Toutes espèces de personnes peuvent faire des stipulations ; mais les stipulations de l'esclave et du fils de famille ne profitent qu'à leur maître, ou père de famille. — tit. 18.

Lorsque deux personnes se réunissent pour une stipulation, elles en sont également tenues, l'une pour l'autre; c'est de là que dérive l'obligation solidaire. — tit. 17.

Enfin, les stipulations sont inutiles ou considérées comme non avenues, 1.° lorsqu'elles ont pour objet des choses qui n'existent pas ou qui ne sont pas dans le commerce ; des faits impossibles ou contraires aux bonnes mœurs, ou dépendans d'une tierce personne. — Tit. 20. in princ. et §§ 1, 2, 10, 23 et 3. — 2.° Lorsqu'elles sont faites entre des personnes soumises à la puissance l'une de l'autre; ou réellement absentes; ou qui, par la faiblesse de leur âge ou leur défaut de raison, ne peuvent donner de consentement valable, telles que l'impubère, le furieux, le sourd-muet. — §§ 6, 11, 9, 8, 7 (1).

Pour rendre l'exécution des obligations plus sûre, on y fait souvent intervenir une personne étrangère qui s'oblige pour le principal débiteur ; c'est celle à qui l'on donne le nom de *caution* ou de fidéjusseur. — Tit. 21.

*Troisième classe.* Il y avait dans l'ancien droit romain, une espèce d'obligation qu'on appelait *ex scriptura*; elle résultait d'une simple inscription de leurs noms que faisaient le créancier et le débiteur

---

(1) Quoique les stipulations proprement dites ne soient pas admises parmi nous, les règles qui les concernent sont applicables à nos obligations.

sur leurs tablettes respectives. Elle a été abrogée (1)
On peut considérer comme dérivée de la même source, l'obligation écrite d'une somme dont les espèces n'ont pas été comptées ; le débiteur n'a que deux ans pour forcer le créancier à prouver qu'il a fourni l'argent. — Tit. 22.

*Quatrième classe.* Les obligations qui naissent du simple consentement des parties, sont la vente, le louage, la société et le mandat. — Tit. 23.

La *vente* est parfaite lorsqu'on a convenu du prix de la chose vendue, prix qui doit être certain et consister en espèces monnoyées ; dès cet instant, cette chose est au péril de l'acheteur. La vente peut avoir pour objet toute chose qui est dans le commerce, et peut être faite purement ou sous condition. — Tit. 24.

Le *louage* est assujetti à peu près aux mêmes règles que la vente (2). Il a pour objet des ouvrages tout comme des choses ; il passe sur la tête de l'héritier du locataire ; et celui-ci doit conserver en bon père de famille, la chose louée. — Tit. 25.

La *société* peut avoir pour objet tous les biens ou une partie des biens des associés. Le gain et la perte doivent être recueillis ou supportés également, à moins de convention contraire ; et si l'on avait chargé de la perte, l'un des associés seulement, l'autre n'en serait pas moins tenu... Les associés sont responsables entr'eux de leurs fautes, mais non pas tenus d'une très-exacte diligence... La société se dissout

---

(1) On peut assimiler aux obligations *ex scripturâ*, celles que contractent entr'eux les agens de change, pendant la tenue des bourses de commerce. Ils ont un carnet ou une espèce de petite tablette portative, sur laquelle ils inscrivent au crayon toutes les négociations, telles qu'achats, ventes, *transferts* d'effets publics ou de commerce, dont ils conviennent. Il suffit que cette inscription soit faite en la présence des deux négociateurs, pour qu'elle les lie l'un et l'autre. Ils la transcrivent ensuite sur un registre timbré et parafé par un juge de commerce. — V. loi du 8 mai 1791, art 10 ; et arr. du 27 prairial an 10, art. 18.

(2) Il faut distinguer le louage de *l'emphytéose*, ou concession perpétuelle d'une chose, sous une redevance annuelle. – tit. 25, § 3.

par la renonciation faite de bonne foi, la mort, la saisie et la cession de biens de l'un d'entr'eux ; enfin lors de l'accomplissement du tems pour lequel elle a été contractée. — Tit. 26.

Le *mandat* se contracte de cinq manières : 1.° pour l'avantage du mandant ; 2.° pour celui du mandant et du mandataire ; 3.° pour celui d'un tiers ; 4.° pour celui d'un tiers et du mandant ; 5°. pour celui d'un tiers et du mandataire.... Il n'oblige point, si son objet est immoral.... Le mandataire doit se restreindre dans les bornes de son mandat..... Enfin ce contrat est essentiellement gratuit et il finit par l'accomplissement du tems ou l'évènement de la condition pour lesquels ou sous lesquels il a été établi ; par la révocation du mandataire ; par sa mort et celle du mandant ; par sa renonciation faite à une époque convenable. — Tit. 27.

Les obligations qui naissent d'un QUASI-CONTRAT, sont celles qui dérivent de la gestion des affaires d'un tiers à son insu, de la tutelle, de la communauté de biens ou d'hérédité, du payement de ce qu'on ne devait pas. — Tit. 28 ; et tit. 15, § 1.

Lorsqu'on a commis un *délit* ou une faute, on a causé des dommages à la société ou à quelque particulier, ou à l'une et à l'autre ; c'est à raison du dommage causé à ce particulier et pour sa réparation, qu'on est censé avoir contracté une obligation envers lui. Telle est l'origine des obligations qui naissent d'un DÉLIT ou d'un QUASI-DÉLIT particuliers, et dont il est traité dans les cinq premiers titres du livre quatrième des instituts.

Les délits d'où peut naître une obligation, sont le vol (*furtum*), la rapine (*rapina*), le dommage, l'injure.

Le *vol* (furtum) a lieu lorsqu'on enlève furtivement et frauduleusement la chose d'autrui, ou son usage ou sa possession, dans l'objet de faire un bénéfice. — liv. 4, tit. 1, §. 1 et 2. — La *rapine* a lieu lorsqu'on enlève par force et ouvertement, cette même chose. — Tit. 2, in princ. — Le voleur (fur), et celui qui commet la rapine (raptor), sont tenus tous deux d'une obligation pour le dommage qu'ils ont causé, mais elle est d'une étendue plus ou moins grande. Ainsi, le voleur *manifeste*, ou celui qui a été surpris commettant le vol, est tenu de la peine du quadruple, et le voleur non manifeste de celle du double. — Tit. 1, §. 5. — Mais il ne peut y avoir de vol sans intention de voler; aussi le pupille n'est-il déclaré coupable et assujetti à la peine, que lorsqu'il approche de sa puberté. — §. 7 et 18.

Le *dommage* (damnum) est en général une diminution faite à la valeur de la chose d'autrui. — L. 3. ff. de damno infecto. — La loi aquilia en ordonne la réparation, et par conséquent celui qui l'a commis est tenu, pour cette réparation, d'une obligation envers celui qui en a souffert.

Dans le premier chapitre de cette loi, il est question du dommage causé par celui qui a tué ou blessé à dessein de nuire et sans qu'il en retire aucun profit (*ex injuriâ*), l'esclave ou l'animal d'autrui, mais seulement cette espèce d'animal utile qui fait partie des troupeaux, telle que le cheval, le bœuf, le mouton, etc. — Tit. 3. in princ. et §. 1–11.

Le second chapitre de la loi aquilia est tombé en désuétude. — §. 12.

Dans le troisième chapitre, il est question de toute autre espèce de dommage causé dans la même intention et sans dessein de tirer un profit, tel que le meurtre ou la blessure d'un animal qui ne fait pas partie d'un troupeau, le chien, par exemple; ou l'incendie et le *bris* d'une chose inanimée, etc. — §. 13 et seq.

L'*injure* est, en général, toute action faite contre le droit; et, en particulier, tout mépris ou affront, toute faute, iniquité ou injustice. Elle a lieu non-seulement lorsqu'on a commis des voies de fait, mais encore lorsqu'on a proféré des termes outrageans, ou publié des libelles infames, etc. Ceux qui en sont coupables, sont tenus d'une réparation envers celui qui en a souffert, à moins qu'il ne l'ait souffert patiemment, et qu'il ne se soit pas plaint dans l'année. — Tit. 4. et LL. 17, §. 6, ff. et 5. C. de injuriis.

Le *quasi-délit* diffère du délit comme la faute du dol. — Jul. Pacius. — On met au nombre des quasi-délits un mauvais jugement rendu, sans dol, (avec dol, ce serait un délit) par un juge; l'action de jeter ou de répandre quelque chose, lorque cette action a nui à quelqu'un; la négligence du maître de navire et de l'aubergiste, dans le vaisseau ou l'auberge desquels on a volé quelque chose à un passager ou voyageur. Tous ces quasi-délits doivent être réparés, et il en nait ainsi des obligations. — Tit. 5.

*On acquiert les obligations* par soi-même ou par le moyen des personnes qu'on a sous sa puissance, telles que l'esclave et le fils de famille. — Liv. 3, tit. 29 (1).

Enfin, les obligations *s'éteignent*, 1.° par le *payement*, c'est-à-dire par la fourniture de la chose promise, faite par le débiteur, ou par un tiers avec le consentement du créancier; 2.° par l'*acceptilation*, ou payement fictif (exprimé en termes solemnels) des choses dues en vertu d'une stipulation; 3.° par la *stipulation aquilienne*, ou changement de toute obligation en stipulation suivie d'acceptilation; 4.° par la *novation*, ou substitution, avec quelque différence, d'une seconde à une première obligation; 5.° enfin, par le consentement réciproque des parties. — Liv. 3, tit. 30 et dernier.

Il faut aussi remarquer que le payement éteint tout-à-la-fois l'obligation principale et les obligations

---

(1) Ce titre est un double emploi du tit. 9.e du livre 2.e

accessoires, telles que celles des cautions. — D. t. in princ.

## ART. V.

*Analyse des titres des instituts relatifs aux actions.*

La partie du 4.e livre des instituts, où il est traité des actions et de leurs suites ou dépendances, peut être divisée en trois sections. Dans la première, qui comprend les titres 6.e et suivans jusques au 12.e, il est question des *actions proprement dites*. Les titres 13 et 14.e forment la deuxième, et sont relatifs aux *exceptions*. La 3.e section n'est composée que d'un seul titre, le titre 15.e, qui concerne les *interdits*.

### §. I.er

*Des actions proprement dites.*

Une action est le droit de réclamer en jugement ce qui nous est dû (1). — Liv. 4, tit. 6, in princ.

Les actions sont susceptibles de huit espèces de divisions. La première et la plus générale, est celle des actions, en personnelles, réelles ( §. 1.), et mixtes ( §. 20.).

L'action personnelle a lieu lorsque nous agissons contre celui qui est obligé envers nous par un contrat ou par un délit; l'action réelle, lorsqu'on dispute à quelqu'un la propriété d'une chose. — D. §. 1. — L'action mixte participe de l'une et de l'autre;

---

(1) Vinnius se récrie avec raison contre cette définition qui n'a trait qu'à l'un des sens dont le mot *action* est susceptible. L'action en effet, est plutôt le moyen de réclamer son droit que le droit lui-même. — V. ci-après, liv. 5.e, sect. 2.

telle est celle qui a pour objet le partage d'une hérédité. — D. §. 20.

L'action réelle se nomme revendication (*vindicatio*), l'action personnelle, condiction (*condictio*). — §. 15 (1).

La *seconde division* a rapport aux actions établies pour la poursuite ou réclamation d'une chose, à celles établies pour la poursuite d'une peine, et enfin à celles qui participent de l'une et de l'autre des précédentes. — §. 16. — Les actions réelles et la plupart des personnelles sont de la première classe. Plusieurs actions personnelles sont de la seconde, telle que l'action en restitution du dépôt nécessaire, qui donne le droit de poursuivre la peine du double. — §. 17.

*Troisième division.* — Elle embrasse les actions où l'on demande simplement la chose, et celles où l'on en demande le double, le triple et le quadruple. L'action qui naît d'un contrat (la vente par exemple) est de la première classe ; celle qui naît du vol non manifeste est de la deuxième ; celle qui naît d'une espèce de *plus-pétition* (2) est de la troisième ; enfin, celle qui naît du vol manifeste est de la quatrième. — §§. 22 à 27.

*Quatrième division.* — Actions de *bonne foi* et actions de *droit étroit*. — Le jugement des dernières se fait suivant des formules qu'on est obligé de suivre à la rigueur. Il n'en est pas de même des premières, au nombre desquelles on range les actions naissantes des divers contrats, tels que la vente, le louage, etc. — §. 28, et Vinnius in id. — Les ac-

___

(1) Nous donnerons dans la section 2.me, l. sup., cit. une définition de la plupart des actions dont il est question dans les 1.ers §§ du tit. 6, telles que les confessoires, négatoires, publicienne, servienne, etc.

(2) Cette plus-pétition avait lieu lorsque le demandeur avait évalué à l'excès l'objet de sa demande, afin de hausser les droits des huissiers. Le défendeur avait une action *in triplum*, pour la réparation du dommage que cela lui avait occasionné. — § 24.

tions *arbitraires* peuvent faire partie de cette division ; ce sont celles où le défendeur est obligé d'obéir à ce que lui prescrit le juge, faute de quoi il essuye souvent une condamnation plus considérable. — §. 31, et Vinnius in id.

*Cinquième division.* — Actions dont l'objet est *certain* et actions dont l'objet est *incertain*. Dans la première classe sont comprises les actions dont la valeur est déterminée ; celles dont la valeur est indéterminée sont de la seconde. — §. 32.

*Sixième division.* — Actions *in solidum* et actions *non in solidum*. Par les premières on réclame tout ce qui est dû ; par les deuxièmes on n'en réclame qu'une partie. — §. 36.

On peut ajouter à ces six divisions les deux suivantes.

*Septième disision.* — Actions *civiles* ou dérivant de la loi, et actions *prétoriennes* ou dérivant de l'édit du préteur. — §. 3 et seq.

*Huitième division..* — Actions *temporelles* et actions *perpétuelles*. — Tit. 12. — Les premières ne peuvent être exercées que pendant un tems limité, les autres sont censées durer toujours ; mais la prescription les limite aussi.

Après avoir exposé ces diverses divisions, Justinien entre dans différens détails sur quelques-unes des actions qu'elles embrassent.

La première dont il parle est l'action prétorienne accordée contre le père de famille et le maître, pour les forcer à remplir l'obligation qu'ont souscrit le fils de famille et l'esclave, par leur ordre ( *quòd jussu* ), ou de leur consentement, ou pour leur utilité ( *in rem verso* ), ou à raison du pécule propre à ces esclaves et fils de famille ( *de peculio* ), etc.; mais il faut remarquer que le S. C. Macédonien annulle les obligations contractées pour argent de prêt, par les fils de famille. — Tit. 7.

La deuxième est l'action *noxale* décernée contre

le maître, à raison des délits ou dommages causés par son esclave. — Tit. 8, — ou par son *animal.* — Tit. 9.

Justinien nous apprend ensuite que toutes les espèces d'actions ne passent pas sur la tête des héritiers, ni ne peuvent être exercées contre les héritiers; telles sont la plupart des actions pénales. — Tit. 12, §. 1 et 2.

On peut exercer les actions, non-seulement par soi-même, mais encore par le ministère d'autrui; d'un procureur, d'un tuteur, d'un curateur, par exemple. — Tit. 10.

Ceux qui exercent des actions ou qui se défendent contre les actions ( *actor et reus* ) sont tenus de prêter diverses cautions; ainsi, le défendeur cautionne qu'il restera en cause jusques au jugement. — Tit. 11.

### §. II.

### *Des exceptions.*

L'exception est une défense par laquelle on repousse une action. — Liv. 2, ff. de exception. — On donne aussi ce nom aux répliques, dupliques, etc. parce que ce sont réellement des exceptions opposées alternativement par le demandeur et le défendeur. — D. l. 2, §. 1 et 2; — L. 7, l. 10, C. eod.

On divise les exceptions, 1.° en *civiles* et *prétoriennes.* — Tit. 13, §. 7.

2.° En perpétuelles et *péremptoires*, et en temporelles et *dilatoires.* — §. 8. — Les premières repoussent toujours l'action, telles sont les exceptions de *dol*; les deuxièmes ne l'écartent que pour un temps, telle est l'exception naissant d'un contrat fait sous condition, lorsque la condition n'est pas remplie. §. 9, 10 et 11.

Les *répliques* sont les réponses ou défenses des demandeurs contre les exceptions des défendeurs. — D. l. 2, §. 1, tit. 14, in princ.

Les *dupliques* sont les réponses ou défenses des défendeurs contre les répliques des demandeurs. — Tit. 14, §. 1.

Les *tripliques* sont les réponses ou défenses des demandeurs contre les dupliques des défendeurs. — Tit. 14, §. 2. — D. l. 2, §. 3, — et ainsi de suite.

## §. III.

### Des Interdits.

Les interdits (*interdicta*) étaient des formules par lesquelles le préteur ordonnait ou défendait de faire certaines choses ; ils étaient presque tous relatifs à la possession ou à la quasi-possession. — Tit. 15 in pr. — Si l'on avait agi contre le texte de l'interdit, l'adversaire avait une action *in factum* pour faire condamner celui qui avait agi. Aujourd'hui l'on ne rend plus d'interdits, mais l'on exerce l'action comme si l'on avait obtenu un interdit. — D. T. §. ult.

On distinguait trois classes d'interdits.

1. Les *prohibitoires*, *restitutoires* et *exhibitoires*. L'interdit *uti possidetis* qui défend d'exercer une violence contre celui qui a la possession (sans vice) d'un immeuble, est de la première espèce (1). L'interdit *undè vi* qui ordonne de la lui restituer, est de la seconde (2). L'interdit *de liberis parenti exhibendis*, est de la troisième (3). — §. 1.

---

(1) Interdits de la 1.re espèce. 1. uti possidetis ; 2. utrubi ; 3. de mortuo inferendo ; 4. ne quid in loco sacro ædificetur ; 5. ne quid in flumine publico, ripave ejus fiat, quo pejus navigetur.

(2) 2.e Espece. 1. undè vi ; 2. quorum bonorum.

(3) 3.e espèce. 1. de homine libero exhibendo ; 2. de libertis patrono exhibendis ; 3. de liberis parenti exhibendis.

2. Les interdits destinés à faire acquérir, retenir, ou recouvrer la possession. — §. 2 à 6. — On voit qu'ils rentrent en partie dans les précédens (1).

3. Les interdits *simples* ou *doubles*. — Dans les premiers, les plaideurs agissent l'un comme demandeur, l'autre défendeur. Dans les seconds, chacun d'eux est tout-à-la-fois demandeur et défendeur. — §. 7. — Tel est le cas où ils soutiennent tous deux avoir la possession (2).

## Art. VI.

### *Analyse des titres des Instituts relatifs aux jugemens.*

Il y a deux espèces de jugemens : les jugemens *privés* et les jugemens *publics*.

1. Pour les jugemens privés, Justinien prescrit certaines règles aux parties et aux juges.

Il ordonne aux parties de ne pas soutenir une mauvaise cause, et de ne pas intenter un procès à de certaines personnes. 1.º Celles qui soutiennent une mauvaise cause sont contenues ou punies par un serment qu'elles sont tenues de prêter, par une peine pécuniaire, ou par l'infamie. 2.º Il est défendu d'actionner sans la permission du préteur, les parens et patrons, ou leurs enfans. — Liv. 4, tit. 16.

Il ordonne au *juge* de ne prononcer que conformément à ce que prescrivent les lois et les usages ; et à cette occasion, il lui indique quelle condamnation il doit prononcer dans plusieurs cas qu'il cite. — Tit. 17.

---

(1) 2.e classe. 1. quorum bonorum; 2. salvianum; 3. uti possidetis; 4. utrubi ; 5. undé vi,

(2) Interdits *simples*. 1. Tous les restitutoires et exhibitoires ; 2. quelques-uns des prohibitoires, tels que ne quid in loco sacro, et ne quid in flumine.

Interdits *doubles*. 1. uti possidetis ; 2. utrubi.

2. Les jugemens *publics* ont été ainsi nommés, parce qu'ils peuvent être poursuivis par chaque citoyen, et parce que leurs causes intéressent l'état. — Tit. 18, §. 1. — Vinnius, h. §.

Les jugemens publics sont *capitaux* ou *non capitaux*. Le premiers prononcent la peine de mort, l'interdiction de l'eau et du feu, la déportation, la condamnation aux mines : les seconds condamnent à l'infamie et à une amende pécuniaire. — §. 2.

Les règles des diverses espèces de jugemens publics sont prescrites par les lois *julia*, 1.° majestatis, 2.° de adulteriis ; *cornelia*, 1.° de sicariis, 2.° de falsis ; et *pompeïa* de parricidiis. Les crimes que ces lois punissent sont les crimes d'état, l'adultère, le viol, l'homicide, l'incendie, le parricide, le faux de tout genre, etc. — §. 3. et seq.

# TABLE DES MATIÈRES.

## INTRODUCTION.

|  | Pages |
|---|---|
| CHAPITRE I. — *Analyse du discours d'ouverture* | 1 |
| CHAP. II. — *Analyse d'un discours, sur la profession d'avocat ou homme de loi* | 8 |
| CHAP. III. — *Fragment de l'analyse de deux discours sur les professions d'ayoué et de notaire.* | 14 |
| CHAP. IV. — *Table alphabétique des abbréviations usitées dans le droit.* | 16 |

## LIVRE PRÉLIMINAIRE.

### PREMIERE PARTIE.

### De la Législation et du Droit, considérés en général.

| | |
|---|---|
| CHAP. I. *Notions préliminaires et divisions.* | 21 |
| Appendix au chapitre I.er — *Division du cours de législation* | 27 |
| CHAP. II. — *Des effets et de l'exécution des lois* | 30 |
| Appendix au chapitre II. — *De la publication des lois françaises.* | 32 |
| CHAP. III. — *De l'application et interprétation des lois* | 34 |

### SECONDE PARTIE.

### Histoire abrégée du Droit privé ou Droit civil . . . . . . . . . . . 37

CHAPITRE PREMIER. — Histoire du Droit romain.

TITRE I.er — *Des diverses parties ou sources du droit romain.* . . . . . . . . . . 38

| | Pages. |
|---|---|
| Art. 1.er — Des lois | id. |
| §. 1. — Des lois proprement dites. | id. |
| §. 2. — Des sénatus-consultes | 47 |
| §. 3. — Des constitutions impériales. | 48 |
| Appendix à l'article 1.er | 50 |
| §. 1.er — Du titre des lois. | id. |
| §. 2. — Noms des romains | 51 |
| Art. 2. — Des actions | 52 |
| Art. 3. — Des édits des préteurs. | 54 |
| Art. 4. — Réponses des jurisconsultes. | 57 |
| Appendix au tit. I.er — Du droit sacré | 60 |
| TITRE II. — Des empereurs et jurisconsultes romains. | 61 |
| Art. 1.er — Des empereurs. | id. |
| Art. 2. — Jurisconsultes. | 66 |
| §. 1.er — Notice sur la vie de quelques-uns des principaux jurisconsultes | id. |
| §. 2. — Sectes des jurisconsultes. | 70 |
| §. 3. — Esprit de la jurisprudence romaine. | 73 |
| TITRE III. — Du corps du droit romain | 76 |
| Art. 1.er — De la confection du corps du droit. | id. |
| Art. 2. — Du code | 79 |
| Art. 3. — Du digeste. | 81 |
| Art. 4. — Des instituts. | 83 |
| Art. 5. — Des novelles | 84 |
| Art. 6. — Destinée du corps du droit romain. | 86 |
| Art. 7. — Du mérite et des défauts du corps du droit romain | 90 |
| Art. 8. — Des meilleurs interprètes du droit romain | 92 |
| Appendix au chapitre I.er | 96 |
| §. 1.er — Tableau chronologique des empereurs romains, jusques à Justinien, et nombre de leurs lois | id. |
| §. 2. — Tableau chronologique des jurisconsultes, et nombre de leurs traités et lois. | 100 |
| §. 3. — Table indicative des principales matières traitées dans chaque livre du code | 106 |
| §. 4. — Table idem du digeste | 108 |

| | Pages. |
|---|---|
§. 5. — *Table idem des novelles.* . . . . . . 114
Observations *sur l'ordre chronologique des novelles.* 114
Observations *sur la rédaction du corps du droit.* . 115
§. 6. — *Table indicative des meilleurs interprètes du droit romain, de leur siècle et de leurs principaux ouvrages* . . . . . . . . 119

CHAPITRE SECOND. — Histoire du Droit français ancien.

Art. 1.er — *Coup-d'œil sur les lois françaises des premiers siècles* . . . . . . . . . 123
Art. 2. — *Des coutumes écrites* . . . . . . 130
§. 1.er — *Des 1.res coutumes écrites.* . . . . 132
§. 2. — *Des dernières coutumes écrites.* . . 134
Art. 3. — *Des ordonnances des rois.* . . . . 136
Art. 4. — *Des règlemens et arrêts des cours supérieures.* . . . . . . . . . . . . . 157
Art. 5. — *Des auteurs de droit* . . . . . . 160
Art. 6. — *Dernier état du droit français ancien* . 162
Appendix au chapitre II. — *Du droit canonique* . 164
§. 1. — *Du corps du droit canonique* . . . . 165
§. 2. — *Des libertés de l'église gallicane.* . . 167

CHAPITRE TROISIÈME. — Histoire du Droit français nouveau.

Art. 1.er — *Des lois.* . . . . . . . . . 177
Art. 2. — *Des arrêtés du gouvernement.* . . . 180
Art. 3. — *Des décisions des comités.* . . . . id.
Art. 4. — *Des jugemens des tribunaux.* . . . 181
Art. 5. — *Etat actuel du droit français.* . . . 182

TROISIEME PARTIE.

Analyse abrégée des Instituts de Justinien.

INTRODUCTION. . . . . . . . . . . 185

Art. 1.er — *Analyse des instituts en général.* . 187

| | Pages. |
|---|---|
| Art. 2. — *Analyse des titres des instituts relatifs au droit, considéré en général*. | 189 |
| Art. 3. —— *Aux personnes*. | 190 |
| Art. 4. —— *Aux choses*. | 195 |
| Art. 5. —— *Aux actions*. | 212 |
| Art. 6. —— *Aux jugemens*. | 217 |

**FIN DE LA TABLE.**

## Supplément, *Additions et Errata du tome I.er du Précis du Cours de Législation.*

Le Professeur de législation ne s'était proposé de faire imprimer son cours, qu'après la publication du code civil. Le nombre toujours croissant des élèves qui suivent ses leçons, l'a obligé de devancer cette époque. On a dit, tome 1.er, page 3, qu'on leur donnait à copier, hors le tems des leçons, un précis des principes qu'on y expose ; cette méthode n'avait aucun inconvénient dans les premières années ; mais lorsque les élèves se sont multipliés dans la suite, il était devenu très-difficile de les mettre tous au courant des explications du premier et même du second mois, parce qu'il s'écoulait beaucoup de tems avant qu'ils eussent pu, tous successivement, copier les premières feuilles. Enfin, en l'an 11, plus de soixante élèves s'étant inscrits dès les premiers jours de frimaire ( le cours s'ouvre le 1.er ), le professeur se décida à faire imprimer le livre préliminaire par parties détachées qu'il leur distribua au sortir de la presse, et qui furent ensuite réunies pour former le tome premier du précis du cours, vers le milieu du mois de nivôse suivant.

Deux nouveaux inconvéniens résultèrent de cette impression si précipitée. Il se glissa beaucoup de fautes dans le tome premier, et l'on ne put ajouter aux principes exposés dans deux de ses chapitres, les règles correspondantes du code civil, qui alors n'était qu'en projet, et qu'on croyait même ne devoir être publié que lorsque toutes les parties en seraient décrétées, c'est-à-dire, longtems après l'impression du 1.er volume du cours.

Deux mois s'étaient à peine écoulés, que le code civil fut soumis au corps législatif, et avant la clôture de la session de l'an 11, le 13 floréal, on en avait converti en lois le livre premier et trois titres du livre troisième. Heureusement, à l'exception du titre préliminaire, il n'y en a aucun du code, dont nous eussions pu faire usage pour la rédaction de la partie de notre cours, que nous avons publiée. Il suffirait donc à la rigueur d'ajouter en supplément, soit les articles, soit la citation des articles de ce titre, sauf à composer un second supplément, lorsque le code sera terminé, pour donner le précis de son histoire, que nous avons annoncé, tome 1.er, page 183, note 2.

Mais comme les diverses dispositions de ce titre préliminaire correspondent à diverses règles disséminées dans deux de nos chapitres, le supplément serait peu intelligible si nous ne rappellions pas ces mêmes règles.

Pour éviter cet inconvénient, nous avons fait réimprimer la partie de ces chapitres qui forme les pages 31 à 36 du tome 1.er, après y avoir inséré les décisions du code, et ajouté des observations sur quelques points analogues de droit. Nous avons disposé la pagination de cette partie, de manière qu'elle corresponde à l'ordre ancien, et que, sans aucun changement dans la table, on peut, ainsi que nous le conseillons, la substituer à ces 6 pages,... si l'on préfère de la placer à la fin du volume, ce qui formera le supplément comprendra les pages 31, 31 *bis*, 32, 32 *bis*. etc., jusques à 36, et sera mis à la suite de l'errata et des additions.

*Avis sur les citations du code civil.* — Le code civil n'ayant qu'une série d'articles dans chaque livre, on se bornera, pour éviter des longueurs, à citer le numéro du livre et celui de l'article ; le premier en chiffres romains, le second en chiffres arabes. Lorsqu'un tiret --- sera placé entre deux articles, la citation se rapportera et à ces deux articles et à tous les articles intermédiaires. Le code lui-même sera indiqué par deux C, séparés par un tiret.

*Exemple.* C-C, III, 14, 30-38, signifiera *code civil, livre 3.e, articles* 14, *et* 30 *jusques à* 38 *inclus.*

*Avis au Relieur.* Les pages 31, 31 *bis*, jusques à 36, doivent être mises dans le tome premier, à la place des pages 31 à 36, qu'il faut en retrancher.

L'errata et les additions doivent être mis au même tome, après la table et avant les tableaux.

Le tableau n.° 6 doit être mis tout-à-fait à la fin.

☛ Les élèves sont invités à corriger sur leurs exemplaires, ou sur les feuilles blanches, vis-à-vis chaque page, les fautes les plus importantes indiquées dans l'errata.

# ERRATA ET ADDITIONS.

*Page* 1, *ligne* 1, après école, *ajoutez* centrale de l'Isère.
*Page* 14, *ligne* 4, au lieu d'extrait, *mettez* fragment.
*Page* 16, *à la fin*, ajoutez C.-C., code civil.
*Page* 17, à la fin, *ajoutez* I ou INST. in *institutionibus*, dans les instituts. — J.-C. jurisconsulte.
*Page* 18, *ligne* 15, *mettez* après cette ligne, PL. plaidoyer.
*Idem*, *ligne* 20, au lieu de quœst, *lisez* quaest.
*Idem*, *ligne* 27, après cette ligne, *mettez* S-C. senatus-consultum, senatus-consulte.
*Page* 22, *note* 4, au lieu de liv. *lisez* L.
*Page* 25, *lignes* 32 et 33, au lieu de ces deux lignes, *mettez* 3.° le droit privé ou droit civil, qui a rapport aux affaires des particuliers.
*Page* 26, *ligne* 13, après *civilibus*, *mettez* (2) — et au bas de la page — (2) Instit. liv. 1, tit. 1, § 4. - Il est évident que si le droit privé est tiré (en partie) des préceptes du droit civil, il ne peut être la même chose que le droit civil.
*Page* 29, *ligne* 1', au lieu de de actions, *mettez* des actions.
*Page* 38, au bas de la page, *ajoutez* monumens; 8.° Syntagma antiquitatum romanarum d'Heineccius; 9.° codex theodosianus in prolegomenis, de Jacques Godefroi.
*Page* 39, *ligne* 23, effacez le mot monumens.
*Idem*, ajoutez l'alinéa suivant à la note 1.

Il est fâcheux que le mot *populiscite*, imaginé par Pothier, ne soit autorisé, ni par l'histoire, ni par l'étymologie, comme l'est celui de plébiscite. *Plebiscitum* vient en effet de *plebe-scitum*, qui signifie *su, établi, ordonné* par les plébéiens. On disait dans le principe, *Senatus censet, plebs sciscit, populus jubet*. Ces trois verbes eurent ensuite à-peu-près la même force dans le style des lois, lorsque les plébiscites et sénatus-consultes furent devenus lois; mais lorsqu'on veut désigner les arrêtés pris par le peuple en entier, avant ces deux révolutions, l'on ne peut se servir que du mot *loi*, qui se rapportait à ceux-ci, *populus jussit*. — V. Coras, ad l. 2, ff., or. jur., §. 8, not. f., n.° 10.

*Page* 41, *ligne* 24, effacez ces mots ( V. Coras, in ff. vet. h. lege ).
*Page* 44, *note* 1, corrigez ainsi les deux dernières citations: Cicero, de legib. lib. 2, c. 23. — Aulugelle, nuits attiques, lib. 16, c. 10.
*Page* 45, au lieu des lignes 15 à 21, et après le mot patriciens, *mettez* ce qui suit: quoique non convoqués, avaient le droit d'assister à ces assemblées, dont les arrêtés furent nommés *plébiscites*, soit parce qu'ils étaient censés pris par les Plébéiens, soit parce qu'ils n'engagèrent d'abord que les Plébéiens. Mais, dans la suite ( ans de Rome 304 et 468 ) ils eurent force de loi sur tout le peuple, en vertu des lois Horatia et Hortensia (4).

*Même page*, ajoutez l'alinéa suivant à la note 4.

Deux passages contractoires de Tite-Live, lib. 3, c. 55, et d'Aulu-Gelle, lib. 27, c. 15, au sujet des lois Horatia et Hortensia, ont singulièrement embarrassé les érudits. Coras, sup., qui a fort bien discuté ce point de critique, pense que si, en effet, la loi Horatia assimila les plébiscites aux lois, elle ne fut point exécutée, ce qui obligea, dans la suite, de faire la loi Hortensia. Mais comme Tite-Live est le seul qui attribue cet effet à la loi Horatia, comme il ne fait point mention de la loi Hortensia, Coras soupçonne avec raison, qu'il a commis quelque erreur, ou que son texte a été altéré.

Les érudits ne sont pas non plus d'accord sur les dates de ces deux lois. Quelques-uns les fixent aux années 306 et 466 ou 467 de Rome. — V. Heineccius, sup. lib. 1, tit. 2, n.° 17; Hotman, ad eumd. tit., etc.

*Pages* 49, *lignes* 3 *et* 4, au lieu de y joignit, *mettez* recueillit.

*Même page*, substituez aux notes les deux suivantes.

(1) Suivant Heineccius, sup., in prœm., n.os 18-22, le code d'Hermogénien paraît n'avoir été qu'un supplément de celui de Gregorius. Godefroi, proleg. in C. th., c. 1, art. 1, in f., dit au contraire, que ces deux ouvrages, à quelques différences de correction près, avaient le même objet.... Au surplus, il ne nous reste, de l'un et de l'autre, qu'un petit nombre de fragmens, que Sichard, Gregorius Tholosanus, Cujas (1586), et enfin Schultingius (in jurisp. vet. ante-Justin., 1717) ont rassemblés et publiés.

Terrasson, part. 3, § 7, p. 283, a traduit d'Heineccius, sans même daigner le citer, tout ce qu'il raconte des codes Grégorien et Hermogénien, et, suivant son usage, Terrasson a mal traduit. Il ajoute en effet, qu'il ne paraît pas que ces compilations aient eu aucune autorité sous Constantin et ses successeurs, quoique Heineccius n'en ait rien dit, quoique Godefroi, sup., ait soutenu qu'elles étaient reçues publiquement, et qu'il paraisse, d'après un ancien interprète, qu'elles avaient été sanctionnées par une constitution impériale.

(2) V. l'ouvrage savant que Jac. Godefroi a publié sur le code Théodosien. — Et ci-après, tit. 2, art. 1, p. 64.

*Page* 55, *note* 7, au lieu de : de ætat. *lisez* de ætate.

*Page* 64, *lignes* 11 *et* 12, au lieu de ces lignes et après le mot fit, *mettez*: travailler à une collection des constitutions publiées depuis Constantin. Huit jurisconsultes qu'on

*Même page*, *à la fin*, ajoutez l'alinéa suivant.

Le code théodosien diffère de celui de Justinien, en ce que l'on y comprit, sans exception, toutes les ordonnances publiées dans l'intervalle de tems indiqué (ans 312 à 438), ordonnances qu'on se réduisit à abréger et à rendre plus intelligibles.. V. id. Godefroi, proleg. c. 1, inf.

*Page* 68, *note* 1, au lieu de Cantwel, *mettez* Sept-chênes.

*Page* 69, *ligne* 16, après Alexandre Sévère, *mettez* (2). — Corrigez aussi les numéros des notes suivantes.

*Page* 69, *ligne* 33, au lieu de près de 2000, *mettez* plus de 2000, et ajoutez à la note — V. ci-après, p. 105.

*Page idem*, *ligne* 38, après n.° 79, *ajoutez*: V. ci-après, p. 105.

*Page* 70, *note* 2, après Gellius, *mettez* (Aulugelle).

*Page* 71, *lignes* 25 *à* 27, au lieu de ces trois lignes, et après les mots les deux sectes, *mettez* il cite beaucoup de cas où elles différaient d'opinions, et beaucoup d'autres où elles se relâchaient de leurs principes. Nous en rapporterons un du premier genre (1).

*Même page*, *à la fin*, mettez la note suivante.

(1) Il faut remarquer que lorsque le droit ancien ne prononçait point expressément sur une question, les Sabiniens la résolvaient de la manière qui leur paraissait la plus conforme à l'équité, et la plus propre à donner quelque effet aux transactions des particuliers.

*Page* 72, *ligne pénultième*, au lieu de Gellius, *mettez* Aulugelle.

*Page* 74, *lignes* 3 *à* 5, au lieu de ces trois lignes, et après les mots corps de droit, *mettez*: de Justinien, et finit à l'année 753 de l'ère vulgaire, époque de la prise de Ravenne par les Lombards. — V. ci-après, p. 86.

*Même page*, *note* 2, ajoutez que Tacite fait dans ce passage le portrait de Marc-Aurèle.

*Page* 79, *ligne* 18, après le mot de décembre, *mettez* (1).

*Même page*, *à la fin*, ajoutez en note, au bas de la page :

(1) La suite de ce tableau est à la page 114, et à la fin de l'errata.

*Page* 80, *2.e alinéa, formant les lignes* 13 à 19, au lieu de cet alinéa, *mettez* celui-ci :

La rubrique de chaque titre annonce l'objet dont on y traite. Au commencement de chaque loi on donne les noms des empereurs qui ont publié la constitution d'où elle est tirée, et des personnes et corps auxquels ils l'ont adressée ; on indique aussi ( à la fin ) l'époque où ils l'ont publiée. Mais toutes ces indications sont souvent fautives... V. la chronologie du code théodosien, dans Jac. Godefroi.

*Page* 81, *3.e alinéa, formant les lignes* 26 à 29, au lieu de cet alinéa, *mettez* celui qui suit.

Le digeste est divisé en sept parties et en cinquante livres; chaque livre, à l'exception des 30, 31 et 32.e, contient plusieurs titres, et chacun de ceux-ci, une ou plusieurs lois. -- V. ci-après, page 116.

*Page* 82, *ligne* 16, au lieu de 310 mille, *mettez* trois millions.

*Page* 85, *note* 2, *derniere ligne*, *ajoutez* chap. 4.

*Page* 86, *lignes* 24 à 27, au lieu de ces lignes, et après les mots suivaient un, *mettez* corps de droit, publié en 506, par Alaric, roi des visigoths, et extrait par le jurisconsulte Anien, du code de Théodose, et même des codes Grégorien et Hermogénien, des règles d'Ulpien, des instituts de Caïus et des sentences de

*Page* 87, *ligne* 11, au lieu de 8.e siècle, *mettez* 9.e siècle.

*Page* 89, *ligne* 22, *ajoutez* Corrèze et Haute-Vienne.

*Même page*, *ligne* 26, *ajoutez* 2.° de la Corse, 3.° des Pays-bas autrichiens ( sauf quelques statuts ) ; 4.° des contrées situées à la rive gauche du Rhin. -- Ces pays forment aujourd'hui les départemens de Golo, Liamone, Dyle, Escaut, Forêts, Jemmapes, Lys, Meuse-Inférieure, Deux-Nèthes, Ourthe, Sambre-et-Meuse, Mont-Tonnerre, Rhin et Moselle, Roër, et Sarre.

*Page* 91, *ligne* 18, après le mot matières, *ajoutez* dans le corps du droit.

*Idem*, *ligne* 36, au lieu de tire, *mettez* titre.

*Page* 96, *ligne* 4 *de la note*, après fondation de Rome, *ajoutez* suivant Varron.

*Page* 97, *à la fin*, au lieu de 538, *mettez* 238.

*Page* 99, *ligne* 7 à 10, au lieu de ces quatre lignes, dont la première commence par le n.° 383, *mettez* :

383 Valentinien II, Théodose et Arcadius... 64
    Quoique Théodose n'ait pas régné seul, qu'il ait
      partagé l'empire, soit avec ses fils, soit avec
      Gratien et Valentinien, on trouve dans le code
    22 constitutions qui ne portent que son nom......... 22

*Page* 99, *ligne* 12, au-dessous du chiffre 392, *mettez* 393.

*Page* 99, *ligne* 13, au lieu de 401, *mettez* 402.

*Page idem*, *note* 2, au lieu de 423, *lisez* 421, et ajoutez ce qui suit, à cette note : on trouve néanmoins dans le code théodosien, quatre constitutions où son nom est joint à ceux d'Honorius et de Théodose.

*Page* 100, *lignes* 24 à 26, au lieu de ces trois lignes, et après les mots du Buat, *mettez* ce qui suit : et les *Consularia Theodosiana* de Godefroy. Les chronologies de Terrasson et de Ferrière sont très-fautives, et les jugemens qu'ils portent sur les empereurs ne méritent pas d'être consultés.

*Page* 108, *ligne* 34, au lieu de 234 lois, *mettez* 232 lois.

*Page* 109, *ligne* 27, au lieu de 77 titres et 102 lois, *mettez* 7 titres et 192 lois.

*Page* 110, *ligne* 8, au lieu de 145 lois, *mettez* 147 lois.

*Idem*, *ligne* 14, au lieu de stipulation double, *mettez* stipulation du double.

*Idem*, *ligne* 19, au lieu de 179, *mettez* 189.

( vj )

*Page* 111, *ligne* 17, au lieu de 200 lois, *mettez* 202 lois.
*Page idem*, *ligne* 23, au lieu de 300 lois, *mettez* 330 lois.
*Page idem*, *ligne* 27, au lieu de 170 lois, *mettez* 172 lois.
*Page* 113, *ligne* 27, au lieu de 19 novelles, *mettez* 18 novelles.
*Page* 114, *ligne* 27, au lieu de 1214, *mettez* 12.14.4.9.
*Page* 115, *ligne* 3, ôtez 127 et placez ce chiffre après la novelle 38, ligne 19.
*Page* 115, *ligne* 4, au lieu de 47. 50., *mettez* 47. 48. 50.
*Idem*, *ligne* 16, au lieu de 147. 108. 110. *mettez* 147. 109. 110.
*Idem*, *même ligne*, au lieu de 128. 125., *mettez* 128, 112, 125.
*Même page*, *après la ligne* 23, ajoutez : — Voyez l'addition qui est à la fin de l'errata.
*Page* 120, *ligne* 34, au lieu de Mis cellanea, *mettez* Miscellanea.
*Page* 121, *ligne* 3, au lieu de tnb, *mettez* tab.
*Page idem*, *lignes* 32 *et* 33, au lieu de quh defunt, *mettez* quæ desunt.
*Page* 122, *ligne* 26, au lieu de 2 vol. in-4.°, *mettez* 4 vol. in-4.°.
*Page* 124, *ligne* 19, après (3), *ajoutez* Godefroi, proleg. in C. Théod., c. 3.
*Page* 124, ajoutez à la note, ces mots : ou note 2, page 129.
*Page* 125, *ajoutez* à la note 3 ; et surtout la note 1, page 137.
*Page* 126, *ajoutez* à la note 2. — Les premiers capitulaires que nous connaissions ont été publiés avant Charlemagne, de 742 à 768, par son père et son oncle, Pepin et Carloman ; mais ils sont en très petit nombre.
*Page* 127, *lignes* 19 et 20, au lieu de celles du digeste, *mettez* celles de Justinien.
*Page* 136, *note* 2, *à la fin*, au lieu de p. 133, *mettez* p. 138.
*Page* 138, *ajoutez* à la note 4. — Les auteurs qu'on vient de citer sont tous d'avis que le pouvoir législatif appartenait à l'assemblée des francs. Voyez à ce sujet notre dissertation, note 3, page 147 et suivantes.
*Page* 142, *ligne* 12, au lieu de ant fidelibus, *mettez* aut fidelibus.
*Page* 144, *ligne* 6, au lieu de interrogatur, *mettez* interrogetur.
*Page* 145, *lignes* 6 *et* 7 *de la note* 3. Au lieu de douze, *mettez* quatorze ; et au lieu de 1402, *mettez* 1461.
*Page* 147, *lignes* 15 et 16 de la note 3, *effacez ce qui est entre deux parenthèses*.
*Page* 155, *ligne* 2, après de l'enregistrement, *ajoutez* voyez ci-devant, page 32.
*Page* 156, *ligne* 25, après Rodier, *mettez* 1761.
*Page* 158, *ligne* 12, au lieu de 1545, *mettez* 1645
*Idem*, *ligne* 30, après Lapeyrere, *mettez* Salviat, 1787.
*Page* 170, substituez ce qui suit à la dernière ligne, note 5 : — à ce concile, qui fut tenu depuis 1414 jusques à 1418.
*Page* 172, *ligne* 8, après rassembla, *mettez* ensuite.
*Page* 178, *ligne* 4 *de la note* 3, au lieu de note 2, *mettez* note 10.
*Page* 182, *ligne* 7 *de la note*, après an X, *mettez* 175.
*Page* 187, *ligne* 16, au lieu de leurs élémens, *mettez* nos élémens.
*Idem*, *ligne dernière de la note* 1, *ajoutez* et l'espr. des l., liv. 3, ch. 2.
*Page* 193, *ligne* 17, après le mot proposés, *mettez* (3).
*Idem*, *ligne* 22, après tit. 14, *mettez* § 2.
*Page* 195, *ligne* 15, après le mot incorporelles, *ajoutez* liv. 3, tit. 14-30 ; liv. 4, tit. 1-5.
*Page* 200, *ligne* 33, au lieu de mais rapport, *mettez* mais par rapport.
*Page* 202, *ligne* 8, au lieu de page 214, *mettez* page 198.
*Page* 203, *ligne* 1 *de la note* 4, au lieu de 10.e degré, *mettez* 7.e degré.
*Page* 204, *ligne* 6, au lieu de ou non adie ou réclamée, *mettez* ou non adie ou non réclamée.

Page 215, *ligne* 21, au lieu de liv. 2, *mettez* l. 2.
Page 216, *ligne* 3, au lieu de § 1, tit. 14, *mettez* § 1; et tit. 14.
Tableau n.º 3, à la 3.e accolade, au lieu de 2.º par testament, *mettez* 2.º à titre universel par testament.
Tableau n.º 4, à la 4.e accolade, au lieu de 2.º de quelle manière, *mettez* 1.º de quelle manière.
Idem, à la note 1, au lieu de et plusieurs de ceux, *mettez* et l'un de ceux.
Tableau n.º 5. à la 1.re accolade, après 1.º des obligations, *mettez* (1).

## Avis sur les numéros des notes.

Il s'est glissé des fautes dans les numéros des notes mises au bas des pages 46, 47, 49, 60, 64, 98, 101, 105, 127, 167, 170, 181, 198 et 204... Il est facile de les corriger, parce que ces notes y sont disposées dans leur ordre naturel. Ainsi, la note qui est placée la première, doit avoir le n.º 1; celle qui est placée la seconde, le n.º 2, etc.

En corrigeant les numéros des notes des pages 181 et 204, il faudra aussi corriger ceux des renvois.

## ADDITION aux observations sur l'ordre chronologique des novelles.

Nous avons donné, pages 114 et 115, l'ordre chronologique des novelles, d'après l'index de Freymonius. Les éditeurs principaux du corps du droit romain, n'ont pas entièrement adopté cet ordre, et celui qu'ils ont établi eux-mêmes, en diffère dans beaucoup de points. Quoique il en soit de ces variantes, dont la cause tient aux erreurs des copistes, il reste toujours pour certain, qu'il règne, ainsi que nous l'avons dit, page 85, une grande confusion dans les collations des novelles. C'est ce dont on jugera aisément par les chronologies de Leconte, éditeur principal de la grande glose, et de Denis Godefroi, éditeur de la petite glose, chronologies dont nous avons fait le dépouillement à chaque novelle, et qui pourront servir à rectifier celle de Freymonius. — Le 1.er chiffre de chaque alinéa indiquera les années où ces auteurs pensent que les novelles ont été publiées, et pour la fixation desquelles ils se sont beaucoup servi des remarques de Cujas, livre 4, observation 28.

### Chronologie suivant Leconte.

☞ Les indications suivantes sont tirées de chaque novelle, et non pas du tableau mis à la fin de la grande glose, tableau qui ne s'accorde point avec les indications du corps de l'ouvrage.

An 535. Novelles 1. 2. 3. 5. 6. 7. 8. 9. 10. 20. 102. 4. 32. 15. 13. 12. 14. — sans mois et sans jour, nov. 11.

An 536. Novelles 23. 21. 17. 18. 20. 40. 41. 34. 19. 22. 42. 16. 45. 49. — sans mois et sans jour, nov. 35.

An 537. — 62. 44. 47. 50. 52. 54. 46. 48. 51. 53. 55. 56. 58. 59. 60.

An 538. — 66. 63. 65. 67. 68. 72. 70. 71. 73. 76. 57. — sans mois et sans jour, nov. 64.

An 539. — 78. 79. 133. 81. 83. 101. 80. 84. 89. 162. 50. 91. 94. 95. 96. 97. 98. 99. 100. — sans mois et sans jour, nov. 82.

( viij )

An 541. -- 107. 108. 119. 115. 137. 131. 136. 116. 132. 134. 109. 123. 120. 111. 128. 74. 129. 112. 113. 117. -- sans mois et sans jour, nov. 124.
An 543. -- 118.
An 545. -- 130. -- sans mois et sans jour, nov. 148.
An 548. -- 38. 127.
*Dates douteuses.* -- 39. 110. 121. 122. 135. 140. 141. 145. 146. 147. 149. 155. 157. 158. 159.
*Sans dates.* -- 24. 25. 26. 27. 28. 29. 30. 31. 33. 36. 37. 43. 61. 69. 75. 77. 85. 86. 87. 88. 92. 93. 103. 104. 105. 106. 114. 126. 138. 139. 143. 144. 150. 151. 152. 153. 154. 160. 161. 163. 168.

## *Chronologie suivant Godefroi.*

An 535. -- 1. 2. 3. 4. 5. 7. 8. 9. 10. 26. 27. 102. 32. 15. 28. 13. 12. 14. -- sans mois et sans jour, nov. 11. 30.
An 536. -- 20. 21. 22. 31. 17. 18. 40. 41. 43. 105. 23. 19. 42. 16. 45. 49. 46. -- sans mois et sans jour, nov. 35.
An 537. -- 62. 44. 47. 50. 52. 54. 48. 51. 53. 56. 55. 57. 58. 59. 60.
An 538. -- 66. 63. 65. 67. 68. 69. 72. 71. 73. 70. 64. 76.
An 539. -- 78. 79. 80. 133. 81. 83. 101. 84. 89. 162. 90. 91. 94. 95. 96. 97. 98. 99. 100. -- sans mois et sans jour, nov. 82.
An 541. -- 107. 119. 108. 115. 137. 133. 131. 122. 136. 116. 132. 121. 110. 109. 123. 134. 107. 120. 111. 135. 128. 74. 129. 112. 125. 114. 142. 113. 117. -- sans mois et sans jour, nov. 124.
An 544. -- 118. 147.
An 545. -- 130. -- sans mois et sans jour. nov. 148.
An 548. -- 146. 38. 143. 127.
An 549. -- 145.
An 554. -- 149.
An 556. -- 140. -- V. sur cette date ce que nous disons, tom. 2, tit. 7.
*Sans dates.* -- 6. 24. 25. 29. 33. 34. 36. 37. 61. 75. 77. 85. 86. 87. 88. 92. 93. 103. 104. 106. 126. 138. 139. 144. 150 à 154. 159. 160. 161. 163 à 168.

FIN des Additions et de l'Errata du Tome premier.

# TABLE

N.º 1.ᵉʳ  *ANALYTIQUE de Instituts de Justinien, considérés en général.*

LIVRES.

On traite dans les instituts,
- 1.º Du droit, en général .................... 1.ᵉʳ
- 2.º Des trois objets principaux du droit; c'est-à-dire,
  - Des personnes
  - Des choses
    - Qui nous appartiennent. — Nous en acquérons le domaine en vertu du
      - Droit des gens, par l'occupation, l'accession et la tradition
      - Droit civil,
        - A titre particulier, comme par la prescription ou la donation . } 2.º
        - A titre universel, comme par
          - L'hérédité
            - De l'ingénu, qui est déférée,
              - Par testament
              - Ab intestat
            - De l'affranchi
          - La possession des biens
          - L'adrogation
          - L'addiction des biens
          - Le sénat-c. Claudien...
          - L'achat des biens..... } (Ces 2 modes sont abolis).
          } 3.º
    - Qui nous sont dues. Or, elles nous sont dues en vertu d'une obligation. L'on traite donc des obligations, en les considérant
      - En général
      - En particulier, comme provenant d'un
        - Contrat, ou d'un quasi-contrat
        - Délit, ou d'un quasi-délit
  - Des actions ............................... } 4.º
- 3.º Des jugemens .........................

# TABLE

## ANALYTIQUE du premier Livre des Instituts de Justinien.

**TITRES.**

On traite dans le livre premier des Instituts.

**1.º Du droit en général, et l'on y explique,**

- 1.º Ce que c'est que la justice (in princ.) et quelles sont les maximes fondamentales du droit. — §. 3
- 2.º Ce que c'est que la jurisprudence. — §. 1.
- 3.º Par quelle méthode il faut étudier le droit. — §. 2.
- 4.º Combien il y a d'espèces de droit. Or, l'on divise le droit.
  - 1.º En
    - Droit public, qui concerne l'état de la chose publique. — §. 4.
    - Droit privé, qui a rapport à l'intérêt des particuliers, et qui est tiré des trois espèces suivantes. — §. 4, in f.
  - 2.º En
    - Droit naturel, ou droit que la nature enseigne à tous les êtres animés. — in princ.
    - Droit des gens, ou droit observé par toutes les nations (*gentes*). — §. 1, in f.
    - Droit civil, ou droit propre à une cité, C—D, à un peuple. — §. 1 et 2. — Il se divise en droit écrit, et en droit non écrit. — §. 10.
  - 3.º En
    - Droit écrit (ou, à Rome, les lois, plébiscites, sénatus-consultes, constitutions impériales, édits des préteurs, réponses des J—C), §. 4—8.
    - Droit non écrit, ou droit fondé sur un usage journalier. — §. 9 et 11.
  - 4.º En
    - Droit immuable (c'est le droit naturel). — §. 11.
    - Droit arbitraire (c'est le droit civil). — §. 11.

**1.**

- 5.º Quels sont les objets du droit. — Il y en a trois principaux, les personnes, les choses et les actions. — §. 12.

**2.**

**2.º Des personnes. On divise les personnes,**

- 1.º En libres et en esclaves. — in princ. — Ces derniers naissent esclaves ou le deviennent, et n'ont qu'une même condition. — §. 3—5.  **3.**
  - Les personnes libres se divisent,
    - 1.º En ingénus, qui naissent libres, de deux personnes libres, ou même d'une mère libre et d'un père esclave  **4.**
    - 2.º En *affranchis*, qui deviennent libres par un affranchissement légitime (in princ.) ou fait suivant les formes indiquées. — §. 1 et 2.  **5.**
      - Or, l'affranchissement était défendu et annulé par les lois
        - Ælia Sentia,
          - S'il était fait en fraude des créanciers. — in princ.  **6.**
          - Si l'affranchisseur mineur n'était pas autorisé. — §. 7.  **7.**
        - Fusia Caninia, s'il était trop multiplié dans le même testament.  **8.**
- 2.º En personnes
  - *Alieni juris*, ou qui sont en la puissance d'autrui. Cette puissance
    - Est donnée
      - Aux maîtres, sur leurs esclaves; mais elle est tempérée par les lois  **9.**
      - Aux parents, sur *leurs enfans*, et descendans par les mâles. — in princ. — §. 3.
        - Or, ces enfans sont
          - Procréés d'un légitime *mariage*. — in princ.
            - Et l'on explique
              - 1.º Ce que c'est que le mariage. — §. 1.
              - 2.º Comment il peut se contracter. — in princ. et §. 1—12.  **10.**
          - Naturels, ou nés d'une union illicite (ceux-ci ne sont pas sous la puissance de leur père). — §. 12.
          - Légitimés, par la dation à la curie ou par le mariage subséquent. — §. 13.
          - Adoptés, et l'adoption se fait de diverses manières qu'on expose.  **11.**
    - Cesse de diverses manières, et en divers cas. Par exemple, par la mort, la déportation, la condamnation, la dignité, la captivité, l'émancipation  **12.**
  - *Sui juris*, ou indépendantes, mais qui peuvent être en tutelle ou curatelle, ou *neutro jure*. Il s'agit à ce sujet
    - 1.º Ce qu'elle est. C'est un pouvoir que le droit civil donne à une personne libre (le tuteur) pour avoir soin de celui (le pupille) qui, à cause de la faiblesse de son âge, ne peut s'administrer lui-même. — §. 1 et 2.  **13.**
    - De la tutelle, et on explique
      - 2.º Combien il y en a d'espèces. Or, elle est,
        - 1. Testamentaire, au sujet de laquelle on dit
          - 1.º A qui et par qui sont donnés les tuteurs. — §. 3—5.
          - 2.º Qui sont ceux qui peuvent être nommés tuteurs. — in princ. et §. 1 et 2.
          - 3.º Comment on les nomme. — §. 3.
          - 4.º Que le tuteur est donné à la personne. — §. 4.
          - 5.º A quelles personnes il est censé donné dans certains cas. — §. 5.  **14.**
        - 2. Légitime, qui est déférée
          - Par la loi des 12 tables (c'est la tutelle proprement légitime).
            - 1.º En vertu de la loi, comme la tutelle des agnats.  **15.**
            - (en observant que l'agnation cesse par le changement d'état.)  **16.**
            - 2.º En vertu de l'esprit ou interprétation de la loi, comme la tutelle des  { Patrons.  **17.**  { Parens.  **18.**
          - Ou par le nouveau droit, comme la tutelle fiduciaire  **19.**
        - 3. Dative, qui est ordonnée par le magistrat. — in princ. et §. 1—5.  **20.**
      - 3.º Son objet. — (Faire administrer par un majeur la personne qui est en bas âge.) — §. 6.
      - 4.º Son effet. — On en considère deux à l'égard du tuteur, sous le point de vue de
        - L'autorité
        - L'administration  **21.**
      - 5.º De combien de manières elle finit. — A la puberté, par la mort, le changement d'état, les excuses, la suspicion, etc.  **22.**
    - De la curatelle. Et l'on expose à qui, par qui, jusques à quelle époque, et dans quels cas sont donnés les curateurs.  **23.**
    - Des choses qui sont communes aux tuteurs et aux curateurs, telles que
      - La caution pour la garantie des biens du pupille ou mineur.  **24.**
      - Les excuses, par exemple, le nombre d'enfans, mutelles, l'âge, etc.  **25.**
      - La suspicion, ses cas, la manière de la faire prononcer.  **26.**

# TABLE
## *ANALYTIQUE* du deuxième livre des instituts.

**Le deuxième livre des instituts traite des choses, ou biens, et on y explique**

**1.º Quelles sont les diverses espèces de choses, savoir les choses**

- 1.º Communes à tous les hommes, comme l'air, l'eau courante, la mer et son rivage, le droit de pêche. — In princ. et § 1, 2, 3, 5. ... *Titres* 1
- 2.º Publiques, telles que les ports, les fleuves et leurs rivages, etc. — § 2, 4, 5.
- 3.º Appartenantes à une communauté, les théâtres, par exemple. — § 6.
- 4.º N'appartenantes à personne, comme les choses sacrées, saintes et religieuses, ou les églises, et les murs et portes des villes. — § 7 et 10.
- 5.º Appartenantes aux particuliers (ce sont toutes les autres espèces de choses) § 11.
- 6.º Dans notre patrimoine, ou hors de notre patrimoine, C—D, que nous pouvons, ou que nous ne pouvons acquérir. — in princ.
- 7.º Corporelles ou incorporelles, C—D, que nous pouvons, ou que nous ne pouvons toucher. ... 2

**2.º Quels sont les droits qui limitent l'usage des choses. Ce sont les servitudes**

- 1.º Réelles, ou dues à des héritages
  - Rustiques, telles que le passage, l'aqueduc, le puisage, l'abreuvage, le pâturage. — in princ. et § 2. ... 3
  - Urbains, telles que le support des charges, le placement d'une solive, le stillicide. — § 1.
- 2.º Mixtes, ou dues à des personnes par des fonds, comme
  - L'usufruit qui s'établit et se perd, sur les choses et suivant les manières indiquées. ... 4
  - L'usage (même observation) — in princ. et § 1 et 4.
  - L'habitation (même observation) — § 5. ... 5

**3.º Comment on acquiert le domaine des choses. Or, on l'acquiert en vertu du**

- Droit des gens, de plusieurs manières qui peuvent se réduire à
  - 1.º L'occupation, qui embrasse la chasse, la pêche, le recueillement des essaims, les prises faites à la guerre, l'invention des trésors — § 12—19, et 39.
  - 2.º L'accession, qui embrasse l'alluvion, l'irruption, l'occupation des isles et lits des fleuves, la spécification, la confusion, le mélange, la plantation, la perception des fruits, l'invention des trésors. — § 20—39. ... 1
  - 3.º La tradition, qui a lieu de plusieurs manières.

- Droit civil,
  - 1.º A titre particulier; et l'on examine quelles sont
    - 1.º Les manières d'acquérir, comme
      - La prescription et usucapion. ... 6
      - La donation, soit à cause de mort, soit entre-vifs, soit à cause de nôces. — § 1 et 3. ... 7
      - Le droit d'accroissement (il a été aboli) — § 4. ... id.
    - 2.º Les personnes
      - Qui aliènent comme le mari, le créancier, le pupille. ... 8
      - Par lesquelles on acquiert, comme le fils de famille, l'esclave, l'usufruitier et possesseur à titre de précaire. ... 9
  - 2.º Par testament, et on en explique
    - 1.º La dénomination (*testatio mentis*). — in princ.
    - 2.º La confection, et l'on distingue à son égard,
      - Le testateur
        - Qui teste suivant le droit commun, § 1 et 8. — L'on donne à ce sujet quelques règles sur les témoins. — § 9—11. ... 10
        - Qui est militaire. ... 11
        - Qui n'a pas le droit de faire un testament. ... 12
        - Qui a ses enfants en sa puissance. L'on traite à ce sujet, de l'exhérédation des enfans. ... 13
      - L'héritier
        - Institué (règles de l'institution, division de l'hérédité). ... 14
        - Substitué
          - Vulgairement. ... 15
          - Pupillairement. ... 16
    - 3.º La dissolution
      - Par le droit, dans divers cas. ... 17
      - Par le juge, d'après la querelle d'inofficiosité. ... 18
    - 4.º Les parties accidentelles qui sont
      - 1.º Les qualités des héritiers, tels que les nécessaires, les siens, et les étrangers, (on traite aussi de l'adition). ... 19
      - 2.º Les legs dont on explique
        - La nature. — § 1—33. ... 20
        - La constitution, — § 33—36.
        - L'ademption, — in princ. ... 21
        - La translation, — § 1.
        - La diminution par la loi falcidie. ... 22
      - 3.º Les fidéicommis
        - Universels (S.-c. Trébellien et Pégasien) ... 23
        - Particuliers ... 24
      - 4.º Les codicilles. ... 25

# TABLE
## ANALYTIQUE du troisième Livre des Instituts.

N.° 4.

TITRES.

On traite dans le troisième livre des Instituts,

**1. De l'acquisition du domaine des choses à titre universel (1), qui a lieu,**

1.° Par *l'hérédité ab intestat*, C–D, l'hérédité de celui qui n'a point fait de testament, ou dont le testament est nul, annullé, ou sans effet. — in princ. . . . . . . . . . . . . . . . . . . . . . . . . . . . . . . . . 1.

    1. De l'*ingénu*. Elle est déférée à ses héritiers. On expose, à ce sujet,

        Quels sont les divers ordres d'héritiers.

            1.er Ordre. — Héritiers siens, et *quasi-siens* . . . . . . . . . . 2.

            2.° Ordre. — Héritiers légitimes. Ils succèdent

                Ou d'eux-mêmes, en vertu

                    De la loi des 12 tables, comme

                      Les agnats. — §. 1—7

                      Le père qui a émancipé. — §. 8. . . . . 2.

                  Des sénat. cons. . .

                    Tertullien . . . . . . . . . . . . . . 3.

                    Orphitien. — §. 1—3 . . . . . . . . 4.

                Ou par le droit d'accroissement. — §. 4.

            3.° Ordre. — Les cognats. — Ils ne sont pas proprement héritiers siens, mais *quasi-héritiers*, C–D, appelés à la possession des biens . . . . . . . . . . 5.

        Diverses règles qui leur sont communes.

            1.° La numération des degrés de parenté . . . . . . . . . . . . . 6.

            2.° La parenté des esclaves. — in princ. . . . . . . . . . . . . .

            3.° L'ordre suivant lequel les parens succèdent. — §. 1. . . . . . . 7.

    2. De *l'affranchi*, qui, à défaut de descendans, est déférée au patron et à tous ses enfans . . . . . . . . . . . . . . . . . . . . . . . . . . . . . . . . . . . . . . . . . . . . 8.

A moins que le patron n'ait *assigné* l'affranchi à l'un d'entr'eux

2.° Par la possession des biens, qui était déférée par le *préteur* aux héritiers non désignés par la loi . . . . . . . . . . . . . . . . . . . . . . . . . . . . . . . . . . . . . 9.

3.° Par l'adrogation, qui faisait passer au père adoptif l'usufruit des biens de l'adrogé . . . . . . . . . . . . . . . . . . . . . . . . . . . . . . . . . . . . . . . . . . . . . . . . . . . . . . . 10.

4.° Par l'addiction des biens, qui était déférée à l'esclave légataire de la liberté, lorsqu'il ne se présentait pas d'héritier . . . . . . . . . . . . . . . . . . . . . . . . . . . . . . . 11.

5.° Par l'achat des biens . . . . . . . . . . . . . . . . . . . . . . . . . . . . . . . . . . . . . . . . 12.

6.° En vertu du sénatus-consulte Claudien . . . (Ces deux derniers modes sont abolis) . . . . . . . . . . 13.

**2. Des obligations, qui sont tout-à-la-fois des moyens d'acquérir et d'user des choses. On les considère,**

    1.° En général, et l'on en expose

        La définition. — L'obligation est un lien du droit qui nous soumet à payer quelque chose. — in princ. . . . . . . . . . . . . . . . . . . . . . . . . . . . . . . . . . . . . . . . . . . . . . . . . . . . . . 14.

        Les divisions

             1.° En civiles et prétoriennes. — §. 1.

            2.° Naissant d'un contrat, ou d'un quasi-contrat, d'un délit, ou d'un quasi-délit. — §. 2

    2.° En particulier, c'est-à-dire, comme procédantes d'un contrat ou d'un quasi-contrat. A ce sujet, on explique,

        1.° De quelle manière elles se contractent. Tout contrat peut avoir lieu,

            Ou par le fait (*re*), comme par le prêt à usage, le commodat, le dépôt, le gage . . . . 15.

            Ou par paroles, comme par la *stipulation*. On la considère sous plusieurs points de vues.

                1.° Elle a lieu

                    Ou par un seul intéressé . . . . . . 16.

                    Ou par plusieurs (ils sont solidaires) . . . . . . . 17.

              2.° Elle a lieu

                  Ou par des hommes libres

                  Ou par des esclaves . . . . . . . . . . 18.

              3.° Elle est

                Ou judiciaire. — §. 1

                Ou prétorienne. — §. 2.

                Ou conventionnelle. — § 3 . . . . . . 19.

                Ou commune. — §. 4.

              4.° Elle est

                Ou utile

                Ou inutile . . . . . . . . . . . . 20.

              5.° Elle est

                Ou principale

                Ou accessoire, telle est la caution. . . . . 21.

            Ou par lettres (exception d'argent non compté) . . . . . . . . . . . . . . . . . . . . . . 22.

            Ou par *consentement*. — On en expose les espèces et les règles générales. . . . . 23.

                C'est-à-dire, par

                  La vente et l'achat . . . . . . . . . 24.

                  Le louage . . . . . . . . . . . . 25.

                  La société . . . . . . . . . . . . 26.

                  Le mandat . . . . . . . . . . . . 27.

        2.° De quelle manière elles se forment par quasi-contrats, tels que *la gestion des affaires*, la tutelle, la communauté, l'adition, le payement de la chose non due . . . . . . . . . . . . . . . . . . . . . . . . . . . . . 28.

        3.° Par quelles personnes elles s'acquièrent. — Les fils de famille et les esclaves . . . . . . . . . . . . 29.

        4.° Comment elles se dissolvent, c'est-à-dire, par le payement, l'acceptilation, la novation, le consentement des parties . . . . . . . . . . . . . . . . . . . . . . . . . . . . . . . . . . . . . . . . . . . . . . . . . . . . . . . . 30.

---

(1) Les moyens d'acquérir les choses à titre particulier, et plusieurs de ceux par lesquels on les acquiert à titre universel, ont été traités dans le deuxième livre. — V. la troisième table analytique.

# TABLE
## ANALYTIQUE du quatrième livre des instituts.

**question le livre atrième,**

**1.° Des obligations, qui naissent**

- **Du délit, ou acte nuisible fait avec dol, dont on expose les diverses espèces, savoir :**
  - Le vol (*furtum*), ou enlèvement du bien d'autrui fait clandestinement et sans violence. On indique ici
    - 1.° Son étymologie. — § 2.
    - 2.° Sa division. Il est
      - Manifeste, lorsque le voleur est pris sur le fait, ou dans le lieu du vol.
      - Non manifeste, dans le cas contraire. — **Titre 1**
  - La rapine (*rapina*), ou enlèvement fait publiquement et par force. — **2**
  - Le dommage (*damnum*), ou diminution causée au bien d'autrui, sans bénéfice pour celui qui en est l'auteur. Elle est estimée par la loi Aquilia ; savoir par
    - Le chapitre 1.er, le dommage causé aux bestiaux, aux esclaves et aux arbres. — In princ. et § 1—11.
    - Le chapitre 3 (2), toute autre espèce de dommage. — § 13—19. — **3**
  - L'injure. On explique
    - Ce que c'est. — In princ.
    - Ses diverses espèces. — § 1—6.
    - Les peines et les actions qu'elle occasione et qu'elle produit. — § 7—11.
    - Quand ces actions n'ont plus lieu. — § 12. — **4**
- **Du quasi-délit, ou acte nuisible fait sans dol, et avec simple faute, tel qu'une mauvaise décision du juge ; et le dommage causé par quelque chose qu'on a jetté d'une fenêtre, ou par le vol commis, soit dans une auberge, soit dans un vaisseau.** — **5**

**2.° Des actions ; et l'on traite**

- **1.° Des actions proprement dites, dont on expose**
  - La définition. Une action est le droit de poursuivre en justice ce qui nous est dû. — in princ.
  - Les divisions, savoir
    - 1. Actions réelles et actions personnelles. — § 1—15.
    - 2. — Pour la poursuite de la chose, pour celle de la peine, ou pour l'un et l'autre objet. — § 16—20.
    - 3. — Simples, doubles, triples, quadruples. — § 21—27.
    - 4. — De bonne foi, et de droit étroit. — § 28—31.
    - 5. — Pour une quantité certaine, ou incertaine. — § 32—35.
    - 6. — Où l'on réclame tout, ou seulement une partie. — § 36—40. — **6**
  - Les causes, dépendances et accessoires, tellesque
    - Le fait étranger (de l'esclave, du fils de famille) pour lequel un particulier est actionné ; c'est-à-dire,
      - Un contrat, une affaire gérée, etc. — **7**
      - Un délit (*noxia*), comme le vol, la rapine, etc. — **8**
      - Un dommage, causé par un animal. — **9**
    - La personne par laquelle on agit ; un procureur, par exemple. — **10**
    - Les cautions que le procureur du demandeur, et le défendeur fournissent, l'un pour assurer la ratification de son mandat, l'autre le payement de la condamnation. — **11**
    - La durée de l'action (actions perpétuelles et temporaires). — **12**

- **2.° Des exceptions, au sujet desquelles on recherche**
  - 1.° Pourquoi elles ont été introduites. — C'est pour la défense de ceux qui sont actionnés. — In pr. et § 1—6.
  - 2.° Quelles en sont les diverses espèces. Or, on les divise
    - 1. En civiles et prétoriennes. — § 7.
    - 2.
      - En perpétuelles ou péremptoires, qui s'opposent toujours à l'action. — § 8, 9.
      - Et temporaires ou dilatoires, qui ne s'y opposent que pour un temps. — § 8—11.
    - 3.
      - En exceptions proprement dites (opposées à l'action). — In princ.
      - Répliques (opposées à l'exception), Dupliques (opposées à la réplique) — id. et § 1.
      - Tripliques (opposées à la réplique), Quatripliques (opposées à la triplique). — § 2 et 3. — **14**
    - 4.
      - En réelles qui tiennent à la cause et passent aux cautions. — § 4.
      - Et personnelles, qui tiennent au débiteur et ne passent pas aux cautions — id.

- **3.° Des interdits, ou ordres, ou défenses du préteur sur une possession contestée. On les divise en *interdits***
  - Prohibitoires, restitutoires, et exhibitoires (exemples). — § 1.
  - Donnés pour acquérir, retenir et recouvrer la possession (exemples). — § 2—6.
  - Simples et doubles (exemples). — § 7.
  - Mais il n'est plus nécessaire d'en demander. — § 8. — **15**

**3.° Des jugemens**

- Privés. Et l'on traite à cette occasion, du devoir
  - 1. Des parties (ne pas plaider sans raison) et des peines par lesquelles on les y astreint. — **16**
  - 2. Du juge. Il consiste à prononcer suivant les lois, les constitutions, les coutumes (exemples). — **17**
- Publics, ou à la poursuite desquels chacun est admis. — Ils ont pour objet, la punition des crimes d'état, adultères, homicides, etc. — **18**

---

1) On a traité dans le livre troisième, «des obligations 1°. en général ; 2°. en particulier, comme naissant d'un contrat, ou d'un quasi-contrat. — V. la table n°. 4
2) Le chapitre 2 de la loi aquilia n'étoit plus en usage. — tit. 3, § 12.

# TABLE

## Analytique du Livre préliminaire du Cours de Législation.

N. 6.    TOME I.er Pages.

Le cours de législation s'ouvre, ainsi qu'on le voit dans l'introduction, tome 1.er, pag. 1—16, par trois discours sur l'étude de la législation, et sur les professions d'avocat, d'avoué et de notaire. On indique, entr'autres, dans le premier de ces discours, pag. 3—6, (V. aussi pag. 185—187) la méthode que le professeur suit dans l'enseignement de cette science, et l'on annonce, qu'il se restreint à-peu-près à traiter de la législation privée, ou droit privé ou civil.... On indique aussi, (appendix, pag. 27—29) que ce cours est divisé en six livres, dont l'un est appelé *préliminaire*, parce qu'il sert d'introduction aux autres. On y traite en effet, comme on va le voir, des choses qu'il est nécessaire ou utile de connaître, avant d'étudier les principes du droit civil français.

On traite dans le livre préliminaire du cours de législation :

**De la législation et du droit, considérés en général. On explique à ce sujet**

1. Ce que c'est que la législation, ou le droit
   - On entend, en général, par législation, ou par *droit*, une collection de règles, d'après lesquelles les hommes doivent se conduire. . . . 21
   - (Le mot *droit* a d'autres acceptions qu'on indique, ainsi que les définitions des mots loi, justice et jurisprudence). . . . 22
   - Les règles dont la collection forme le droit, sont écrites ou non écrites. Les premières se nomment *lois*, les autres *coutumes* . . . . id.
   - On considère ici les règles écrites, ou les lois, sous le point de vue de leur
     - Effet
       - Quant aux questions qu'elles décident, et aux personnes ou biens qu'elles régissent . . . . 30
       - Quant au tems où elles agissent (elles ont un effet perpétuel, mais sans rétroaction). . . . 31
     - Exécution, qui a lieu à dater de leur publication, dont on indique les modes, et les époques diverses . . . . 32
     - Application, qui se fait à l'ordre des choses sur lesquels la loi (la plus récente) statue . . . . 34
     - Interprétation, dont on explique les diverses espèces et méthodes . . . . id.

2. Quelles sont les diverses parties qu'ils embrassent, telles que le droit naturel, le droit public extérieur (droit des gens) et intérieur, et le droit privé que l'on confond avec le droit civil . . . . 23
   - A cette occasion, on expose aussi les divisions du cours de législation (un livre préliminaire, et cinq livres où il est traité des choses et de leur usage, des moyens de les acquérir, des obligations, et de la procédure) . . . . 27

**De l'histoire du droit privé, ou droit civil, qui se divise en**

1. Droit romain. On donne la notice
   - 1.° De ses diverses sources, telles que
     - 1. Les lois; elles se divisent en
       - Lois proprement dites, ou lois royales, lois des douze tables, populiscites et plébiscites . . . . 38
       - Sénatus-consultes . . . . 47
       - Constitutions impériales . . . . 48
     - On explique à cette occasion, comment elles s'intitulaient . . . . 50
     - Et les divers noms des romains . . . . 51
     - 2. Les actions . . . . 52
     - 3. Les édits des préteurs . . . . 54
     - 4. Les réponses des jurisconsultes . . . . 57
     - 5. Le droit sacré . . . . 60
   - 2.° De plusieurs des empereurs et jurisconsultes qui ont concouru à le former, savoir :
     - 1. Empereurs. — On donne quelques détails sur trois d'entr'eux et la table chronologique de tous, et le nombre de leurs lois . . . . 61, 96
     - 2. Jurisconsultes. — Idem, et la table de leurs lois et ouvrages . . . . 66, 100
     - On parle aussi
       - 1. De leurs sectes (Sabiniens et Proculéiens) . . . . 70
       - 2. De l'esprit qui règne dans leurs ouvrages . . . . 73
   - 3.° Du corps du droit romain. Il est question ici de
     - Sa confection, et des époques où elle a eu lieu. (V. aussi l'*errata*, à la fin) . . . . 76, 114
     - Ses parties, savoir :
       - Le code. — Avec la table de ses principales matières . . . . 79, 106
       - Le digeste. — Même table . . . . 81, 108
       - Les instituts . . . . 83
       - Les novelles. — Même table . . . . 84, 112
     - Sa destinée, tant en orient qu'en occident, et de sa naissance . . . . 86
     - Son mérite et ses défauts . . . . 90, 115
     - Ses meilleurs interprètes; de leur vie, leur nation, leurs ouvrages principaux . . . . 92, 117

2. Droit français ancien, dont on explique
   - Les sources diverses, savoir :
     - 1.° Les lois des premiers siècles du Gouvernement . . . . 123
     - 2.° Les coutumes écrites, ou
       - Les premières coutumes . . . . 130
       - Les dernières coutumes . . . . 134
     - On fait, à ce sujet, quelques recherches sur l'origine des coutumes . . . . 129-132
     - 3.° Les ordonnances des rois . . . . 136-156
     - On examine ici à qui appartenait le pouvoir législatif sous les deux premières races . . . . 147-155
     - 4.° Les réglemens et arrêts des cours supérieures . . . . 157
     - 5.° Les auteurs de droit . . . . 160
   - Le dernier état, avant la révolution . . . . 162
   - Et, par occasion, ce qui nous intéresse du corps du droit canonique, savoir
     - La composition de ce corps de droit . . . . 164
     - Les libertés de l'église gallicane . . . . 167

3. Droit français (1) nouveau, dont on explique
   - Les sources diverses, savoir :
     - 1.° Les lois, et leurs diverses espèces . . . . 177
     - 2.° Les arrêtés du Gouvernement . . . . 180
     - 3.° Les décisions des comités . . . . id.
     - 4.° Les jugemens des tribunaux . . . . 181
   - L'état actuel (2) . . . . 182

**Des principes généraux exposés dans les élémens ou instituts de Justinien; et l'on y donne l'analyse (3)**

1. Des instituts en général. (Voyez ci-devant la table analytique n.° 1) . . . . 187
2. Des titres des instituts relatifs au droit considéré en général. (Voyez la table n.° 2, in pr.) . . . . 189
3. ——— Aux personnes. (Voyez la table n.° 2, in f.) . . . . 190
4. ——— Aux choses. (Voyez les tables n.os 3 et 4, et 5 in pr.) . . . . 195
5. ——— Aux actions. (Voyez la table n.° 5, in medio) . . . . 212
6. ——— Aux jugemens. (Voyez la table n.° 5, in f.) . . . . 217

---

(1) L'histoire du droit français actuel, ou du code civil et de ses lois organiques, sera ajoutée dans la suite à cette table.
(2) C'est-à-dire, l'état au moment de l'impression du premier volume, et avant que les premiers titres du code eussent été convertis en lois.
(3) Cette analyse contient les mêmes objets que les tables précédentes, auxquelles on renvoie ci-dessus; mais elle est mise dans un ordre différent.

www.ingramcontent.com/pod-product-compliance
Lightning Source LLC
Chambersburg PA
CBHW070631170426
43200CB00010B/1975